河南省现代食品产业发展研究

逻辑理路与实践进路

黄荣杰 李宏伟／著

HENANSHENG XIANDAI SHIPIN CHANYE
FAZHAN YANJIU
LUOJI LILU YU SHIJIAN JINLU

中国纺织出版社有限公司

图书在版编目（CIP）数据

河南省现代食品产业发展研究：逻辑理路与实践进路／黄荣杰，李宏伟著． -- 北京：中国纺织出版社有限公司，2024.3
　　ISBN 978-7-5229-1473-2

Ⅰ.①河⋯　Ⅱ.①黄⋯②李⋯　Ⅲ.①食品工业—产业发展—研究—河南　Ⅳ.①F426.82

中国国家版本馆CIP数据核字（2024）第046948号

责任编辑：毕仕林　国　帅　　责任校对：高　涵
责任印制：王艳丽

中国纺织出版社有限公司出版发行
地址：北京市朝阳区百子湾东里A407号楼　邮政编码：100124
销售电话：010—67004422　传真：010—87155801
http://www.c-textilep.com
中国纺织出版社天猫旗舰店
官方微博 http://weibo.com/2119887771
三河市宏盛印务有限公司印刷　各地新华书店经销
2024年3月第1版第1次印刷
开本：710×1000　1/16　印张：16.75
字数：282千字　定价：98.00元

凡购本书，如有缺页、倒页、脱页，由本社图书营销中心调换

本书编委会

黄荣杰（郑州轻工业大学）
李宏伟（河南省政协文化和文史委员会）
白艳红（郑州轻工业大学）
张　华（郑州轻工业大学）
徐清璞（河南省政协文化和文史委员会）
孙新城（郑州轻工业大学）
郝宏杰（郑州轻工业大学）
刘芳宇（郑州轻工业大学）

他　　序

在全球化、信息化交织的新时代背景下，食品产业的发展早已超越单纯的经济增长范畴，它关乎国计民生，影响社会福祉，更是一个国家或地区综合实力与文明程度的直观体现。河南省作为我国重要的农业大省和食品产业基地，其现代食品产业的发展不仅具有鲜明的地域特色，更承载着厚重的历史使命和时代责任。

基于新时代发展背景和河南地域特色，2023年河南省政协"一号协商议题"（河南省农业强省建设重大问题研究）专门确立了"河南省现代食品产业发展专题"子课题，我作为课题的负责人，同时也是河南省预制菜产业链的链长，组织相关专家围绕河南现代食品产业发展的优势、短板和战略路径进行了深入的调查研究，形成了高质量的调研报告。本书《河南省现代食品产业发展研究：逻辑理路与实践进路》对调研报告进行了扩充和升华，对河南省现代食品产业的发展进行了全面、深入、系统的研究，更加准确地反映了河南现代食品产业发展的实际情况和核心问题。它不仅是对河南省食品产业发展历程的回顾与总结，更是对未来发展路径的探索与展望，旨在为河南省乃至全国食品产业的健康、持续、高质量发展提供有益的理论支撑和实践借鉴。

近年来，河南现代食品产业在不断培育优势产业方面积累了宝贵经验，形成了以牧原、双汇为代表的全国最大肉类生产与加工集群，以白象、想念等为代表的全国最大面及面制品产业集群，以三全、思念等为代表的全国最大速冻食品及冷链产业集群，以温县大咖国际、南街村调味料、驻马店十三香和莲花味精等为代表的全国最大调味品生产加工集群，以临颍黄龙食品产业园区、漯河卫龙、新乡米多奇为代表的全国最大休闲食品生产加工集群，以好想你为代表的健康食品产业集群。可以说，河南现代食品产业已经具备产业体系日趋完备、市场主体不断壮大、产业集群效应日益彰显、创新能力不断增强等发展优势，而这些成绩的背后离不开省委省政府的高度重视和倾力支持，食品产业面临的营商环境不断优化，财税金融等优惠政策不断加码，尤其是重点打造休闲食品、冷链食品、预制菜、酒饮品产业链，壮大现代食品产业集群。

但与此同时，面对全球日益激烈的市场竞争形势，以及新一轮消费升级及赛道细分机遇，河南现代食品产业高质量发展仍面临增长乏力、结构不优、农食融合度不高、规模优势不突出、"四链融合"程度不高、产业关联效应弱，产品同质化、消费者获得感有待增强，科技和文化赋能不足、产品特色和品牌效应不明显等发展难题。近年来，河南食品产业面临"增速和排名双下滑"的不利局面。2021年河南食品产业的产业规模被四川、广东、福建和湖南超越。尽管河南涌现出一系列知名的食品大牌，但一些龙头企业未能跟上新消费趋势，面临发展的"天花板"，缺乏长期持续盈利能力。此外，一些食品企业选址远离原材料基地，并且舍近求远从省外采购甚至进口优质原材料，农业作为食品产业"第一车间"的作用未充分体现，食品企业联农带农的作用发挥不足。

"顺水行舟易，逆水行舟难"。对于现代食品产业而言，只有以创造消费者需求为存在目的，激发改革创新活力，加快形成和发展新质生产力，才能持续不断的深化产业价值链，创造更大的价值。本书在遵循全球现代食品产业发展规律和趋势基础上，围绕河南省情，科学制定河南现代食品产业的长远规划、中长期目标等战略定位，并从企业竞争力、绿色产业链融合、科技创新、强化传统优势、抢占产业新赛道等方面提出河南现代食品产业高质量发展的路径，从规划引领和顶层设计、政策支持、人才支撑、金融服务体系、产业用地保障等方面提出河南现代食品产业发展的政策保障机制。

本书紧密围绕党的二十大精神，将高质量发展的要求贯穿于研究的全过程。深入分析现代食品产业高质量发展的理论机理，通过大量的实证数据和案例分析，揭示了河南省现代食品产业发展的现实基础、困境与制约因素，进而提出了具有针对性和可操作性的发展战略、路径与政策建议。同时，本书还充分展示了跨学科的研究视野。从经济学、管理学、社会学等多学科视角对河南省现代食品产业发展进行了综合研究，既深入分析了产业发展的内在逻辑和规律，又充分考虑了社会环境、文化传统等多方面因素对产业发展的影响。这种跨学科的研究视野，使得本书的研究成果更加全面、深入和客观。

总之，本书不仅是对河南省现代食品产业发展研究成果的一次集中展示，更是对新时代背景下我国食品产业高质量发展的一次有益探索，将对河南省乃至全国食品产业的高质量发展产生积极的推动作用。在此，向参与本书编著的各位专家学者和相关人员表示衷心的感谢。相信在大家的共同努力下，河南省乃至全国的食品产业一定能够迎来更加美好的明天！

河南省政协副主席　张震宇

2024 年 2 月 23 日

自　　序

　　现代食品产业是以工带农的重要载体，是三产融合的核心环节，也是保障民生的基础产业。发展现代食品产业对拉动农村经济发展、带动农业增值、促进农民增收和乡村振兴、保障食品供给、提高人民健康、促进就业、延链补链强链等方面发挥着重要支撑作用。河南省是全国人口大省、工业大省、农业大省，现代食品产业经过 20 多年的快速发展，形成了比较完备的产业体系和特色产业集群，居河南省五大主导产业之首，是最具发展潜力和发展优势的战略支撑产业，在稳定经济、吸纳就业、出口创汇、贡献税收等方面发挥着重要作用。

　　根据 2023 年河南省政协"一号协商议题"（河南省农业强省建设重大问题研究）中"河南省现代食品产业发展"子课题研究工作安排，课题组深入到河南省内郑州、漯河、信阳、驻马店、焦作、新乡等食品产业集聚区，以及四川、山东等现代食品业大省进行了实地调研，获取了第一手数据和案例资料，经过综合的分析与研判，高质量完成了河南现代食品产业发展专题研究报告。党的二十大报告明确指出，高质量发展是全面建设社会主义现代化国家的首要任务。本书将高质量发展的要求贯穿于研究的全过程，通过回顾河南省食品产业发展历程，总结取得的成效和典型经验，剖析存在的问题和短板。研究基于高质量发展、新钻石模型等前沿理论，尝试厘清现代食品产业高质量发展的内涵和基本特征，构建现代食品产业高质量发展评价指标，从理论上阐述优质原材料、人力资本、技术创新、数据要素、消费升级、政府支持等因素影响现代食品产业高质量发展的作用机理。研究成果为河南省现代食品产业的高质量发展提供了重要的理论支撑和实践指导。

　　近年来河南省现代食品产业高质量发展的成效较为显著，尤其是产业体系日趋完备、市场主体培育取得实效、产业集聚效应日益彰显、创新能力不断增强等发展优势。这些成绩的背后离不开政府发展战略和政策的支持。但与此同时，河南省现代食品产业高质量发展仍面临增长乏力，结构不优，农食融合度不高、规模优势不突出，"四链融合"程度不高、产业关联效应弱等发展难题。为此，本研究通过对全球现代食品产业发展规律和趋势的分析，提出河南省现代食品产业发展的长远规划、中长期目标等战略规划，从企业竞争力、绿色产业链融合、科技创新、强化传统优势、抢占产业新赛道等方面构建了河南省现代食品产业高质量发展全新路径；同时，还需要强化规划引领和顶层设计作用，从政策上给予现代食品产业更多的人才、资金、用地等支持。

在本书撰写过程中，作者参阅了中央和一些省份的政策文件，以及一些学者的著作、论文和研究成果。河南省科技厅、河南省财政厅、河南省工业和信息化厅、河南省统计局、河南省市场监管局等厅局提供了详实的资料和数据；漯河市中原食品实验室部分首席科学家对书稿提供了指导性意见，在此一并表示感谢。本书内容难免存在疏漏，不当之处恳请广大读者批评、指正。

编者
2024 年 3 月

目 录

第一章 绪论 ... 1
第一节 研究背景和意义 ... 1
一、问题的提出 ... 1
二、研究意义 ... 4
第二节 国内外研究综述 ... 7
一、国内研究现状 ... 7
二、国外研究现状 ... 14
三、研究述评 ... 17
第三节 研究设计 ... 18
一、研究思路 ... 18
二、研究方法 ... 19
三、研究内容 ... 19

第二章 现代食品产业高质量发展的理论蕴含 ... 22
第一节 现代食品产业界定和分类 ... 22
一、现代食品产业定义 ... 22
二、现代食品产业分类 ... 23
第二节 现代食品产业高质量发展的内涵与意义 ... 29
一、现代食品产业高质量发展的内涵 ... 29
二、现代食品产业高质量发展的重大意义 ... 30
第三节 现代食品产业高质量发展的特征与评价指标 ... 33
一、现代食品产业高质量发展的典型特征 ... 33
二、现代食品产业高质量发展的评价指标 ... 34
第四节 现代食品产业高质量发展的机理分析 ... 35
一、基于"新钻石模型"的现代食品产业竞争优势分析 ... 35
二、全产业链视角下现代食品产业集聚集群发展分析 ... 45
三、政府政策对现代食品产业发展的影响效应 ... 48

第三章　现代食品产业发展趋势与典型经验 ················ 52
第一节　全球现代食品产业发展趋势 ························ 52
　　一、消费需求升级催生新型食品产业发展 ················ 52
　　二、食品产业在产业体系中呈现稳步增长趋势 ············ 54
　　三、技术和创新是食品产业竞争优势的根本来源 ·········· 55
　　四、三产融合及全产业链成为现代普遍的业态模式 ········ 58
　　五、电子商务重构市场网络，食品市场空间"无边界化" ···· 59
　　六、食品安全标准将全面与国际接轨，安全监管更紧密 ···· 61
第二节　国内外现代食品产业高质量发展的典型经验 ·········· 63
　　一、主要发达国家现代食品产业发展经验 ················ 63
　　二、主要发达省份现代食品产业发展经验 ················ 72

第四章　河南省现代食品产业发展的实践基础 ················ 78
第一节　河南省现代食品产业发展历程与特征 ················ 78
　　一、河南省现代食品产业发展的阶段性特征 ·············· 78
　　二、河南省现代食品产业发展的区域性特征 ·············· 81
第二节　河南省现代食品产业高质量发展的比较分析 ·········· 90
　　一、结构优化方面 ···································· 90
　　二、增长动能方面 ···································· 95
　　三、增长绩效方面 ···································· 101
　　四、绿色生态方面 ···································· 105
　　五、发展韧性方面 ···································· 109
第三节　河南省现代食品产业高质量发展的经验与优势 ········ 110
　　一、河南省现代食品产业发展优势 ······················ 110
　　二、政府支持现代食品产业发展的成功经验 ·············· 117

第五章　河南省现代食品产业发展困境与制约因素 ············ 122
第一节　河南省现代食品产业发展困境 ······················ 122
　　一、食品产业增长乏力，行业结构有待优化 ·············· 122
　　二、原料产业布局较为分散，区域规模优势不突出 ········ 127
　　三、"四链融合"程度不高，产业关联效应弱 ·············· 132
　　四、产品同质化、细分程度低，消费者获得感有待增强 ···· 137
　　五、科技和文化赋能不足，产品特色和品牌效应不明显 ···· 138

六、龙头企业转型升级缓慢，中小微企业发展韧性不足 ……… 140
　　七、缺乏开放思维、管理粗放，国际竞争力和抗风险
　　　　能力薄弱 ……………………………………………………… 141
第二节　河南省现代食品产业发展的制约因素 ……………………… 142
　　一、科技创新投入在地区层面存在很大差异 ………………… 142
　　二、融资、用地等政策保障不足 ……………………………… 144
　　三、消费迭代升级缓慢不利于河南省食品消费市场提质扩容 … 145
　　四、食品产业高端人才吸引力仍待增强 ……………………… 147
　　五、存在融入全球食品产业链的双重挤压问题 ……………… 147

第六章　河南省现代食品产业发展战略、路径与政策 …………… 149
第一节　河南省现代食品产业发展的目标与定位 …………………… 149
　　一、河南省现代食品产业发展指导思想 ……………………… 149
　　二、河南省现代食品产业发展目标 …………………………… 150
　　三、河南省现代食品产业发展定位 …………………………… 152
第二节　河南省现代食品产业发展路径构建 ………………………… 153
　　一、优化产业布局 ……………………………………………… 153
　　二、畅通城乡要素流动，促进全产业链发展 ………………… 155
　　三、加大行业科技创新投入，加快企业竞争力提升 ………… 156
　　四、发展"数字食品"等新模式新业态，适应消费者
　　　　多元化需求 ………………………………………………… 160
　　五、提升品牌效应，开拓国内外市场 ………………………… 161
第三节　河南省现代食品产业发展政策 ……………………………… 163
　　一、强化规划引领和顶层设计，统筹财税、金融等扶持政策 … 163
　　二、力促居民消费结构升级，激发食品消费市场新增长点 … 166
　　三、提升产业配套服务，营造优良产业发展环境 …………… 167
　　四、促进现代食品行业人才体系建设 ………………………… 168

第七章　河南省现代食品产业科技创新现状与发展策略 ………… 170
第一节　全球食品产业科技创新发展趋势 …………………………… 170
　　一、食品合成生物学制造技术发展应用 ……………………… 170
　　二、食品智能制造广泛应用 …………………………………… 178
　　三、食品增材制造技术逐渐兴起 ……………………………… 182

四、分子食品技术逐渐兴起 …………………………………… 184
　　五、食品新型制造技术的融合发展趋势 ………………………… 185
　第二节　河南省食品产业科技创新现状与问题 …………………… 186
　　一、河南省食品产业科技创新现状 ……………………………… 186
　　二、河南省食品产业科技创新的问题与短板 …………………… 201
　第三节　河南省食品产业科技创新发展策略 ……………………… 205
　　一、强化企业科技创新主体地位 ………………………………… 205
　　二、提升总体科技创新效率 ……………………………………… 206
　　三、建立健全新型研发机构运行机制 …………………………… 207
　　四、进一步促进科教融汇、产教融合 …………………………… 208

第八章　河南省现代食品产业风险与应对机制 ………………………… 209
　第一节　外部风险对绿色农业生产的影响及对策探究 …………… 209
　　一、外部风险冲击下河南农业领域的脆弱性分析 ……………… 209
　　二、外部风险对河南种植业的影响 ……………………………… 213
　　三、外部风险对河南养殖业的影响 ……………………………… 215
　　四、外部风险冲击下保障河南绿色食品原材料供应的
　　　　应对思路 ……………………………………………………… 217
　第二节　河南省食品生产加工环节的风险冲击及应对策略 ……… 222
　　一、绿色食品生产加工环节稳定性的理论分析 ………………… 222
　　二、潜在风险对河南省绿色食品生产加工业冲击情况分析 …… 224
　　三、河南省绿色食品生产加工环节的风险应对机制分析 ……… 227
　第三节　河南省食品流通领域的风险冲击与风险控制 …………… 229
　　一、食品流通领域风险的风险来源分析 ………………………… 229
　　二、食品流通领域风险评估模型的构建 ………………………… 231
　　三、河南省食品流通领域的风险控制策略 ……………………… 233
　第四节　河南省食品安全监管风险应对策略 ……………………… 236
　　一、食品安全监管体系的历史沿革 ……………………………… 236
　　二、产业升级背景下河南省食品安全监管的新问题与挑战 …… 239
　　三、完善河南省食品安全监管的对策思路 ……………………… 242

参考文献 ……………………………………………………………………… 248

第一章
绪论

第一节　研究背景和意义

一、问题的提出

（一）河南省食品产业的优势

在河南省，现代食品产业不仅是重要支柱产业，也是维护民生的基础性产业。现代食品产业作为以制造业为主的关键载体，是三产融合的核心环节，对实现制造兴省和农业强省战略发挥着重要支撑作用。在丰裕的粮食及农产品产量基础上，经过多年的积淀，河南省现代食品产业形成了比较完备的产业体系和特色产业集群。2022年，河南省规上食品企业营业收入7185亿元，占规上工业营业收入的11.9%，为五大主导产业之首，"中原粮仓""国人厨房"和"世人餐桌"的地位不断提升，并在稳定经济、吸纳就业、出口创汇、贡献税收等方面发挥着重要作用。

河南省现代食品产业涌现出一批大型食品龙头企业，包括传统品牌的双汇、三全、好想你等明星企业，以及新兴品牌如卫龙、蜜雪冰城、锅圈食汇等。河南省超大的市场规模、便利的投资环境、丰富的农产品与劳动力资源还吸引了国内外众多食品企业。例如，日本火腿株式会社、华润集团、中粮集团、旺旺、雨润、康师傅、老干妈、达利、盼盼、亲亲、雅客、今麦郎、金丝猴、喜阳阳等企业和品牌纷纷在漯河、郑州、焦作、新乡、周口等地设立工厂，构建起了积极的产业循环。

河南省食品产业在不断培育优势产业方面积累了宝贵经验，近年来形成了以牧原、双汇为代表的全国最大肉类生产与加工集群，以白象、想念等为代表的全国最大面及面制品产业集群，以三全、思念等为代表的全国最大速冻食品及冷链产业集群，以温县大咖国际、南街村调味料、驻马店十三香和莲花味精等为代表的全国最大调味品生产加工集群，以临颍黄龙食品产业园区、漯河卫龙、新乡米多奇为代表的全国最大休闲食品生产加工集群，以好想你为代表的健康食品产业集群。例如，近年来双汇紧密围绕肉类加工行业进行投资，并积极向上下游延伸，形成了养殖、饲料、屠宰、肉制品加工、新材料包装、冷链物流、连锁商业等完善的产业链；在全国范围内建立了150多万个销售网点，打造了垂直一体化的产业优势，品牌总价值789.85亿元的驰名品牌，成为中国最大的肉类加工基地和全球知名的肉类品牌之一。卫龙在我国休闲调味面制品市场中排名第一，市场份额达到13.8%，超过第2~5名企业的市场份额总和。在卫龙带动下，河南调味面制品行业规上企业达40家，卫龙、佳龙、君仔等辣条品牌正为越来越多的人所熟知。蜜雪冰城作为休闲饮品的龙头企业，2023年9月门店数量突破3.6万家，门店数量在行业中处于绝对领先地位，在新式茶饮市场占有率超过6%，是第2~4名企业市场份额的总和。米多奇年生产各类米饼、馍片等主食化休闲食品达20余万吨，其中馍片系列产品全国产销量第一，米饼系列产品全国产销量第二，2022年总营业收入达17.4亿元。

另外，河南食品产业不断锻造新的竞争优势。开封通许县利用其原材料、地理位置优势，大力发展酸辣粉产业，已经发展成为全国最大的酸辣粉生产加工基地，占全国的市场份额超过80%。一些河南食品品牌打通上下游产业链条，采用生产—配送—加盟的运营模式，市场规模得以迅速发展。例如，温县大咖国际作为蜜雪冰城的子公司，通过对自设工厂、仓储、物流等环节的整合，成功降低了生产成本，公司的供应链不仅保障了产品质量，还带动了品牌的快速扩张，成为享誉国内外的优质饮品供应商。锅圈食汇利用其产业集群的优势，整合了超过279名食材供应商，提供了755个食材品类（SKU），打造了线上线下一体化的新零售体系，成为火锅食材赛道的"独角兽"。这些食品企业在不同领域展现了各自的优势和创新，通过巧妙整合产业链，推动了河南现代食品产业的蓬勃发展。

（二）河南食品产业的困境

尽管河南食品产业取得较快发展，但与全国山东、福建、广东等其他食品产业大省相比，河南食品产业却面临"增速和排名双下滑"的局面。2019年是河南省食品产业发展的一个转折点，该年度河南食品行业总营业收入同比下降3.7%，从全国排名第2位跌落到第5位。之后几年河南食品产业排名连续下滑，到2021年全国排名进一步下滑至第6位，被四川、广东、福建和湖南超越。河南食品产业下滑的根本原因是囿于技术创新、市场拓展和品牌建设等方面的滞后吗？四川、广东、福建、湖南等省份的食品产业快速发展给河南带来哪些值得借鉴的经验？必须认真思考这些问题并采取切实有效的措施，恢复并进一步提升河南食品产业在全国的地位。

在龙头企业层面，尽管河南涌现出一系列知名的食品大牌，但一些龙头企业未能跟上新消费趋势，面临发展天花板，整体产业附加值却偏低。同时，伊赛牛肉、雏鹰农牧、科迪乳业等一些地方性老牌的知名企业，纷纷面临退市、重整甚至破产清算，形成了所谓的"龙头斩"现象。2019年，雏鹰农牧被摘牌退市，而科迪乳业也在同一年进行了合并重整，后来被国有资本收编。2022年，伊赛牛肉股份有限公司也经历了破产清算。这些龙头企业遭遇的发展困境折射出河南现代食品产业发展遇到了阻力，暴露了企业发展定位不明确、产品科技含量低、盲目扩张和产能过剩等发展瓶颈。

另外，河南食品产业发展的韧性和带动作用亟待提升。河南的小麦、果蔬、生猪、禽蛋等农副产品产量一直位居全国前列，但许多食品企业选址远离原材料基地，并且舍近求远从省外采购甚至进口优质原材料，农业作为食品产业"第一车间"的作用未充分体现，食品企业联农带农的作用发挥不足。河南90%以上的食品企业均为小微型企业，这些企业呈现"多、小、弱、散"的发展特点，发展方式粗放，生产水平低下，资源有效利用能力偏低，能源损耗和投入偏高，创新能力不足，利润比较薄，抗风险能力弱，市场竞争力不强。在食品学科建设方面，虽然河南食品类学科建设较为全面，但学科影响力一般，缺乏高层次的人才团队和国内外有影响力的研究成果。积极加强与农村农业农民的合作，调整产业结构和布局，加速食品加工技术、机械装备和新品研发，改革生产方式、创新生产工艺，拓展新的产业等领域都是河南现代食品产业重要发展方向。

（三）成立河南省现代食品产业高质量发展课题组

根据河南省政协"河南省农业强省建设重大问题研究"总课题中"河南省现代食品产业高质量发展"子课题研究工作安排，在省政协领导的指导下，由省政协文化和文史委员会、郑州轻工业大学等单位学术骨干组成的课题组，积极展开了课题研究工作。为确保研究的深入和全面，每周召开课题研讨会，课题组同时深入到信阳、驻马店、漯河、郑州等地，以及四川、山东等地进行调研座谈，以获取更全面的数据和实地经验。在此基础上，课题组进行了深入的分析和研判，形成了翔实的研究报告。报告经过领导和专家的多次审定，根据建议进行了有针对性的修改。最终，课题组高质量完成了河南现代食品产业发展专题研究报告。

为了进一步提升研究的深度和广度，课题组对报告进行了扩充和升华，更加准确地反映了河南现代食品产业发展的实际情况和核心问题。其研究成果不仅是理论上的深度剖析，更是对实践层面的有益探索。整个研究注重理论与实践的结合，致力于为河南省现代食品产业高质量发展提供具体可行的建议和战略方向。研究旨在为河南现代食品产业的转型升级提供智力支持，确保河南食品产业在全国的领先地位，并为河南农业强省建设贡献力量。

二、研究意义

（一）理论意义

基于中国式高质量发展理论，研究从"新钻石模型""全产业链理论""政府干预"等理论视角，总结借鉴发达国家或地区现代食品产业发展的经验与理论成果，通过深度研究，厘清现代食品产业在高质量发展的内涵、意义、特征、影响机理、驱动力和制约因素，有利于丰富市场与政府关系、产业高质量发展等理论文献。

第一，总结借鉴发达国家或地区现代食品产业发展的经验与理论成果。大多数发达国家从20世纪80—90年代就进入食品产业快速增长阶段，如今欧美、日本等发达国家食物消费中加工食品的比重达到90%，食品产业增加值和就业占比已经高达20%。同时，这些国家已经经历了从传统食品产业到现代食品产业的转型升级，休闲食品等中高端食品占据休闲食品产业比重的大部分。例如，2022年美国、日本人均休闲食品消费量分别达到70千克和42千克，而我国人均休闲食品消费量仅14千克。发达国家和我国发达地区现代食品产业转型升级在不同阶段分别受到了收入需求、对外开放、技术创新、人力资本等因素的推动。政府政策也为现代食品产业的发展提供了激励、引导和支持效应。本研究对发达国家和我国发达地区现代食品产业的发展经验和理论成果进行总结梳理，为激发我国食品产业结构升级的创新驱动机制、完善政府支撑政策提供借鉴。

第二，进一步拓展产业发展中政府与市场关系理论。从本质上来讲，对现代食品产业高质量发展问题的研究，就是研究地方政府如何更好地发挥经济职能、履行社会管理与服务等问题。政府干预现代食品产业发展一方面要遵循产业发展的规律，另一方面也要围绕产业发展中的市场失灵问题，实施有针对性的产业政策，同时避免政府干预对市场机制的扭曲。本研究聚焦于政府与食品产业间的交互关系，对相关理论进行梳理，旨在廓清现代食品产业高质量发展中的政府作用，对进一步拓展政府与市场关系等理论具有一定贡献。

第三，进一步丰富产业高质量发展理论分析框架。首先，本研究针对我国产业高质量发展理论框架不够成熟等问题，依据高质量发展理论，廓清现代食品产业高质量发展的内涵，并从国计民生、产业升级、乡村振兴等视角阐明现代食品产业高质量发展的意义。其次，在剖析现代食品产业高质量发展的基本特征基础上，构建包括结构优化、增长动能、绿色生态、增长绩效、发展韧性等一级指标和相应二级指标在内的现代食品产业高质量发展评价指标。最后，运用"新钻石模型""全产业链""政府干预"等理论分析现代食品产业高质量发展的影响因素和作用机理，进一步丰富产业高质量发展理论分析框架。

（二）实践价值

河南正处于加快产业发展的关键时期，全球信息化、数据化、智能化带来新的机遇，而贸易保护主义抬头等因素又成为经济全球化的掣肘，现代食品产业发展的机遇和挑战并存。本课题深入探讨阻碍河南现代食品产业高质量发展的市场、制度等因素，提出合理性建议，对提升河南现代食品产业的主导地位，推动现代食品产业高质量发展有很强的现实意义。

第一，提出河南现代食品产业高质量发展的关键路径和保障机制。针对现代食品产业发展滞后问题，河南近年来出台了《支持绿色食品业加快发展若干政策措施》（豫政办〔2023〕7号）等文件大力支持休闲食品、预制菜、冷链食品、茶饮品等现代食品产业，积极拓展现代食品新领域，发展新业态，培育新热点。这充分体现了政府对发展现代食品产业，优化食品产业结构的重点关注。本研究从市场和政府的基本关系入手，对现代食品产业产业链、供应链、消费链、人才链进行多方位分析，在发掘新时期河南食品产业增长和结构升级的创新驱动因素基础上，剖析政府政策的功能和作用，提出河南现代食品产业高质量发展的关键路径和保障机制。

第二，提升现代食品产业技术创新能力和专业化水平。近年来，河南省比较注重研发和技术创新，但大部分研发资金投入重工业制造业领域，不太重视现代食品所需的装备、包装等技术的开发和创新，导致现代食品产业技术含量低、新品少、成本高，难以在激烈的市场竞争中保持优势，也不能有效满足居民多元化、个性化、营养健康、高标准等食品需求。同时，目前河南食品企业规模偏小、布局过于分散，没有实现规模经济，产业集聚能力也不强，这很大程度上与河南现代扶持政策比较分散等有关。本研究通过对河南现代食品产业技术创新和专业化发展中的政策障碍分析，从优化现代食品产业财税、融资、人才、用地等政策角度提出对策思路，对提升河南现代食品产业技术创新能力和专业化水平具有重要指导作用。

第三，充分发挥现代食品产业对乡村振兴的支撑作用。"粮头食尾、农头工尾"，食品产业与农业之间存在着紧密的关系：米、面、蛋、奶则是焙烤食品和膨化食品的主要成分，水果、鱼、肉是饮料和罐头等果蔬制品的重要原料，甘蔗和甜菜是制糖的必备原料，五谷杂粮是酿酒的基础原料。食品产业对乡村振兴有着巨大的潜力和责任。河南省作为农业大省，粮食、蔬菜、水果、肉畜等产量位居全国前列。食品产业和农业的关系尤为密切，农产品为食品提供优质原材料的同时，食品产业也发挥着接"一"连"二"带"三"，以及连接城市和农村的作用，具有产业链长、辐射广、带动强等特征，是带动河南农业农村经济社会发展的关键载体。因此，发展特色食品产业，围绕河南各地地域特色和风土人情，打造优势产业集群，通过现代食品产业高质量发展，为乡村振兴提供重要支撑。

第四，提升现代食品产业发展韧性。如何提升产业韧性，是实现"以国内大循环为主体、国内国际双循环相互促进"新发展格局的核心要义。面对多重冲击和经济下行压力，河南食品产业总体维持较快增长，食品消费市场恢复态势较好，产业结构不断优化，彰显了较大的发展韧性。这主要源于政策效应持续释放制度韧性，庞大人口基数下市场和内需潜力释放消费韧性，现代化交通物流网络支撑供给与开放韧性等河南省经济韧性优势与潜质。目前，河南省仍面临国内外不确定性因素的严重冲击，科技创新驱动能力有待提升，中小微企业发展缺乏韧性等制约河南现代食品产业韧性提升的不足与短板。本研究对河南绿色农业、食品产业生产加工、流通等环节可能面临的风险类型及影响机制进行分析，提出河南现代食品产业风险应对机制，以及完善市场监管的思路，从全面培育内生发展优势、大力增强产业创新能力、着力提高产业免疫力和"快速修复力"等方面为提升河南现代食品产业发展韧性具有重要贡献。

第二节 国内外研究综述

一、国内研究现状

截至 2023 年 12 月,在国内覆盖面较广的文献数据库——中国知网,以"食品产业"为关键词进行精确检索,共计可检索到 7183 篇中文文献,发表篇数从 2002 年开始稳步增长,在 2012 年达到发文顶峰,之后波动增长。筛选与梳理所有相关文献,现有的研究主要集中在食品产业发展政策、产业结构优化、产业细分行业、地区产业发展、产业创新驱动、全产业链发展和食品消费升级等方面。

1. 关于食品产业结构优化的研究

我国对食品产业结构方面的研究起步较晚,大量研究从 2007 年起步,主要是关于食品产业结构优化的理论和实证研究两方面。

一方面,学者的理论研究大都认为产业结构的优化能够促进整个产业的长足进步。吕明元(2007)❶认为产业结构既是产业发展演化的核心内容和重要表现,也是产业发展的主导力量和主要手段。宋德军(2008)❷通过构建产业政策促进产业结构优化的机理模型,在系统分析中国绿色食品产业结构特点、问题及政策绩效基础上,提出创新宏观管理促进产业结构优化升级的创新性对策。王依萍(2019)❸详细研究了产业结构优化过程中食品行业的现状及问题,并给出了相应的对策建议。陈芳(2020)❹认为产业结构优化应由以往依靠要素投入转向更多依靠信息化、自主创新能力和政策创新。

另一方面,实证研究聚焦在选择何种实证分析工具,哪些因素促进了食品产业结构优化与升级。宋国宇(2011)❺对绿色食品产品结构及其灰色动态关联变化规律进行了分析,发现绿色食品结构变化显著,并为促进绿色食

---

❶ 吕明元. 产业政策、制度创新与具有国际竞争力的产业成长 [J]. 经济社会体制比较, 2007 (1): 134-137.
❷ 宋德军, 刘阳. 中国绿色食品产业结构优化研究 [J]. 北京农学院学报, 2008, 23 (4): 53-56.
❸ 王依萍. 食品产业结构优化的现状及问题研究 [J]. 知识经济, 2019 (1): 23, 25.
❹ 陈芳. 绿色食品产业结构优化研究——评《中国绿色食品产业发展与绿色营销》[J]. 食品工业, 2020, 41 (9): 353.
❺ 宋国宇. 基于灰色关联与方差分析的中国绿色食品产品结构调整研究 [J]. 农业经济与管理, 2011 (2): 83-88.

品产业的结构优化与效率提出了对策建议。宋国宇（2011）[1] 建议提高产品加工度和附加值、加大禽畜水产类产品生产等措施，促进绿色食品产业结构优化。王德章（2011）[2] 采用定性与定量相结合的方法，利用C-D生产函数分析了产业发展不同阶段各要素的贡献率，认为科技贡献率的下降趋势、粗放型发展模式等问题制约着黑龙江省食品产业结构的优化，应通过加大科技投入、加强产学研结合等措施优化科技创新环境，推动食品产业结构优化。杨玉雪（2015）[3] 利用最小二乘法分析方法，发现互联网对贵州白酒产业发展具有重要促进作用。

2. 关于不同食品行业发展问题的研究

食品产业内部的细分行业很多，不同类型食品行业的发展问题也得到国内学者较多的关注，研究主要聚焦在绿色食品、保健食品、休闲食品、农特食品四类中高端或新兴产业领域。

一是关于绿色食品的研究。丛晓娜等（2018）[4] 提出绿色生资的发展主要存在总量规模不大，产品结构及区域发展不平衡，"绿色"价值未体现，"优质优价"效益不显著等一系列问题。章海源（2020）[5] 认为应加大科研力度、合理规划产业发展、改革产业结构及区域布局等，推动绿色食品产业加快转型升级和持续发展。

二是关于保健食品的研究。孙桂菊（2018）[6] 将我国保健食品产业的发展分为起步、发育、成型、调整、加速、现阶段六个阶段，并梳理了保健食品监管政策的变化以及监管改革趋势。王一等（2022）[7] 认为，大健康时代具有调节人体机能作用的保健食品呈爆发式增长，并成为大健康产业的重要组成部分，同时目前我国保健食品产业在发展环境、创新能力方面还存在不

---

[1] 宋国宇. 中国绿色食品产业结构优化的实证研究——基于灰色关联分析的方法 [J]. 北华大学学报（社会科学版），2011，12（3）：36-41.

[2] 王德章，贾俊杰. 科技创新与黑龙江省绿色食品产业结构优化研究 [J]. 大庆师范学院学报，2011，31（4）：54-60.

[3] 杨玉雪. 基于互联网的贵州绿色食品产业结构优化的研究——以白酒茅台为例 [J]. 商，2015（17）：266.

[4] 丛晓娜，穆建华. 我国绿色食品生产资料品牌发展现状及问题分析 [J]. 农产品质量与安全，2018（5）：29-32.

[5] 章海源. 关于供给侧改革背景下绿色食品产业转型升级的思考 [J]. 食品安全导刊，2020（3）：155-156.

[6] 孙桂菊. 我国保健食品产业发展历程及管理政策概述 [J]. 食品科学技术学报，2018，36（2）：12-20.

[7] 王一，陈喜生. 大健康产业背景下我国保健食品发展现状思考 [J]. 商业经济，2022（10）：51-52，76.

足等，应该从市场整顿、优化监管、提升核心竞争力等方面推动保健食品发展。胡颖廉（2023）[1]认为食品安全是衡量保健食品的重要价值维度。

三是关于休闲食品发展的研究。马艳（2021）[2]认为休闲食品虽然作为我国食品产业中快速成长的朝阳行业，但也面临着同质化严重、进入门槛低等多种问题，亟须由高速发展向高质量发展转型。毕金峰等（2020）[3]则从产业和科技的角度将国内外休闲食品产业与科技现状进行对比，并预测了休闲食品产业与科技发展趋势。邓丽萍等（2023）[4]分析了岳阳市休闲食品产业现状及产业转型升级存在的主要问题和对策研究。王勇等（2022）[5]针对陕西魔芋休闲食品产业的问题，通过对其产业发展及技术创新发展趋势的分析，在聚焦魔芋区域特色产业、支持组建魔芋休闲食品产业创新联盟等方面提出发展建议。

四是关于农特食品的研究。陈晓华（2017）[6]认为推进质量兴农必须守住农产品质量安全这条底线、围绕农业供给侧结构性改革来发力、抓住农业绿色发展的好机遇、满足人民群众的新期待。吴敏等（2023）[7]从储运环节、加工与包装环节等环节分析了乡村农特食品产业发展存在的问题，并从发展新型农民职业教育等方面提出了乡村农业食品产业发展对策。

3. 关于不同地区食品产业发展的研究

鉴于食品产业对地区农产品资源的依赖性，以及我国各地区经济发展的不平衡性，学者们对我国食品产业发展的地区差异进行了研究，主要聚焦于东北、华东、中南以及西南地区食品产业的发展方面。

一是关于东北地区食品产业发展的研究。孙丽辉（2006）[8]分析了吉林省生态食品产业集群与区域品牌协同发展战略模式，指出其发展应选择产业

---

[1] 胡颖廉. 从产业安全到营养安全：食品安全管理体制改革的逻辑——以保健食品为例 [J]. 学术研究，2023（1）：55-62.
[2] 马艳. 休闲食品产业六大科技问题待解 [N]. 中国工业报，2021-07-27（004）.
[3] 毕金峰，易建勇，陈芹芹，等. 国内外休闲食品产业与科技现状及发展趋势 [J]. 中国食品学报，2020，20（12）：320-328.
[4] 邓丽萍，刘剑. 湖南省岳阳市食品产业转型升级对策研究 [J]. 粮食科技与经济，2023，48（2）：50-53.
[5] 王勇，李彦军，苗志娟. 陕西魔芋休闲食品产业发展现状及建议 [J]. 农业工程，2022，12（2）：149-152.
[6] 陈晓华. 我国质量兴农工作的总体形势及工作重点 [J]. 农产品质量与安全，2017（2）：3-7.
[7] 吴敏，魏殿林，陈楚楚. 服务乡村振兴的农特食品产业新型职业农民培训对策研究 [J]. 中国食品工业，2023（5）：110-113.
[8] 孙丽辉. 吉林省生态食品产业集群与区域品牌协同发展战略模式探析 [J]. 市场营销导刊，2006（3）：28-31.

集群的组织形式，并创建名牌产品（企业）和区域品牌，实现产业集群、名牌簇群与区域品牌共同发展。赵莉等（2023）[1]基于双循环的视角，认为黑龙江省绿色食品产业应以生产、分配、流通、消费四大环节为依托，从消费内需体系、有效供给能力和产业政策体系入手，完善流通市场建设，实现产业全面发展并增强产业政策扶持能力。

二是关于华东地区食品产业发展的研究。李玉强（2023）[2]的调查研究认为泰安市宠物食品产业已经得到政府大力支持，但仍存在标准不足、科研匮乏、宠物食品自主品牌号召力小等问题。吴国峰（2015）[3]则分析浙江省种类繁多的老字号食品品牌的发展现状，发现其在营业网点选址、体制转换、经营管理创新能力等方面存在较大的问题，并提出了运用老字号品牌的商誉、饮食文化，加上现代企业的运营理念与管理机制的发展策略。

三是关于中南地区食品产业发展的研究。张润昊（2012）[4]结合湖北省襄阳市森林食品产业实际，运用描述统计方法、二分类 Logistic 回归模型构建模型后进行实证分析，提出了"一纲+三线+八点"的政府推动森林食品产业发展模式，并从林业合作组织建设、森林食品产业基地建设等方面论述了襄阳市森林食品产业发展的推进策略，为森林食品产业区域发展提供了可操作的模式。刘林奇等（2023）[5]基于2014~2021年湖南省绿色食品统计数据，运用熵值法、灰色关联模型和多元回归模型等方法，对湖南省绿色食品产业结构与产业集聚的空间耦合强度及其影响因子进行了实证分析。

四是关于西南地区食品产业发展的研究。刘际平等（2021）[6]认为旅游食品产业作为云南文旅产业发展的重要内容，对于满足游客的物质需求、情感需求及文化需求具有重要的意义，加快云南旅游食品产业链的优化和完善，能进一步为游客提供良好的旅游体验。其他学者还探讨了云南旅游食品产业

---

[1] 赵莉，孟令育. 黑龙江省绿色食品产业升级的理论逻辑与路径研究——基于"双循环"视角[J]. 经济师，2023（3）：111-113.
[2] 李玉强. 山东省泰安市宠物食品产业发展调查报告[J]. 山东畜牧兽医，2023，44（9）：54-55，58.
[3] 吴国峰. 新形势下老字号食品品牌发展策略分析——以浙江老字号为例[J]. 商业经济研究，2015（9）：70-71.
[4] 张润昊. 森林食品产业区域发展推进策略研究[D]. 长沙：中南林业科技大学，2012.
[5] 刘林奇，蔡颖颖，王辛月. 湖南省绿色食品产业结构与产业集聚的空间耦合强度及其影响因子[J]. 粮食科技与经济，2023，48（5）：54-61，80.
[6] 刘际平，牛春巧. 云南旅游食品产业链优化策略[J]. 食品研究与开发，2021，42（16）：227-228.

链构建的现实优势，并从重视旅游食品开发、加大电商营销力度、营造消费场景等方面提出产业链优化策略。

4. 关于食品产业创新驱动的研究

关于食品产业发展中创新驱动的研究，我国学者主要聚焦在创新支持政策、科技研发体系、企业自主创新能力、高素质人才培养四个方面。以下介绍前两个方面。

一是关于食品产业创新支持政策方面。王德章等（2006）❶ 研究认为政策支持对加快我国绿色食品产业发展具有重要作用。张辉等（2016）❷ 梳理了我国功能食品的政府支持政策，明确了政策重点。朱美乔等（2023）❸ 研究认为，监管部门积极制定发布《保健食品新功能及产品技术评价实施细则》，鼓励企业研发创新，激发了保健食品产业内生创新动力，有利于保健食品行业的健康持续发展。

二是关于食品产业科技研发方面。魏珣等（2013）❹ 从食品全产业链、全创新链的角度阐述了我国食品产业科技创新的重要性，分析了食品产业科技发展的现状以及新特征，提出了食品产业科技创新的发展战略构架、主要任务和重点方向。黄晓琴（2016）❺ 认为科技创新从加工特性的改变、健康食品的组学、加工工艺的精细、物流服务的发展等方面对食品产业产生驱动作用。王文月等（2022）❻ 从食品科技研发投入、创新资源分布、企业创新力量等角度梳理了我国食品科技创新发展现状，认为我国食品产业科技创新驱动发展中仍存在较多不足，应优化科技力量布局、推动区域协同创新、突出企业创新主体地位。

5. 关于食品产业全产业链发展的研究

关于食品产业链式发展的研究，我国研究主要集中在产业链整体研究和产业链上中下游的分段研究。

---

❶ 王德章，赵大伟，杜会永. 中国绿色食品产业结构优化与政策创新 [J]. 中国工业经济，2009 (9): 67-76.

❷ 张辉，王文月，段玉清，等. 我国功能食品创新发展趋势、重点及政策建议 [J]. 食品工业科技，2015, 36 (8): 361-364.

❸ 朱美乔，连荷. 政策先行激发保健食品产业内生动力 [N]. 中国食品报，2023-11-22 (006).

❹ 魏珣，朱华平，孙康泰，等. 科技创新驱动我国食品产业发展对策研究 [J]. 中国农业科技导报，2013, 15 (1): 91-95.

❺ 黄晓琴. 以科技创新驱动我国食品产业的发展 [J]. 食品工程，2016 (1): 6-8.

❻ 王文月，臧明伍，张辉，等. 我国食品科技创新力量布局现状与发展建议 [J]. 食品科学，2022, 43 (13): 336-341.

一是关于食品产业链整体的研究。姜明（2023）[1]认为，工业和信息化部等十一部门联合印发的《关于培育传统优势食品产区和地方特色食品产业的指导意见》是推动食品产业全产业链高质量发展、提高食品产业质量效益和竞争力的重要抓手。黄娜（2019）[2]认为，食品安全管理需要对产业链各个环节进行管理，排除安全隐患，成立配套监管制度，增强监管部门协作意识以及调控市场价格。戚建永（2011）[3]研究发现，通过建设产业链优化模型并且与原来肉类食品产业链存在的问题进行对比后，提出河南肉类食品产业链今后应走产业集聚之路、走特色发展之路、走产业链整合之路。

二是关于食品产业链上中下游的研究。丁旭等（2022）[4]认为，淮安市绿色食品产业链优化路径以龙头产业带动产业上下相关产业，对于产业链中不同类型企业，实施差异化定位发展，且在原有的生产加工、仓储运输、市场销售、文旅休闲及专业服务产业链一体化发展中，进一步补链、强链、固链。上游行业包括种植业、养殖业、畜牧业、农产品和农副产品加工业等。以畜牧业为例，石贵等（2023）[5]利用竞争态模型、重心迁移模型，分析1991—2019年甘肃省牛羊养殖竞争态现状、转移模式与重心迁移模式，并从社会经济、自然资源两个角度讨论了甘肃省未来畜牧养殖策略。现阶段，我国食品行业产业链中游代表企业有伊利实业、双汇、老干妈风味食品等。以双汇为例，张乐（2023）[6]研究发现，双汇为抢抓预制菜发展机遇，积极布局，新建预制菜研发中心、第三工业园，并围绕"一碗饭、一桌菜"开发了肉、蛋、奶、菜、粮相结合的进家庭、上餐桌产品。食品产业下游主要是直营店或加盟店、商场、超市、线上电商平台等。以线上电商平台为例，杨慧（2023）[7]认为，通过跨境电商平台打破传统贸易的地域限制，同时建设跨境电商贸易园区，能够为茶叶贸易提供更便捷的交易环境和服务，从而提高市场占有率和品牌影响力。

---

[1] 姜明.促进食品加工转型升级，引导全产业链高质量发展［J］.中国食品工业，2023（7）：24-25.
[2] 黄娜.食品产业链中食品安全管理问题研究［J］.现代食品，2019，（3）：124-126.
[3] 戚建永.河南省肉类食品产业链优化研究［D］.郑州：河南工业大学，2011.
[4] 丁旭，李黎.大数据背景下淮安市绿色食品产业链发展研究［J］.食品安全导刊，2022（19）：161-165.
[5] 石贵，王娅，杨国靖，等.基于竞争态模型的甘肃省草食畜牧业发展格局演化与提升路径研究［J/OL］.草业学报，2023：1-18［2023-12-11］.
[6] 张乐.双汇发展：加速领跑 助力打造河南预制菜知名品牌［J］.人大建设，2023（8）：60-61.
[7] 杨慧.跨境电商背景下茶叶贸易发展现状与建议［J］.福建茶叶，2023，45（11）：56-58.

6. 关于食品产业新消费模式的研究

关于食品产业新消费模式的研究，主要聚焦在食品产业新消费场景、新业态以及新的消费心理等方面。

一是关于食品产业新消费场景的研究。随着社会的进步，新的消费场景应运而生，曾斌（2011）[1]认为保健食品产业势必成为21世纪人类社会经济发展方向的朝阳产业之一，同时市场竞争变得尤其激烈，提出的改进市场策略、制订新的营销策略等对解决我国保健市场所出现的问题具有重大意义。王帅等（2023）[2]以预制菜为切入点，基于S-O-R模型，分析了刺激消费者购买预制菜的因素以及这些因素影响消费者自身的心理感知、最终反应至购买行为的全过程，有助力预制食品产业良性健康发展。

二是关于食品行业新消费业态的研究。田刘凌等（2021）[3]发现随着转基因技术的迅速发展和广泛应用，直接影响了消费者的主观态度、接受程度和购买意愿，消费者也辩证影响了转基因食品的发展前景。王校丽（2011）[4]结合消费者行为学的理论知识，通过阶段因素和过程因素构成消费者购买行为研究模型，分析了各个因素与绿色食品消费的关系，在此理论和假设的基础上提出促进绿色食品消费策略。

三是关于食品领域新消费心理的研究。根据《第一财经日报》（2023）[5]报道，占中国总人口比重不到20%的Z世代，消费规模却高达40%，Z世代对食品的要求可以概括为营养品质、低脂低卡、真材实料、追求精神饱腹感、更多"金"力、更少"精"力，还有用餐体验的安全感；Z世代的卓越影响力和比较超前的消费理念正在影响着食品行业，促使企业不断去创新，提供更好的食品和服务。齐宇佳等（2019）[6]发现，随着时代的发展，越来越多的大学生群体出现亚健康状态，并伴随大量的心理健康问题，应从学校和食品企业两个方面共同促进大学生群体树立健康食品的正确消费行为。

---

[1] 曾斌. 我国保健食品市场营销策略研究［D］. 长沙：湖南农业大学，2011.
[2] 王帅，周丰婕. 新消费时代一线城市预制食品消费的影响因素分析［J］. 粮食科技与经济，2023，48（4）：53-57，89.
[3] 田刘凌，顾成博. 基于消费者心理视角探究转基因食品发展策略［J］. 中国酿造，2021，40（12）：221-227.
[4] 王校丽. 基于消费者行为研究模型的绿色食品消费研究［D］. 株洲：湖北工业大学，2011.
[5] 任绍敏. 满足Z世代消费需求食品行业创新求变［N］. 第一财经日报，2023-11-10（T01）.
[6] 齐宇佳，张颖南. 健康理念下产品认知与心理健康对大学生食品消费行为的影响性研究［J］. 经济师，2019（10）：212-213.

二、国外研究现状

1. 关于食品产业结构优化的研究

国际上有关食品产业结构升级和优化的研究,主要聚焦于市场和政策对有机食品产业竞争力提升,以及产业发展的影响等方面。

一是对有机食品产业竞争力的影响研究。Stagls（2002）[1] 总结了有机食品市场对相关产业发展的限制和潜在作用,认为企业要将市场机遇转化为发展机遇,需要努力突破贸易壁垒,并提高产品质量标准。Giannakask（2005）[2] 对于有机食品市场,讨论了消费决策和信息不对称等问题,并指出标签制度和认证制度都有助于防止市场失灵。Yussefi 等（2003）[3] 观察到,且不断增长的有机食品需求是潜在的市场机遇。将这一机遇转化为企业自身的发展机会需要不断根据市场需求调整企业的产品结构。Lohr 等（2003）[4] 运用 Probit 模型对有机食品生产效率的相关影响因素进行了研究,结果表明在美国有机农场中,科技服务、信息、科技和教育等方面的支持对提升有机食品的竞争力和促进食品结构演化具有重要作用。

二是关于政策对有机食品产业竞争力的影响研究。Carriquiry 等（2007）[5] 的研究结果表明,政府的产品标准管理能力对产业结构变化具有一定的重要影响。Dimitri 等（2006）[6] 对欧盟和美国有机食品产业发展政策进行了对比分析,发现产业政策导向和宏观管理在食品产业结构演化方面都具有重要意义。

2. 关于有机食品产业的研究

国外对绿色食品的研究始于 20 世纪 70 年代初期,我国则在 20 世纪 90 年

---

[1] Stagls. Local organic food markets: potentials and limitations for contributing to sustainable development [J]. Empirica, 2002, 29 (2): 145-162.

[2] Giannakask. Information Asymmetries and consumption decisions in organic food product markets [J]. Canadian Journal of Agricultural Economics, 2005, 50 (1): 35-50.

[3] Yussefi M, Willer H. The world of organic agriculture: Statistics and future prospects 2003 [M]. International Federation of Organic Agriculture Movements Oekozentrum Imsbach. 2003.

[4] Lohr L, Park T A. Improving extension effectiveness for organic clients: Current status and future directions [J]. Journal of Agricultural and Resource Economics, 2003: 634-650.

[5] Carriquiry M, Babcock B A. Reputations, market structure, and the choice of quality assurance systems in the food industry [J]. American Journal of Agricultural Economics. 2007, 89 (1): 12-23.

[6] Dimitri C, Oberholtzer L. EU and U. S. Organic Markets Face Strong Demand Under Different Policies [J]. Amber Waves, 2006 (2): 12-19.

代正式启动了绿色食品的发展。绿色食品在国内外的启动时间较早，因此理论研究已相对成熟。这为发达国家成功发展绿色食品产业提供了充实的理论支持。在国外文献中，绿色食品通常被称为有机食品，国外学者主要关注有机食品产业的优化和影响因素。

一是关于有机食品产业影响因素的研究。Jones 和 Mowatt（2016）[1] 对新西兰有机食品产业发展水平的主要影响因素进行了分析。研究结果表明，公共政策支持和绿色国家形象是有机食品产业发展的关键因素，Hsu 等（2016）[2] 和 O'Mahony 等（2017）[3] 认为有机食品产业的发展主要受到消费的影响。

二是关于有机食品产业优化方面。Soni 和 Jatana（2014）[4] 深入研究了印度有机食品产业所面临的挑战，并强调印度在研发和技术传播、基础设施建设以及政府支持等多个方面迫切需要提升。王新喜、邓勇（2023）[5] 研究发现，日本保健功能食品市场采取了综合治理的分类管理模式，其安全治理方式一直以来在亚洲范围内都被视为典范。该模式分为特定保健用食品、营养素功能食品和功能性标识食品。

因此，研究和探讨我国绿色食品领域的相关问题需要主动借鉴国外成熟理论，并结合我国的实际国情，以实现有效地利用和应用。

3. 关于食品产业集群发展的研究

关于食品产业集群发展的研究，国外主要集中在理论研究层面。迈克尔·波特（2003）[6] 明确了产业集群的概念，并在深入研究了产业集群与竞争优势关系的基础上，提出政府应当重视产业集群的发展，改善其中的产业环境，完善基础设施，促进信息、科技、教育、资本、人才等资源与产业集群的协同发展。在此方向上，许多国际经济组织也进行了大量的工作，有效

---

[1] Jones G, Mowatt S. National image as a competitive disadvantage: the case of the New Zealand organic food industry [J]. Business History, 2016, 58 (8): 1262-1288.

[2] Hsu S Y, Chang C C, Lin T T. An analysis of purchase intentions toward organic food on health consciousness and food safety with/under structural equation modeling [J]. British Food Journal, 2016, 118 (1): 200-216.

[3] O'Mahony B, Lobo A. The organic industry in Australia: current and future trends [J]. Land Use Policy, 2017, 66 (7): 331-339.

[4] Soni P, Jatana R. Global competitiveness of organic food product with special refrence to Indian organic food industry [J]. Essence Journal of Management Science & Research, 2014.

[5] 王新喜，邓勇. 日本保健功能食品市场综合治理考察与经验借鉴 [J]. 食品科学，2020（41）：331-336.

[6] 迈克尔·波特. 国家竞争优势 [M]. 李明轩，邱如美，译. 北京：华夏出版社，2002.

推动了产业集群研究的普及和深化。Yuxiang 等（2011）[1] 认为产业集群对区域产业布局和区域经济结构的优化具有重要影响。历史经验表明，特定产业集群的发展往往在区域经济发展中扮演关键角色。Alexander 等（2013）[2] 认为集群在实现降低生产和交易成本、有效合作资源、增加创新活动、开发新技术等目标方面发挥着有效作用，提出应用虚拟企业的方法来形成创新产业集群。

4. 关于食品产业安全管理的研究

国外关于食品产业安全管理的研究，主要集中在理论研究和实证研究两方面。

一是关于食品产业安全管理的理论研究。近年来，食品安全问题在食品行业中越发受到高度重视（Chan 等，2009[3]；Roth 等，2008[4]；Warriner 等，2009[5]）。针对食品行业中广受关注的食品安全问题，Antony Potter 等（2012）[6] 以美国、英国和爱尔兰为例，从时间趋势的角度对这些国家的食品产业中产品召回的问题进行了分析。Klontz K C 等（2015）[7] 指出美国对上市后的产品进行了严格的监管，一旦确认产品存在问题，相关公司将面临被退市的风险。20 世纪 60 年代拉美经济学家依据拉美经济发展的现实所提出中心—外围理论，20 世纪 80 年代布兰德（J A Brander）、斯潘塞（B J Spencer）等[8]提出战略性贸易政策理论（利润转移理论、外部经济理论）等，都蕴含着对产业安全问题的探讨。

---

[1] Yuxiang Z, Xilai Z, Chun L, et al. The development strategy for industrial clusters in Qingdao [J]. Energy Procedia, 2011 (5): 1355-1359.

[2] Alexander B, Tatiana K, Svetlana U. Formation of industrial clusters using method of virtual enterprises [J]. Procedia Economics and Finance, 2013 (5): 68-72.

[3] Chan Z C Y, Lai W F. Revisiting the melamine contamination event in China: implications for ethics in food technology [J]. Trends in food science & technology, 2009, 20 (8): 366-373.

[4] Roth A V, Tsay A A, Pullman M E, et al. Unraveling the food supply chain: strategic insights from China and the 2007 Recalls* [J]. Journal of Supply Chain Management, 2008, 44 (1): 22-39.

[5] Warriner K, Namvar A. What is the hysteria with Listeria [J]. Trends in Food Science & Technology, 2009, 20 (6): 245-254.

[6] Antony Potter, Jason Murray, Benn Lawson, et al. Trends in product recalls within the agri-food industry: Empirical evidence from the USA, UK and the Republic of Ireland [J]. Trends in Food Science & Technology, 2012, 28 (2): 77-86.

[7] Klontz K C, De Beck H J, Le Blanc P, et al. The role of adverse event Reporting in the FDA response to a multistate outbreak of liver disease associated with a dietary supplement [J]. Pub l Health Rep, 2015 (130): 526.

[8] 孙晨. 基于贸易渠道的美国直接投资对中国农业产业安全影响研究 [D]. 广州: 暨南大学, 2015.

二是关于食品产业安全管理的实证研究。Papadopoulos 等（2013）[1] 以可持续发展为理念，运用基于自动化的计算机辅助分析和控制工程方法，对食品生产流程进行深入研究。通过分析，学者提出了在食品产业集成化过程中应用的自动化工具、方法和技术，为未来食品产业的可持续发展奠定了坚实基础。Havelaar 等（2010）[2] 基于当前的分子追踪技术，对全球粮食系统在日益复杂的背景下所面临的食品安全问题进行了深入分析，通过采用系统性的方法，对食品行业未来可能面临的挑战进行了全面研究。

三、研究述评

目前，国内外学者关于食品产业内涵、现状、困境、发展方向、路径等方面的研究比较丰富，为本研究奠定了重要的基础。但新时代我国现代食品产业面临高质量发展任务，相关的理论研究和实证分析还比较薄弱。

一是现代食品产业高质量发展的理论体系尚待完善。高质量发展是中国式现代化建设中的新命题，目前学术界关于现代食品产业高质量发展的研究还非常薄弱，主要局限于对食品产业科技创新、产业融合等某个层面的探讨，缺乏对现代食品产业高质量发展内涵、意义、特征、作用机制的系统性研究。

二是现代食品产业高质量发展的实证分析工具有待创新。目前有关食品产业实证分析的研究也比较少，一些研究虽然采用模糊综合评价法、层次分析法以及主成分分析法等传统方法来构建产业发展的指标体系，但相关指标并不能有效刻画现代食品产业高质量发展。另外，单纯的数据分析难以揭示食品企业发展中面临的实际困境和高质量发展诉求，有效的实证分析还需要借助食品企业和政府管理部门等在微观层面的调研资料。

三是河南现代食品产业高质量发展问题的研究亟待加强。现代食品产业高质量发展是许多省份都比较重视的课题，一些学者也对山东、福建、广东等省份现代食品产业开展了实证研究，但由于省情的差异性，河南现代食品产业发展必定拥有自身独特的发展路径，而该方面的研究不仅数量少，研究的系统性、科学性和决策参考价值都存在不足，围绕河南现代食品产业高质

---

[1] Papadopoulos A L, Seferlis P. Automation for a sustainable food industry: computer aided analysis and control engineering methods [J]. Robotics and Automation in the Food Industry, 2013, 236: 441-485.

[2] Arie H Havelaar, Stanley Brul, Aarieke de Jong, et al. Zwietering. Benno H. ter Kuile. Future challenges to microbial food safety Original [J]. International Journal of Food Microbiology, 2010, 139 (5): 79-94.

量发展的研究亟须增强。

第三节 研究设计

一、研究思路

本课题从新时代河南现代食品产业高质量发展的需求出发，在对国内外文献资料进行梳理的基础上，运用"高质量发展理论""新钻石模型""全产业链理论""政府干预理论"阐明现代食品产业高质量发展的内涵、意义、特征、评价指标和影响机理。课题聚焦河南现代食品行业细分行业和代表性企业，通过实地调查、数据分析和问题研判，深入了解河南现代食品产业高质量发展的成效与经验，深度剖析河南现代食品产业高质量发展的驱动力和制约因素，借鉴广东、福建等地现代食品行业高质量发展的典型经验。课题提出河南民营企业改革的目标定位、路径和保障机制，并专门对河南现代食品产业科技创新和风险应对机制进行研究（图1-1）。

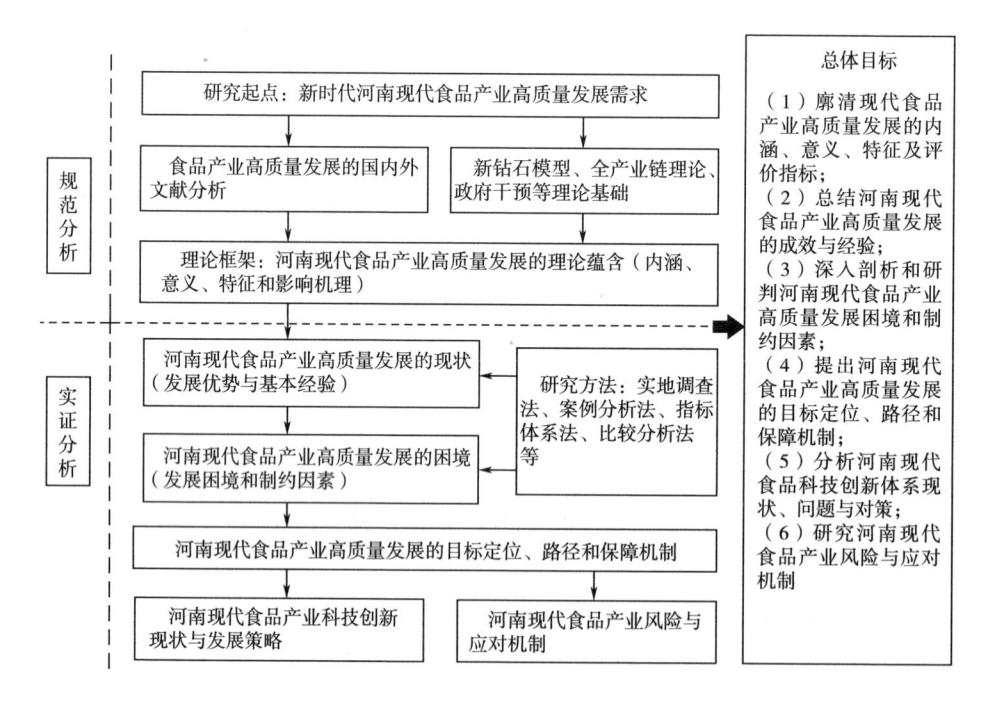

图1-1 本研究的技术路线图

二、研究方法

本研究规范分析和实证分析相结合,主要研究方法如下。

第一,文献研究法。一是对有关现代食品产业高质量发展的理论文献进行梳理,形成理论研究框架。二是搜集相关政策文献,了解河南支持民营企业发展的政策举措,并对发达国家和我国发达地区现代食品产业高质量发展的先进经验进行借鉴。

第二,实地调查法。科学设计调查问卷、访谈提纲,聚焦河南现代食品行业,对好想你、卫龙、大咖国际、三全等企业负责人及行业专家进行实地调查,精准研判河南不同类型食品产业和食品企业高质量发展困境和影响因素。

第三,数据分析法。优选产业结构、科技创新、经营效益、发展韧性等方面指标,结合统计数据,通过与山东、广东、福建、四川、湖南等食品业大省的比较分析,量化分析河南现代食品产业高质量发展状况。

第四,案例分析法。对河南现代食品产业领域典型企业的演进历程、发展模式和现状趋势进行案例分析,发掘适合河南现代食品产业高质量发展的可行路径。

三、研究内容

本研究主要分为八章内容。

第一章是绪论。该部分阐述了本研究的研究背景和研究意义,对国内外相关研究现状进行了梳理分析,在此基础上明确本研究的主要思路、研究内容和研究方法。

第二章是现代食品产业高质量发展的理论蕴含。该部分首先归纳界定食品、现代食品产业的定义和分类。其次,廓清现代食品产业高质量发展的内涵,并从国计民生、产业升级、乡村振兴等视角阐明现代食品产业高质量发展的意义。再次,在剖析现代食品产业高质量发展的基本特征基础上,构建包括结构优化、增长动能、绿色生态、增长绩效、发展韧性等一级指标和相应二级指标在内的现代食品产业高质量发展评价指标。最后,运用"新钻石模型""全产业链""政府干预"等理论分析现代食品产业高质量发展的影响因素和作用机理,为后续的实证分析、问题研判和对策研究提供理论框架。

第三章是现代食品产业发展趋势与典型经验。该部分基于对国内外大量食品领域前沿性文献资料的收集与梳理,从消费需求、产业多元化发展、科技创新、产业融合、电子商务、食品安全监管等方面阐明全球现代食品产业发展趋势，并总结发达国家（如美国、英国、法国、意大利等）和国内发达地区（广东、山东、四川、福建等省份）现代食品产业高质量发展的典型经验，为河南食品产业高质量发展提供经验借鉴。

第四章是河南省现代食品产业发展的实践基础。该部分首先基于调研资料、文献资料和统计数据，阐述河南现代食品产业发展的阶段性特征和区域性特征。其次，依据现代食品产业高质量发展的核心指标，通过与国内主要食品大省的比较，从结构优化、增长动能、增长绩效、绿色生态、发展韧性等方面剖析河南现代食品产业高质量发展的表现。最后，基于调研数据和文献资料，详细阐明河南现代食品产业高质量发展取得的优势，以及政府支持现代食品产业发展的成功经验。

第五章是河南省现代食品产业发展困境与制约因素。该部分基于对漯河、焦作、郑州等地食品产业，以及食品企业的实地调查资料，从产业布局、行业结构、市场主体、全产业链融合、需求升级、科技赋能等方面深入剖析河南现代食品产业高质量发展中面临的困境和问题，并从产业基础薄弱、发展环境、创新体系、产品标准化、质量监管、融资体系、人才引育等方面揭示制约河南现代食品产业高质量发展的深层次因素。

第六章是河南省现代食品产业发展战略、路径与政策。该部分首先从长远规划、中长期目标等方面，廓清河南现代食品产业发展的目标定位。其次，针对河南现代食品产业发展困境，从企业竞争力、绿色产业链融合、科技创新、强化传统优势、抢占产业新赛道等方面提出河南现代食品产业高质量发展的路径。最后，从规划引领和顶层设计、政策支持、人才支撑、金融服务体系、产业用地保障等方面提出河南现代食品产业发展的政策保障机制。

第七章是河南省现代食品产业科技创新现状与发展策略。该部分首先基于对国内食品科技领域前沿文献和研究动态的梳理，阐明全球食品产业科技创新发展趋势。其次，基于对河南食品企业、研究机构、食品学科的实地调查，剖析河南食品产业科技创新的成效与问题。最后，提出加快河南食品产业科技创新的对策思路。

第八章是河南省现代食品产业风险与应对机制。该部分首先综合自然风险、技术风险、市场风险等外部风险类型，阐述外部风险对河南绿色农业领域尤其是种植业及养殖业发展脆弱性的影响，由此提出保障河南绿色食品原材料稳定供应的应对思路。其次，运用生产加工质量稳定性理论，分析河南食品产业加工环节可能面临的风险类型，以及应对风险的对策。再次，运用风险评估模型，分析河南食品产业流通环节可能面临的风险类型，以及应对风险的对策。最后，在梳理当前河南食品安全监管体系的基础上，分析产业升级背景下河南食品安全监管可能面临的新问题与挑战，并提出完善河南食品安全监管体系的对策思路。

第二章
现代食品产业高质量发展的理论蕴含

本章内容首先界定食品、现代食品产业的定义，介绍常见的几种分类方法，并确定本研究主要采用的分类方法。其次，基于我国高质量发展理论，廓清现代食品产业高质量发展的内涵，并从国计民生、产业升级、乡村振兴、市场主体培育等视角阐明现代食品产业高质量发展的意义。再次，依据现代食品产业高质量发展的基本特征，构建包括结构优化、增长动能、绿色生态、增长绩效、发展韧性等一级指标和相应二级指标在内的现代食品产业高质量发展评价指标。最后，运用"新钻石模型""全产业链""政府干预"等理论从市场、政府等维度分析现代食品产业高质量发展的影响因素和作用机理，为后续的实证分析、问题研判及对策研究提供理论框架。

第一节 现代食品产业界定和分类

一、现代食品产业定义

根据2015年4月24日党的第十二届全国人民代表大会常务委员会第十四次会议修订的《中华人民共和国食品安全法》，食品指各种供人食用或者饮用的成品和原料，以及按照传统既是食品又是中药材的物品，但不包括以治疗为目的的物品。该定义包括了食品和食物的所有内容，第一部分是指加工后的食物，即供人食用或饮用的成品；第二部分是指通过种植、饲养、捕捞、狩猎获得的食物，即食品原料；第三部分是指食药同源物品，即既是食品又是药品的动植物原料。因此，本研究把食品定义为：有益于人体健康并能满足饮食需求的物品，包括各类食品原料、食物成品以及药食同源类功能性食品。

现代食品产业有广义和狭义两种概念。从细分产业的角度，狭义上的现代食品产业是指以农副产品为原料，通过物理加工（粉碎、蒸煮、烘焙、冷藏、干燥等）或利用酵母发酵、腌制等方法加工生产食品的制造业部门。即从食品原料开始，采用科学化的生产加工与管理技术，社会化生产销售食品及相应产业产物的行业大类。从全产业链的角度，国际上广义的现代食品产业包括种植业、养殖业、饲料工业、食品加工业、食品制造业、餐饮业、物流业、进出口业，以及食品机械、食品包装、食品添加剂、教育、科研、检测检验等相关产业。

二、现代食品产业分类

（一）食品分类标准

目前，食品的常见分类方法主要有以下 5 种。

1. 根据食品是否进行加工分类

根据食品是否进行加工，分为原料食品和加工食品 2 类。原料食品是农、林、业、渔等生产部门所提供的各种未经再加工的直接用于食用的产品。根据原料来源，原料食品可以细分为 3 类。一是植物性食品：陆生植物性食品主要包括谷类、薯类、豆类、杂粮、糖类、植物油料类、蔬菜、果品、茶叶、咖啡、可可等；水生植物性食品主要包括海产藻类和淡水藻类，如海带、鹿角菜、裙带菜、紫菜、石花菜和螺旋藻等。二是动物性食品：陆生动物性食品的主要种类有畜类、禽类、蛋类、奶类等；水生动物性食品的主要种类有鱼类、虾类、贝类、蟹类、鳖类等。三是矿物性食品，主要指来源于非生物界的食品，如矿泉水、食盐等。

另外，根据原料食品生理生化特点和品质特征的不同，原料食品可以分为鲜活类食品、生鲜类食品和粮豆类食品 3 类。一是鲜活类食品：指蔬菜、水果、鲜蛋和水产活品等具有呼吸作用的新鲜食品，该类食品的生命活动特征及贮藏性能与其呼吸作用强弱具有密切关系。二是生鲜类食品：指鲜畜肉、鲜禽肉、鲜奶和水产鲜品等含有多种酶类但不具有呼吸作用的新鲜食品。食用之前，生鲜食品的各种生化作用一直在不断进行，其新鲜度或质量受到外界环境条件及储存条件的重要影响。三是粮豆类食品：主要包括稻谷、小麦、玉米、高粱、小米、大豆、绿豆、小豆等，它们经收割晾晒或烘干后的水分含量很低，呼吸作用十分微弱，可耐较长时间的贮藏。

加工食品是原料食品经过加工后得到的各种食物成品，其种类非常多。一是根据加工食品原料来源的不同，加工食品分为粮食制品、淀粉制品、蔬菜制品、水果制品、肉制品、禽制品、蛋制品、乳制品、糖果、茶叶、酒等。二是根据加工食品形态的不同，加工食品可分为固态食品、液态食品、凝胶食品、流体食品、悬浮食品等。三是根据加工技术和方法差异,加工食品可以分为冷冻食品、干燥食品、发酵食品、膨化食品、烘烤食品、浓缩食品、结晶食品、蒸煮食品、罐头食品、消毒食品、腌制食品、熏制食品、辐照食品等。四是根据加工程度的不同,可分为成品和半成品。

2. 根据食品的营养成分和营业价值分类

根据食品的营养成分和营业价值,食品分为6类:一是谷类食品,主要提供热量、碳水化合物、植物性蛋白质、B族维生素和烟酸。二是大豆及其制品,主要提供植物性优质蛋白质、脂肪、无机盐、B族维生素和植物纤维。三是蔬菜、水果及其加工品,主要提供膳食纤维、无机盐、维生素C和β-胡萝卜素。四是动物性食品,主要提供动物性蛋白质、脂肪、无机盐和维生素A、维生素B_2、维生素B_{12}等。五是食用油脂,主要提供脂肪、必需脂肪酸、脂溶性维生素和热能。六是糖和酒类,主要提供热能。

3. 根据食品在膳食中的比重分类

根据食品在膳食中的比重不同,食品分为主食、副食和零食。主食指米饭、面条、馒头、饺子等供给人体能量和营养素的基本食物,提供人体所需的碳水化合物、蛋白质和少量矿物质。副食指菜、肉、蛋、豆类等辅助主食的食物,提供人体所需的蛋白质、脂肪、维生素和矿物质。零食也称作休闲食品,是以果蔬、谷物、畜禽肉类和鱼类等为原料,采用合理生产工艺加工制成的快速消费品,是人们在闲暇、休息时食用的食品,包括正餐和主食之外的所有食品,零食提供短时间内的能量和口感的满足,但其营养价值有限,过量食用会增加热量和脂肪的摄入。随着我国居民生活水平的提高,主食在膳食中所占的比例逐渐减少,副食、零食所占的比例逐渐增大,三者的界限正逐渐模糊和消失。

4. 根据食品食用对象分类

根据食品的食用对象不同,食品分为普通食品和专用食品两类。普通食品指适合于大多数人食用的食品。专用食品指人们从事的特殊工作、生理特点或医疗目的专门生产适合于特殊人群食用的食品,如婴幼儿食品、孕妇食品、产妇食品、老年人食品、运动员食品和宇航食品等。

5. 新型食品种类

随着居民收入水平的提高,人们的健康营养意识、环保理念都不断增强,对食品的需求持续迭代升级,为满足居民消费升级需求,近年来涌现了以下一些新型食品。

一是方便食品。方便食品指稍做加工处理即可食用的食品,包括即食食品（馒头、糕点、面包、油饼、麻花、饺子、馄饨、汤圆等）、速冻食品（冻水饺、冻面条、冻汤圆）、干的或粉状的方便食品（方便面、方便米饭、方便米粉、藕粉、河粉、速溶奶粉等）、罐头食品（软硬罐头、果蔬罐头、肉类罐头、黑芝麻粥、燕麦粥等）、其他预制菜等类型。方便食品具有种类繁多、风味各异、大众化、推广性很强、经济快捷、可随时随地食用等优点。但方便食品的油脂、食盐等物质含量比较高，食用过多易发生高血压、肾脏损害等症状，不利于身体健康。

二是保健食品。保健食品又称功能性食品，是指具有一般食品共性，又适宜于特定人群食用，具有调节血脂、血糖、补充矿物质和微量元素、补充维生素、减肥等功能，能够增强免疫力、调节人体机能的食品，但不以治疗疾病为目的的食品。根据国家市场监督管理总局和卫健委规定，保健食品应有与功能作用相对应的功效成分及其最低含量，需要加注保健食品字样，采用天蓝色图案，下有保健食品字样，俗称"蓝帽子标志"。保健食品具体包括微量元素类（硒、锌等）、维生素类（维生素 A、维生素 C、维生素 E 等）、多糖类（膳食纤维、香菇多糖等）、功能性甜味料类（单糖、低聚糖、多元醇糖等）、功能性油脂类（多不饱和脂肪酸、磷脂、胆碱等）、自由基清除剂类［超氧化物歧化酶（SOD）、谷胱甘肽过氧化酶等］、肽与蛋白质类（谷胱甘肽、免疫球蛋白等）、活性菌类（聚乳酸菌、双歧杆菌等）等细分种类。

三是绿色食品。绿色食品指遵循可持续发展，按照特定生产方式生产，经专门机构认证，许可使用绿色食品标志的无污染的安全、优质、营养类食品。绿色食品有统一的正圆形标志，该标志图由上方的太阳、下方的叶片和中间的蓓蕾三部分组成，寓意是向人们展示生态安全和无污染的绿色食品特征，并提醒人们通过改善人与环境的关系，创造自然界新的和谐。绿色食品具有营养高、污染少和安全性等优点，对增进人民身体健康、提高农产品质量、促进食品产业发展、保护生态环境等方面都具有现实意义和深远影响，在国内外都有巨大的市场潜力。根据中国绿色食品发展中心组织制定的统一标准，绿色食品分为 A 级和 AA 级两种：A 级绿色食品准许使用的化学合成食品添加剂不能超过普通食品最大使用量的 60%；AA 级绿色食品只允许使用天然无毒的食品添加剂，不允许使用化学合成食品添加剂。

四是有机食品。有机食品指真正无污染、纯天然、高品质、高质量的健康食品。有机食品一般包括有机农产品（有机杂粮、有机水果、有机蔬菜等）、有机茶产品、有机食用菌产品、有机畜禽产品、有机水产品、有机蜂产品、有机奶粉、采集的野生产品以及用上述产品为原料的加工产品。国内市场销售的有机食品主要包括蔬菜、大米、茶叶、蜂蜜、羊奶粉、有机杂粮、有机水果、有机蔬菜等。有机食品不同于绿色食品，有机食品生产加工过程非常严格，只能使用有机肥、生物源农药和物理方法防治病虫害，完全不能使用任何人工合成的化肥、农药和添加剂，产品须经有关颁证组织检测确认为纯天然、无污染、安全营养的食品，所以有机食品的价值也比较高，通常高于普通食品50%甚至几倍。相比而言，绿色食品在生产过程中，仍可被容许使用化肥、低毒农药和添加剂等，且绿色食品以加工产品为主（占70%左右），初级农产品占比少（不到30%）；绿色食品的价值也低于有机食品，其价格仅比普通食品价格高10%~20%。

五是转基因食品。转基因食品又称基因修饰食品，是根据人们的需求目标，利用转基因生物技术改变物种的基因组构成即遗传物性，从而改变其性状、市场价值、物种品质，获得转基因生物品系，并以该转基因生物为直接食品或为原料加工生产的食品。转基因食品主要分为3类：一是以含有转基因的植物为原料的植物转基因食品，如大豆、玉米、番茄、水稻等；二是以含有转基因的动物为原料的动物转基因食品，如转基因鱼、肉类等；三是以含有转基因的微生物为原料的转基因微生物食品，如转基因微生物发酵而制得的葡萄酒、啤酒、酱油等。转基因食品具有增强作物抗虫害和抗病毒等能力、增加作物产量、降低生产成本、提高农产品耐贮性、缩短作物开发的时间、不断培植新物种、生产有利于人类健康的食品等优点。但转基因食品的安全性问题还有待验证。

（二）食品产业分类标准

食品产业广泛涉及粮食、油脂加工业、奶业、畜禽业、水产业、果蔬、饮料业、制糖业、方便食品、罐头产业、营养保健食品产业、调味品、食品添加剂工业、酿酒业、发酵制品工业、食品包装机械工业、运输业、商品销售业等直接关系国计民生的产业。

在我国按国民经济行业分类，食品产业包括4大类、21个中类、79个小类。4大类分别为：

一是食品加工业。其包括粮食及饲料加工业，植物油加工业，制糖业，屠宰及肉类、蛋类加工业，水产品加工业，食用盐加工业和其他食品加工业。

二是食品制造业。其包括糕点、糖果制造业，乳制品制造业，罐头食品制造业，发酵制品业，调味品制造业，食品添加剂制造业和其他食品制造业。

三是饮料制造业。其包括酒精及饮料酒制造业、软饮料制造业、制茶业和其他饮料制造业。

四是烟草制品业。其包括烟叶复烤业、卷烟制造业和其他烟草加工业。

考虑到数据获取便利性和分析的科学性，结合河南食品行业的现实情况，本课题主要依据我国国民经济行业分类标准（GB/T 4754—2017），将现代食品行业分为农副食品加工业、食品制造业、饮料制造业和烟草制品业4大类、21中类（表2-1）。另外，为了刻画河南现代食品产业某些领域发展特征，厘清发展方向和发展重点，本研究也根据食品的5类常用分类方法，来剖析河南食品产业的发展现状和问题。

表2-1 现代食品产业分类标准

代码（大类）	代码（中类）	类别名称	说明
13（农副食品加工）	131	谷物磨制	也称粮食加工，指将稻谷、小麦、玉米、谷子、高粱等谷物去壳、碾磨，加工为成品粮的生产活动
	132	饲料加工	指专门为合法饲养的宠物和适用于农场、农户饲养牲畜、家禽、水产品的饲料生产加工，以及用低值水产品及水产品加工废弃物（如鱼骨、内脏、虾壳）等为主要原料的饲料加工
	133	植物油加工	指用各种食用植物油料和非食用植物油料生产油脂，以及精制食用油的加工
	134	制糖业	指以甘蔗、甜菜等为原料制作成品糖，以及以原糖或砂糖为原料精炼加工各种精制糖的生产活动
	135	屠宰及肉类加工	指对各种牲畜和禽类进行宰杀和鲜肉冷冻等保鲜活动（不包括商业冷藏活动），以及主要以各种畜禽肉、畜禽副产品为原料加工成熟肉制品
	136	水产品加工	将海水、淡水养殖或捕捞的鱼类、虾类、甲壳类、贝类、藻类等水生动物或植物进行的冷冻加工保鲜（不包括商业冷藏活动），鱼糜制品制造和水产品的干制、腌制等加工活动，从鱼或鱼肝中提取油脂并生产制品的活动，以及对水生动植物进行的其他加工
	137	蔬菜、菌类、水果和坚果加工	指用脱水、干制、冷藏、冷冻、腌制等方法，对蔬菜、菌类、水果、坚果的加工
	139	其他农副食品加工	包括淀粉及淀粉制品制造、豆制品制造、蛋品加工，以及其他未列明的农副食品加工

· 27 ·

续表

代码 大类	代码 中类	类别名称	说明
14（食品制造业）	141	焙烤食品制造	指用米粉、小麦粉、豆粉、糖和油脂等为主要原料，配以奶制品、蛋制品等辅料，经成型、油炸、焙烤等工序，制作糕点、面包、饼干，以及用薯类、谷类、豆类等制作的各种易于保存且食用方便的焙烤食品生产活动
	142	糖果、巧克力及蜜饯制造	指以砂糖、葡萄糖浆或饴糖为主要原料，加入油脂、乳品、胶体、果仁、香料、食用色素等辅料制成甜味块状食品的生产活动；以浆状、粉状或块状可可、可可脂、可可酱、砂糖、乳品等为主要原料加工制成巧克力及巧克力制品的生产活动；以水果、坚果、果皮及植物的其他部分制作糖果蜜饯的活动
	143	方便食品制造	指以米、小麦粉、杂粮等为主要原料加工制成，只需简单烹制即可作为主食，具有食用简便、携带方便，易于储藏等特点的食品制造
	144	乳制品制造	指以生鲜牛（羊）乳及其制品为主要原料，经加工制成的液体乳及固体乳（乳粉、炼乳、乳脂肪、干酪等）制品的生产活动；不包括含乳饮料和植物蛋白饮料生产活动
	145	罐头食品制造	指将符合要求的原料经处理、分选、修整、烹调（或不经烹调）、装罐、密封、杀菌、冷却（或无菌包装）等罐头生产工艺制成的，达到商业无菌要求，并可以在常温下储存的罐头食品的制造
	146	调味品、发酵制品制造	指以淀粉、糖蜜、大豆和（或）脱脂大豆、小麦和（或）麸皮等为原料，经微生物发酵、提取、精制等工序，制成味精、酱油、食醋、其他调味品、发酵制品等的生产活动
	149	其他食品制造	包括营养食品制造、保健食品制造、冷冻饮品，以及食用冰制造、盐加工、食品及饲料添加剂制造、其他未列明食品制造等生产过程

续表

代码		类别名称	说明
大类	中类		
15 (酒、饮料和精制茶制造业)	151	酒的制造	指酒精、白酒、啤酒及其专用麦芽、黄酒、葡萄酒、果酒、配制酒和其他酒的生产
	152	饮料制造	包括碳酸饮料、瓶(罐)装饮用水、果菜汁及果菜汁饮料、含乳饮料和植物蛋白饮料、固体饮料、茶饮料,以及其他饮料制品的生产加工
	153	精制茶加工	指对毛茶或半成品原料茶进行筛分、轧切、风选、干燥、匀堆、拼配等精制加工茶叶的生产活动
16 (烟草制品业)	161	烟叶复烤	指在原烟(初烤)基础上进行第二次烟叶水分调整的活动
	162	卷烟制造	指各种卷烟生产,但不包括生产烟用滤嘴棒的纤维丝束原料的制造
	169	其他烟草制品制造	

第二节　现代食品产业高质量发展的内涵与意义

一、现代食品产业高质量发展的内涵

2017年10月18日,在党的十九大报告中,习近平总书记提出:"我国经济已由高速增长阶段转向高质量发展阶段。"高质量发展理念在经济社会各个领域迅速扩散并不断深化。现阶段河南省主要产业发展取得快速增长的同时,也存在着核心竞争力不强和需求动力不足的双重抑制,必须加快产业转型升级,以高质量的现代化产业体系夯实经济社会发展根基。现代食品产业不仅关系到人民生活需求还具有联农带农作用,以及与装备制造、餐饮服务等产业高度融合的产业属性,所以现代食品产业高质量发展也是加快我国农业和众多制造业及服务业行业高质量发展的必然选择与具体体现。

中国式高质量发展理论同时注重发展的"质"和"量",其显著特征表现在以下几个方面。第一,摆脱粗放型增长模式,从关注经济主体的规模和增长的过程,转向关注增长的效益效果。第二,从关注经济增长这一单一维度，转向关注经济科学发展、社会公平正义、生态环境保护等多个维度。第三，从片面重视高增长产业、龙头企业，转向关注产业协同发展、企业结构优化。第四，从关注资源能源等要素投入，转向关注要素生产率的提升，以及要素优化配置的作用。第五，扭转过于偏向 GDP 的导向，关注以民生为中心的制度安排和城乡区域协调发展。

现代食品产业发展高质量发展的具体内涵是以满足人民群众不断升级的多元化、营养化、个性化食物需要为目标，遵循创新、协调、绿色、开放、共享的新发展理念，能够及时适应国内外消费结构和消费模式的变动，以少的生产要素投入、现代化的装备技术、高的资源配置效率、低的环境资源成本获得更高效益、更加绿色、更可持续、更为安全的发展，形成一批具有国际竞争力的行业龙头和产业集群，带动农业农村现代化，实现经济、社会和环境等方面的均衡发展。

二、现代食品产业高质量发展的重大意义

（一）现代食品产业高质量发展强化河南传统主导产业优势

河南食品产业涵盖的行业门类广泛，并在农副产品加工、休闲食品、冷链食品、食品调味料等多个细分领域具有较大竞争力，不仅满足了人民群众对美好生活的需求，而且产业规模处于河南所有主导产业之首。2021 年，河南食品产业规模以上企业 2537 家、平均就业人数 54.11 万、资产总额 4998 亿元、营业收入为 6623 亿元，利润总额为 446 亿元，分别占全部产业规模以上企业相应指标的 11.7%、12.3%、8.6%、11.57% 和 15.2%。河南现代食品产业以较少的资产份额，实现较高的就业、营业收入、利润，为经济增长作出重要支撑。进一步加快传统优势食品产业发展，对提升居民生活水平、推进第一、二、三产业融合发展都具有非常重要的现实意义。

（二）现代食品产业筑牢河南经济社会高质量发展的基础

食品产业具有第一、二、三产业融合与协同发展的天然优势，高质量发展能够带动农业生产结构的优化调整，更好带动农业增效、农民增收、农村经济发展，推进产业链的延伸、分化、融合，催生更多新业态、新模式、新场景，实现产业单元共赢和经济利益共享，这些都是促进河南经济高发展的重要方面。

随着居民收入水平的不断提高，消费结构持续迭代升级，食品对经济社会高质量发展的作用不仅体现在生产过程和满足居民基本生活需求等基础层面，而且高质量的食品供给营造了多元化、特色化的消费环境，融入了民俗、诗歌、歌谣、舞蹈、饮食等相关的食品文化。居民食品消费的过程也是享受美食和品读文化艺术的过程，能够大幅提升居民的精神获得感。

食品安全是公共安全的重要组成部分，事关居民幸福安康，体现了社会发展的公平正义。食品安全事件频发影响了消费者对食品行业的信任，应杜绝个别企业主观犯错，引导企业群体合规发展。食品产业高质量发展的过程也是食品监管体系更加完备的过程，通过更加专业、更为严格、更加智能的食品监管，能够有效增强社会各界的安全意识，为经济社会发展提供规范、和谐、有序、稳定的环境。

（三）现代食品产业高质量发展有力支撑河南乡村振兴与农业强省战略

河南省作为农业大省，粮食、蔬菜、水果、肉畜等产量位居全国前列，食品产业和农业的关系尤为密切紧密：农产品为食品提供优质原材料；食品产业也发挥着接"一"连"二"带"三"，以及连接城市和农村的作用，具有产业链长、辐射广、带动强等特征，是带动河南农业农村经济社会发展的关键载体，在产业振兴中大有可为。食品产业围绕河南各地地域特色和风土人情，打造特色优势产业集群，不仅是现代食品产业高质量发展的必由之路，也是实现乡村振兴和建设农业强省的重要抓手。

（四）现代食品产业高质量发展是河南产业转型升级的关键

近年来，河南省政府高度重视产业高质量发展，把抓产业的重点由助企纾困解难转到产业链攻坚上来，聚力打造七大先进制造业集群，培育壮大28个重点产业链。其中，现代食品涵盖了休闲食品产业链、冷链食品产业链、预制菜产业链、酒饮品产业链，是重点打造的产业集群之一。加快现代食品产业高质量发展对于河南制造业服务业转型升级具有重要意义。

一是有利于壮大产业规模。虽然当前外部环境比较复杂，经济形势面临较大压力，但食品消费具有刚性特征，只要河南食品产业积极顺应市场变化，加快技术创新和产品升级，健全现代化食品产业链体系，能够稳妥提升产业规模。而这一过程必将伴随着研发、生产、销售、物流等细分方向的持续完善，也意味着食品产业及相关产业规模的不断壮大。

二是有利于产业结构的优化。产业结构优化是经济高质量发展的重要途径之一。河南现代食品产业高质量发展的过程也是内部行业结构优化、市场主体结构优化、产业空间布局优化的过程,并引导资本、人才、技术、数据要素等市场要素及关联产业优化配置,对优化河南产业的空间布局和行业结构具有重要促进作用。

三是增强产业转型升级的创新驱动作用。现代食品产业高质量发展的关键在于增进产品供给,这必须发挥创新驱动作用,需完善产业科技创新体系,增强企业自主创新能力,加大研发投入和关键技术攻关,实现产品由量的优势向为质的优势提升,引导市场主体从低附加值、高资源消耗的初级加工转向高附加值、高科技含量的精深加工,提升经济发展的质量和效益。

(五) 现代食品产业高质量发展有利于培育壮大河南市场主体

市场主体是市场经济的基本组成部分,是产业高质量发展的实施主体。现代食品产业高质量发展的过程注重一流营商环境的营造、科技创新的驱动、产业链供应链的完善、品牌竞争力和国际竞争力的提升,对于河南市场主体培育壮大具有重要意义。

一是培育壮大市场主体规模。通过深化市场主体登记制度改革,降低市场准入成本,不断优化环境、创造条件,充分激发人民群众创业创新的活力和热情,持续降低生产经营成本,切实解决企业发展中遇到的困难和问题等"放管服"改革措施,有助于新的市场主体快速增长和现有市场主体的发展壮大。

二是显著提高市场主体发展质量。食品作为日常必需品,具有快速消耗、式样繁多、替代性强的特点,只有不断地更新产品,才能适应食品消费市场需求。因此,买方市场格局下食品企业只有通过科技创新和技术改造,不断推出新品,并完善生产经营管理制度,保持产品质量的安全性、稳定性、可靠性,增强优质产品生产能力,才能实现竞争力提升和稳步发展。

三是有助于品牌影响力的提升。在信息不对称的市场环境下,品牌是消费者分辨商品好坏的重要工具。品牌对于食品企业尤为重要,拥有高知名度和美誉度的品牌,有助于海内外市场的开发,提升企业的市场份额、市场主动权和引领力,在激烈的市场竞争态势下保持快速发展。尤其是近年来河南加强"美豫名品"品牌建设,其中食品品牌最多,所以河南食品企业品牌影响力的增强，不仅是食品企业扩张市场、保持美誉的重要资源，还有助于河南区域公共品牌的塑造。

四是有利于增强国际竞争力。面对经济全球化带来的新机遇，全球食品贸易保持高速增长，食品企业参与全球市场竞争成为发展重点。充分发挥河南食品产业比较优势，通过深度融入全球产业链和价值链网络，加大与"一带一路"沿线国家和RCEP成员国的贸易往来，做到买全球、卖全球，这对进一步丰富河南进出口商品品类，优化对外贸易结构，提升河南对外开放能级等方面具有关键意义。

第三节　现代食品产业高质量发展的特征与评价指标

一、现代食品产业高质量发展的典型特征

现代食品产业高质量发展，主要应具备以下五个方面的特征。

第一，产业结构优化升级。产业结构指产业系统中各个层面的空间关系，包括投入结构、企业结构、消费结构、地区结构等。对现代食品产业而言，结构优化升级意味着产业布局、资源配置更加优化，发展更加均衡、协调、高效：一方面，企业、产品的布局更加合理，产业链、价值链和创新链深度融合；另一方面，其有效满足了国内外消费者需求，产品的消费结构、对外贸易结构不断优化，供需更加匹配。经济结构优化升级是现代食品产业高质量发展的主要推动力，也是现代食品产业高质量发展的表征。

第二，强劲的增长动能。培育壮大发展新动能，激发创新驱动内生动力是实现现代食品产业高质量发展的关键。激发壮大新动能必须充分发挥科技和人才的支撑作用，把创新作为引领现代食品产业高质量发展的第一动力。同时，要积极融合应用大数据、人工智能、互联网等数字技术，培育产业新技术、新模式、新业态，有效推动传统食品产业改造升级和新旧动能转换；通过体制机制创新全面破除阻碍食品产业高质量发展的各种负面因素，激发各类主体的创新活力。最终，构建以国内大循环为主体、国内国际双循环相互促进的新发展模式，形成以创新为主要引领和支撑的食品产业体系和发展模式。

第三，绿色生态可持续发展。绿色生态发展是检验现代食品产业高质量发展的重要标准，也是人民群众高品质食品消费的内在诉求。现代食品产业发展应以环境友好、生态平衡为基础，以提高农产品、食品质量为目标，创新生产技术、发展绿色食品产业、倡导绿色低碳消费，采用安全、健康、有机的生产方式，生产出有益于人类健康的食品，打造绿色生态"桥头堡"、绿色生产"先行区"、绿色生活"示范地"。

第四，良好的增长绩效。现代食品产业高质量发展的一个目标就是良好的增长绩效，即更高的增长质量和效益。增长绩效衡量维度分为宏观和微观两个层面。宏观增长绩效主要体现在产业增长的速度和质量，产业转型升级阶段，资源配置方式、要素市场都是宏观增长绩效的影响因素。微观增长绩效主要体现在企业的生产效率和竞争力，影响因素包括产权制度、要素条件、市场需求条件、创新能力、企业策略结构、政府作用等方面。

第五，强大的发展韧性。发展韧性指面对国内外环境变化，通过市场主体的自我调适机制，以及政府政策的应变调整，有效防止经济的起伏波动，实现发展软着陆，保持可持续发展。由于风险源的不确定性和经济活动的开放性特征，影响现代食品产业发展韧性的因素很多，既有能源危机、金融危机、贸易冲突、战争等外部因素，还包括自然灾害、公共卫生突发事件、资本市场投机过度、经济结构失衡、内需不足等内部因素，所以提升各类风险防控、提升发展韧性是确保现代食品产业尤其是中小微企业经济平稳健康高质量发展的基础保障。

二、现代食品产业高质量发展的评价指标

依据上述对现代食品产业高质量发展内涵和特征的解读，课题组构建了现代食品产业高质量发展评价指标体系，包括结构优化、增长动能、发展韧性、增长绩效、绿色生态、带动作用五个一级指标和相应二级指标，根据指标体系设计的系统性、科学性、适用性、可操作性、可比性等基本原则，并参考相关学者选取的评价指标，设计了具体的评价指标（表2-2）。

表 2-2 现代食品产业经济高质量发展评价指标体系

一级指标	二级指标	指标方向	一级指标	二级指标	指标方向
结构优化	行业结构高级化（%）	+	增长绩效	人均规模以上食品产业增加值	+
	食品业出口额占比（%）	+		规模以上食品产业增加值占GDP比重	+
	区位熵指数（%）	+		规模以上工业企业产值增速（%）	+
增长动能	规模以上食品工业研发人员投入	+		规模以上食品企业主营业务收入利润率（%）	+
	规模以上食品工业研发经费投入	+		规模以上食品工业全员劳动生产率	+
	规模以上食品工业研发强度	+	绿色生态	绿色食品标志企业（产品）数	+
	专利数量（有效发明专利数）	+		绿色食品生产基地数量（面积）	+
	食品新产品销售收入占比（%）	+		绿色食品生产要素企业数量（产品）	+
	单位研发经费（研发人员）新产品销售收入	+	发展韧性	规模以上食品企业资产负债率（%）	+

注 "+"表示该指标与现代食品产业高质量发展方向一致，"-"表示该指标与现代食品产业高质量发展方向相反。

第四节 现代食品产业高质量发展的机理分析

一、基于"新钻石模型"的现代食品产业竞争优势分析

美国学者迈克尔·波特于 1989 年提出一种产业发展理论"钻石模型"。该理论将生产要素、需求条件、相关及支持产业、企业发展战略四个具有双向作用的决定因素，以及政府和机会两个变数因素，构成一个有机的系统，用于分析一个国家或行业如何形成整体优势，从而具有较强竞争力。在"钻

石模型"的基础上，胡翔和付红桥（2020）[1]、吴冬玲等（2022）[2] 针对竞争力内生变量考虑不足的弱点，增加"数字化技术""信息化技术"等核心要素，并强调制度创新与政府角色在产业发展中的重要性，进而构建了"新钻石模型"来分析产业或地区竞争优势。新一轮技术革命和产业变革催生了很多新技术、新产业、新业态和新模式，"数字化技术"的作用越加重要。因此，本研究围绕生产要素条件、需求条件、相关及支持产业、企业发展战略、数字化技术五个决定因素，以及政府、机会两个变数因素构建"新钻石模型"，深度剖析河南现代食品产业高质量发展的影响因素、作用机理和比较优势（图2-1）。

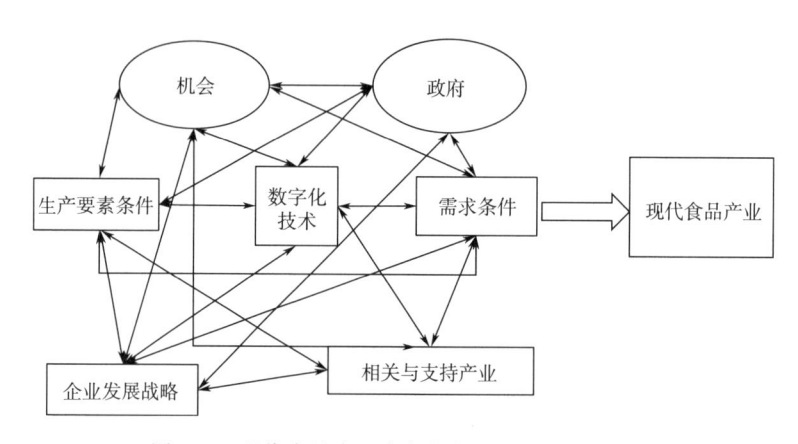

图 2-1 现代食品产业竞争优势的"新钻石模型"

（一）生产要素条件

"新钻石模型"认为影响产业国际竞争优势的首要因素是生产要素，包括原料供应、人力资源、技术创新和数据要素等。原料供应是产业发展的基础因素，人力资源是产业发展的保障，技术创新是产业高质量发展的关键因素，数据要素是产业创新发展的突破性因素。本节从原料供应、人力资源、技术创新和数据要素四个方面分析现代食品产业生产要素条件。原料供应包括供应总量与人均原料供应数量两个维度；人力资源包括人口教育结构与行业人才结构两个维度；技术创新分为各省市食品学院数量与专利数量；数据要素

---

[1] 胡翔，付红桥. 生态核心区县域经济发展的"新钻石模型"构建及应用——以海南省白沙县为例[J]. 生态经济，2020，36（11）：75-81.
[2] 吴冬玲，黄月玲，胡宏猛，等. 新"钻石模型"下恭城康养旅游产业发展研究[J]. 边疆经济与文化，2022（10）：52-56.

从政府数据与企业数据两个维度展开。

1. 原料供应

粮、油、糖、肉、水产品等农副产品及相关调味品是食品产业的主要原辅料来源，对现代食品产业高质量发展具有重要影响。原辅料供应是否充足影响着食品企业能否正常经营。食品企业越接近原辅料供应地，原辅料供应也更加稳定，并节省更多的运输和储存成本。原辅料价格的波动也会影响食品企业的生产经营成本。另外，食品的绿色化、有机化程度等质量指标也都与原辅料来源有关。

从总体来看，我国食品生产的原料供应比较充足。2021年，我国粮食种植总面积达117631千公顷，包括谷物、豆类、薯类、油料、糖料、烟叶、蔬菜等多个品种；肉类产量8990万吨，包括猪肉、牛肉和羊肉等；供应奶类3778.1万吨、禽蛋3408.8万吨；水产品总产量达6690.3万吨。但是我国人口众多，人均农副产品产量较低：2021年人均粮食483公斤、人均油料25.6公斤、人均肉类46.1公斤、人均水产品47.4公斤、人均奶制品26.1公斤。除肉类外，大部分食品原料的人均产量远低于全球平均水平，原料进口依赖度比较高。相比而言，河南作为农业大省和产量大省，农产品原料优势突出，粮食面积和产量均占全国的1/10左右（位居全国第2位），小麦产量占全国的1/4（均居全国第1位），全省蔬菜播种面积、油料作物产量、食用菌产量、生猪存栏量、禽蛋产量均居全国第1位，具备现代食品产业优质原材料供应优势。同时，焦作温县还是我国重要的调味品之都，拥有大咖、京华食品、立达老汤、品正食品、香曼食品等新式茶饮和调味料头雁企业，调味料产量约占全国的1/3，为河南省食品产业发展提供了"口味"支撑。

2. 人力资源

现代食品产业总体上呈现劳动密集型和人才密集型特征，人力资源是食品产业高质量发展的首要资源，通过多维度效应对食品产业高质量发展产生影响。一方面，高技能劳动者通常担任食品企业的创业者、高级管理者、研发和销售等核心部门的负责人等重要岗位，是食品企业创业成功、管理和经营效率提升的"关键性人物"；面对技术进步对低技能劳动者的"侵蚀效应"，高技能劳动者相对低技能劳动者的"静态生产率"更高，适应和应用新技术的速度更快，具有较高的边际产出，有利于食品产业生产效率的提升；高技能劳动者对关联产业的技术外溢效应提高了关联产业劳动生产率，促进地区经济增长。另一方面，伴随食品产业对高技能劳动者需求的增加，高技能劳动者相对低技能劳动者的工资会不断攀升，从而产生技能和工资溢价

（Acemoglu，2003）❶；高技能劳动者从事低技能岗位和家务劳动的机会成本随之增加，该群体会偏向于选择高技能岗位，这不仅满足了食品产业的高技能人才需求，还增进了食品供给质量；家务劳动的减少促使家庭从市场上购买原本家庭自给自足的食品，还带来对食品的更多引致需求。

河南是人口和劳动力大省，近年来高等教育和职业教育快速发展，人力资源禀赋不断提升，在全国主要食品大省中具备一定的竞争优势。例如，2021年末，我国每十万人口的高等教育学生在校生数中（图2-2），河南省为3424人：在国际上超过日本、英国、意大利等发达国家的平均水平；在国内主要食品大省中，河南省虽然低于湖北省（3914人）、江苏（3531人），但与湖南省（3487人）、山东省（3429人）基本持平，并高于安徽省（3089人）、福建省（3023人）、广东省（2922人）、四川省（2959人）、河北省（2926人）。另外，河南省职业技术人才也具备良好储备（图2-3），2021年河南中等职业教育毕业生数达到35.56万，远远高于广东省（26.05万）、安徽省（26.31万）、四川省（25.56万）、山东省（22.1万）、湖南省（20.62万）、江苏省（18.17万）、湖北省（12.47万）、福建省（9.91万）、河北省（9万），这也是河南产业发展的"关键性优势"之一。

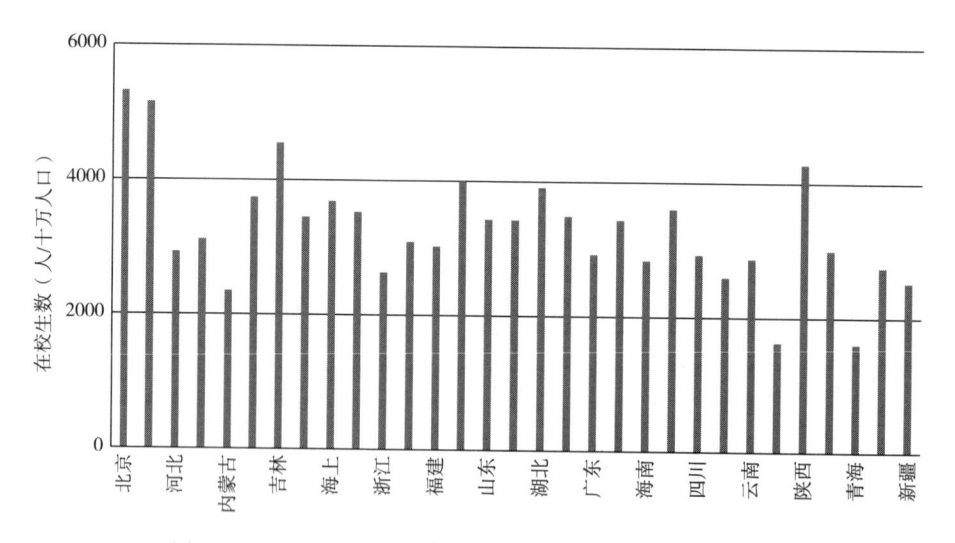

图2-2 2021年末各省市每十万人口高等教育学生在校生数

数据来源：《中国统计年鉴2022》。

---

❶ Daron Acemoglu. Patterns of skill premia [J]. Review of Economic Studies, 2003, 70 (2): 199-230.

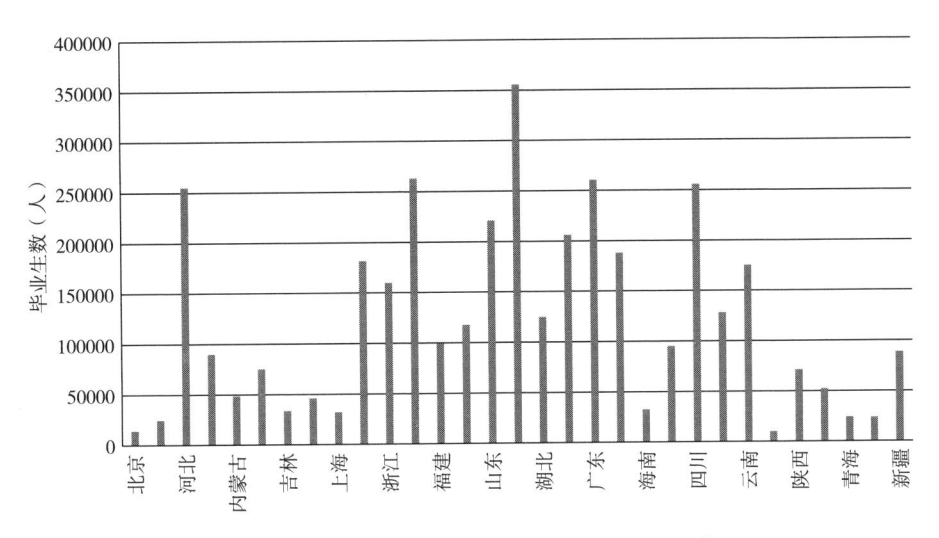

图 2-3 2021 年末各省市中等职业教育毕业生数

数据来源：《中国统计年鉴 2022》。

但是就食品类专业人才而言，河南虽然具备一定优势，但相比广东省和山东省，食品类专业人才培养还亟需提升。例如，截至 2022 年末，我国设置食品相关院系的高校共有 388 所（表 2-3）。其中，根据教育部公布的国家一流本科专业建设点名单，中国农业大学、江南大学等学校的食品相关专业优势处于全国领先地位。河南拥有食品类专业 21 个，低于山东省（31 个）、广东省（24 个）和江苏省（24 个），与安徽省（21 个）、湖北省（20 个）基本持平。根据相关院校网站的发布信息，在第五轮学科评估中，河南只获得 1 个 B+（河南工业大学），河南省高校食品类专业的学科建设和人才培养质量还亟待增强。

表 2-3 各省市食品相关专业高校数量

北京	天津	上海	重庆	黑龙江	吉林	辽宁	内蒙古	河北
6	5	10	7	13	15	15	6	14
山西	河南	湖北	湖南	山东	江苏	浙江	安徽	江西
11	21	20	13	31	24	15	21	8
福建	广西	海南	云南	贵州	四川	西藏	陕西	甘肃
17	16	2	16	12	17	1	9	7
宁夏	青海	新疆	广东					
3	2	7	24					

数据来源：各大高校网站搜集整理。

3. 技术创新

技术创新是加速食品产业产品更新、优化生产流程、提升生产工作效率、增进消费者获得感的关键，是食品产业竞争力的根本来源。与广东、福建、江苏等发达地区相比，河南食品产业长期以来分散化经营，产品以初级产品加工为主，现代技术渗透慢、应用落后，对第一产业的带动作用和对第二、三产业的融合效应不够，国际竞争力弱，是阻碍河南食品产业高质量发展的"关键性掣肘"。河南只有加快创新，才能激发食品产业新动能，打造产业新业态，实现高质量发展。现代食品的技术生成机制包括内在渠道和外部渠道：外在渠道包括通过高校、科研机构等外部主体对食品产业的外生性技术支持以及来自其他产业的外部技术溢出效应；内在渠道是食品产业各类企业的内生性技术创新。内生性技术创新和外生性技术都是现代食品产业技术创新的重要来源，具有紧密的互补性，单纯依靠某一类主体不仅难以填补河南食品产业与发达地区的技术差距，还可能带来食品产业内部发展的结构失衡。只有重视每一种创新来源，完善创新激励机制，持续加大创新投入和积淀，搭建联合创新体，形成食品产业技术创新的融合效应，才能形成对现代食品产业高质量发展的有力支撑。

4. 数据要素

在数字经济时代，数据要素成为新质生产力的重要组成部分，赋能产业升级和经济高质量发展的作用越加重要。高质量数据要素承载的丰富信息有利于农业和食品业供需的精准匹配，农产品和食品的技术与品牌更新迭代，开辟消费新赛道与新场景，提升生产经营及市场监管效率，促进农业—食品链式发展，提升品牌影响力，是现代食品产业高质量的重要驱动因素。

数据主体可分为政府、企业和个人，因此可将数据要素划分为公共数据、企业数据和个人数据。现代食品产业的政府公共数据比较丰裕，包括国家统计局发布的《中国统计年鉴》、中华人民共和国农业农村部发布的《中国农业年鉴》、国家药品监督管理局发布的《中国食品药品监督管理年鉴》，还有各省市发布的省食品相关统计年鉴等。另外，我国的数据企业和场外数据交易平台也取得一定发展，包括以华为、阿里和腾讯为首的云数据库，以达梦、南大通用为首的传统数据库，以大众点评、企查查、猎聘网、小红书为首的综合性或行业性大数据平台，以及 OceanBase、GoldnDB、TiDB 等国内分布式交易型数据库，均有涉及现代食品产业的数据。

然而，我国数据要素市场总体上还处于发展阶段，数据产权、定价机制等制度还不够健全，赋能现代食品产业高质量发展的作用受限。就现代食品产业而言，食品产业与农业、服务业等产业关联性很强，产业发展所涉及的数据覆盖多个行业，但是我们每个行业在交易规则、盈利模式、利益分配机制方面均存在很大差异，行业壁垒成为数据产品生产的重要障碍。另外，在现有属地化管理的财税体制下，我国数据要素市场存在地区间发展的不均衡性。例如，虽然东部省份一些企业将数据中心等大型基础设施转移到了中西部地区，但利润和税收并未流在本地，反而大量消耗了当地便宜的电力资源和能耗指标，地区间的利益博弈削弱了中西部地区政府和产业界吸纳东部数字经济基础资源的积极性，导致河南等省份数据要素市场发展的滞后性。河南还需要进一步加大现代食品领域公共数据的开发与利用，并大力发展现代食品场外和场内数据交易市场，加快食品企业数智化转型及数据要素资源的利用，充分释放现代食品产业数据价值，以数据要素赋能产业高质量发展。

（二）食品产业需求条件

居民消费是食品产业发展韧性的来源，也是食品产业升级的方向。作为一个拥有1亿人口的大省，河南的市场空间很大，各类食品消费的需求层次丰富，规模优势显著，与其他省份相比，拥有扩大内需的独特优势。

第一，潜在食品需求巨大。以郑州为中心的500公里内覆盖了中国3.5亿消费人群，700公里内覆盖了中国7.2亿消费人群，且都在两小时高铁交通圈的覆盖之下。随着国内外经济的复苏，食品消费市场有望持续增长，便利的交通运输条件将能够大幅激发河南食品产业的市场需求。

第二，消费升级将提升人均食品消费，优化消费结构。随着经济社会的发展和居民收入水平的提高，消费者对食品的健康性、安全性、便利性和个性化需求将持续增长，为食品行业带来新的增长点。当前河南省人均食品消费量比较低，尤其是休闲食品人均消费量仅为2.15公斤（韩国、日本分别为2.49公斤与5.63公斤，英国、美国则分别为9.53公斤与13.03公斤）。随着人们购买力和消费力的不断提升，河南食品产业尤其是休闲食品等中高端产业将会进一步扩大和升级。

（三）相关产业和支持产业

相关产业和支持产业不仅现代食品产业发展的连接点，也是食品产业结构升级的重要支撑，食品产业与关联产业、支持产业共同构成现代食品产业链（图2-4）。

第一，现代食品产业链上游产业包括原辅材料供应、包装制造及食品装

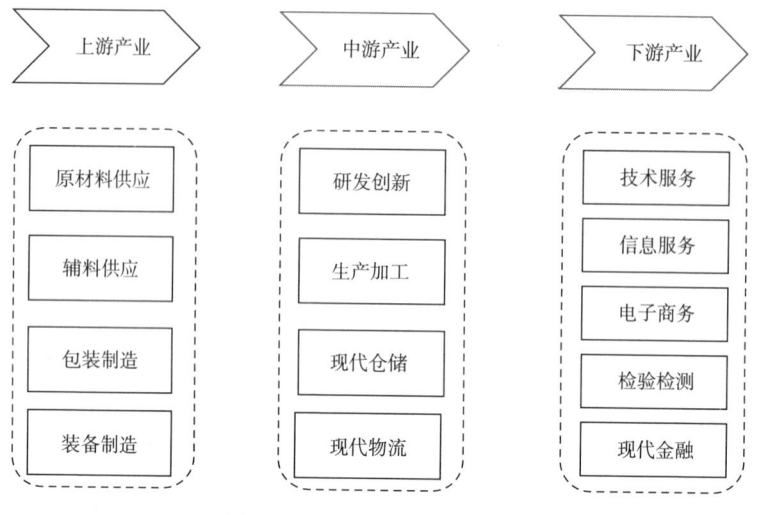

```
上游产业          中游产业          下游产业

┌─────────┐    ┌─────────┐    ┌─────────┐
│ 原材料供应 │    │ 研发创新  │    │ 技术服务  │
│          │    │          │    │ 信息服务  │
│ 辅料供应  │    │ 生产加工  │    │ 电子商务  │
│          │    │          │    │          │
│ 包装制造  │    │ 现代仓储  │    │ 检验检测  │
│          │    │          │    │          │
│ 装备制造  │    │ 现代物流  │    │ 现代金融  │
└─────────┘    └─────────┘    └─────────┘
```

图 2-4 现代食品产业链图谱

备等产业。其中，原材料的特性对休闲食品的品质具有重要影响，优质的原材料供应是食品产业竞争优势的基础；辅料在食品成本占比较高，也是食品风味特征的决定因素；不同厂商和不同种类的休闲食品，包装材料成本差距较大，包装制造业也是上游的重要领域。

第二，食品行业产业链中游包括研发、生产、仓储运输。其中，食品研发是产品更新迭代的关键，对企业的竞争力具有重要影响。食品行业主要加工方式有自主生产、委托加工、代工生产销售（OEM）、原始设计制造（ODM）等模式，生产模式取决于产品的属性和公司所处的阶段。不同的食品需要根据产品的类别建立相应的仓储运输方式，仓储运输方式直接影响食品的质量和成本。

第三，食品行业产业链下游包括品牌营销、产品销售和用户运营等环节，技术服务、信息服务、电子商务、检验检测、现代金融等配套生产性服务业的支撑，进一步延长产业链，提升附加值。其中，电商平台型企业产品品类繁多，能灵活适应消费者多变的消费需求，但难以形成品类优势。制造型企业品控能力强，多聚焦强大的大单品策略，销售渠道通常以线下销售为主。

相比山东、福建、广东等食品业大省，河南现代食品产业链分别在原辅材料供应、生产加工、仓储物流等方面具备一定优势，但在食品包装、食品装备、研发创新、技术服务、信息服务、电子商务、检验检测、现代金融等食品产业配套生产性服务业方面还存在较大的短板与不足。

（四）企业发展战略

企业发展战略是关于企业如何发展的决策体系，包括企业发展能力、发展方向、发展模式、发展速度、发展重点等方面，是发展的长远规划、重大选择及实施策略。科学的企业战略提升企业竞争力，明确企业发展目标，帮助企业适应需求变化，指引企业长远发展，及时解决企业发展问题，实现企业快速、健康、持续发展。现代食品产业要实现高质量发展，需要以企业为主体，运用新技术、研发新产品、创造新模式、发展新业态、营造新场景。相比山东、福建、广东、四川、江苏等食品业大省，河南食品企业在龙头企业和中小微企业等市场主体发展战略方面都有待进一步提升优化。

第一，龙头企业发展战略有待优化。虽然河南拥有牧原、双汇、三全、思念、卫龙等食品龙头企业，但龙头企业的发展战略尚有提升空间。一是企业管理制度不够完善。部分食品企业还未真正建立现代企业管理制度，管理尚未纳入规范化、制度化，缺少长远发展规划。二是利润和税收处于较低水平。除蜜雪冰城等少数企业外，大部分企业流动资金不足，活力不强、动力不足，利润和税收处于较低水平。三是外来品牌多，本土品牌少。河南食品规上重点企业除本土的牧原、卫龙、好想你、蜜雪冰城等，均为外来品牌设厂，如康师傅、可口可乐、百事可乐、露露、达利园、亲亲食品等。这些企业在河南的基地主要以生产加工为主，很少布局研发创新中心。四是本土品牌影响力小，爆款单品不多。除牧原、好想你、卫龙等少数企业外，绝大多数企业只在本地具有较大优势，但因市场开拓能力不足，区域外市场渗透率不高，品牌全国影响力小，爆款单品不多。

第二，中小微企业仍处于粗放化经营阶段。河南中小微食品企业仍然占据全部市场主体的90%左右，并吸纳了80%的就业，然而大部分中小微企业发展战略粗放化，竞争力和抗风险能力非常薄弱。首先，中小微企业以农副产品加工制造为主，存在企业少、布局分散、经营模式落后、专业化人才少等问题，尤其是受到国内外经济波动等因素冲击时，房租、人工、原材料等成本压力和市场需求疲软会成为中小微企业经营痛点。其次，大部分中小微企业的生产模式以加工组装为主，且存在布局分散、技术水平落后、缺乏有效的质量和效率管理、缺少开放思维、不能主动适应市场需求变化等问题。其福建、广东、山东，以及河北、安徽等地企业都存在明显差距，处于产业链、价值链低端，产品竞争力和企业抗风险能力比较薄弱。最后，受政绩观驱使，地方政府的财税、土地等政策集中支持大企业发展，对中小企业的有效支持不足。

（五）数字化水平

数字化技术已经成为经济社会发展的核心驱动力，引发生产方式、居民消费等领域多维度、深层次变革，从技术层面推动产业高质量发展。近年来，河南大力实施数字化转型战略，抢占新赛道，抢滩新蓝海，数字化水平位于全国前列，与广东、江苏等地的差距正在不断缩小，成为河南现代产业发展的潜在优势。

第一，数字经济发展水平位居全国前列。河南推动数字经济更好赋能高质量发展、高品质生活、高效能治理，奋力打造数字经济发展新高地，数字经济发展总体呈现稳中向好态势，在国民经济中的地位更加稳固，成为稳增长促发展的关键力量。自2016年起，河南数字经济规模连续7年稳居全国前十，持续保持全国前列。2022年河南全省产业数字化规模突破1.59万亿元，同比名义增长9%，占数字经济的比重超过80%，为全省现代化产业体系构建提供强力支撑。2022年，农业、工业、服务业数字经济渗透率分别为6.2%、19.4%和37.9%，同比分别提升0.6个、1.5个和3.4个百分点。❶

第二，数字政府服务平台不断优化。在政务服务领域，河南省级层面和地市政府层面充分利用新一代信息技术，优化组织架构、运作程序和业务流程，构建了"数智治理""互联网+监管"等大数据驱动的政务新机制、新平台、新渠道，全面提升政府履职能力，形成现代化治理模式，并应用到市场主体登记、企业纾难解困等场景中，有力地支持了食品企业高质量发展。

第三，信息技术催生新经济模式。信息技术不仅是先进制造业的支撑，还催生了分享经济、平台经济、算法经济、智慧教育、远程办公、在线医疗、在线文娱、元宇宙等众多新经济模式，具有不受空间限制的优势，培育壮大了发展新动能。例如，郑州市目前"上云企业"数量近3.4万家，占全省总量33%，重点企业装备数控化率达到70%以上，建成省级智能工厂（车间）91家，成功入选国家智能制造试点示范项目、国家智能制造综合标准化与新模式应用项目12个。

第四，信息技术引导多元化消费。在消费和服务业领域，在信息技术支撑下，通过网络为国内外消费者提供多元化服务，尤其是短视频和直播带货等新媒体应用具有门槛低、普惠性好、受众群体更广泛的特点，降低了企业

---

❶ 《河南省数字经济发展报告（2023）》，中国信息通信研究院。

宣传和消费者获取成本，满足了消费者多元化消费需求，使商家更容易获取新客户、新增量消费，巩固壮大了实体经济根基。

（六）政府支持

长期以来，河南省各级政府都高度重视食品产业发展，已经上升为省级和一些地市的重大发展战略。例如，河南省人民政府办公厅于 2022 年 9 月 9 日正式印发《河南省绿色食品集群培育行动计划》；2022 年 10 月 27 日，河南省人民政府办公厅印发《河南省加快预制菜产业发展行动方案（2022—2025年）》；河南省人民政府办公厅关于印发《支持绿色食品业加快发展若干政策措施》（豫政办〔2023〕7 号）的通知；2023 年 10 月，河南省政府办公厅印发《河南省培育壮大休闲食品产业链行动方案（2023—2025）》《河南省培育壮大冷链食品产业链行动方案（2023—2025）》《河南省培育壮大预制菜产业链行动方案（2023—2025）》《河南省培育壮大酒饮品产业链行动方案（2023—2025）》。

在这些支持河南现代食品发展的战略和政策中，政府在资金、用地、研发等方面也给予现代食品产业重大政策倾斜。然而，山东、广东、福建、湖南、四川、河北等省份也都高度重视食品产业发展。在地方政府间激烈横向竞争背景下，河南政府支持食品产业发展的效果可能会削弱，且政府过度干预也可能扭曲食品产业的市场资源配置机制，所以河南政府支持现代食品产业发展的理论机理和实际效果还需要在后续的分析中深入展开。

二、全产业链视角下现代食品产业集聚集群发展分析

现代食品产业链条长，上下游环节众多，产业发展遵循"短板理论"，任何一环出问题，都会波及整个链条，因此"延链、补链、强链"成为现代食品产业健康发展的客观需要。所以，现代食品产业发展不可能仅依靠一两家企业出面"包圆"，而是需要一个庞大的群体来共同实现，从传统的生产种植到现代化的加工、流通、销售，以及互联网、物联网和大数据等数字技术应用，乃至营销、金融、科技等各类机构主体，促使产业链条协调，各环节连贯顺畅，从而减少交易成本实现资源有效配置和合理运用。因而只有以集聚集群形式，通过形成全产业链，才能实现全链条协同协作，创造更高价值。

产业集聚集群是现代产业发展的重要形式之一。产业集聚是指同一产业在某个特定地理区域内高度集中，产业资本要素在空间范围内不断汇聚的一

个过程。如被称为"中国休闲食品之都"的河南省临颍县产业集聚区入驻了120多家大型食品加工企业,包括知名品牌盼盼、加多宝、嘉吉等。产业集群是指现代食品产业的竞争性企业以及与这些企业互动关联的合作企业、专业化供应商、服务供应商、相关产业厂商和相关机构,如大学、科研机构、制定标准的机构、产业公会等聚集在某特定地域的现象。例如,河南省武陟县初步形成了以斯美特食品、华味坊食品、金米郎食品等为主的方便休闲食品加工业;以恒康肉类食品、旭瑞食品、田中禾食品等为主的肉类食品加工业;以汇力康食品、荣利达食品等为主的都市食品加工业;以绿洲怀药、鑫诚怀药等为主的"四大怀药"保健食品加工业,并建立了集研种产销于一体的全产业链发展模式。产业集聚集群能形成产业聚集效应,提高整个产业的竞争力和创新能力,对于促进经济增长、提升城市竞争力和推动区域发展具有重要意义。

(一) 产业集聚集群发展促进现代食品企业做大做强

产业及其支撑产业高集中性促进现代食品企业发展(图2-5)。一方面,地理位置的集中能为企业提供共享信息、市场、人才和基础设施的便利,有利于降低生产成本,促进企业间交流与协作。另一方面,产业形态的集中可以有效整合社会资本、借助知识与技术优势,更容易在产业竞争中拔得头筹。佛山水都饮料食品产业园经过15年的发展,形成集生产、销售、检测、包装、物流运输于一体的食品饮料特色产业集聚区,聚集了百威、红牛、健力宝、嘉士伯、可口可乐、益力多等食品饮料的相关企业173家。其中,超千万元的企业有46家,饮料与酒制造业产值超亿元企业占1/3,成为全省首个食品饮料特色产业园、全国最大食品饮料产业集聚基地。

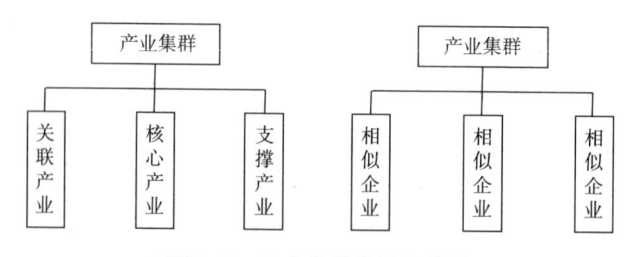

图 2-5 产业集聚集群示意图

产业集聚集群带来的合作型竞争促进现代食品企业发展。一是有利于形成合作性竞争机制。由于产业集聚集群内的企业高度集中,相邻的企业会感受到"面对面"的压力,形成合作性竞争,建立一个相对良性沟通的竞争机制。合作型竞争机制的形成能激发企业主动构建多种多样的合作关系,为企业间相互联系提供有力保障,促进企业创新。二是通过集群内部共享交流,促进相互合作、风险分担,提高资源配置的效率,有助于实现区域内协同发展。三是集群中的企业通过高度的分工合作提升专业化程度,从而形成更强的规模优势,共同实现降本增效。例如,在临颍产业集聚区,各种规模、各种业态、各种类型的休闲食品企业"百花齐放",彼此竞争但更注重联动,他们相邻建厂、管道互通、检测共享、物流零成本,不出园区轻松完成产业链上下游所有对接,形成生机勃勃的产业生态圈。

产业集聚集群会使现代食品企业具有社会网络性。在相同的社会环境影响下,集群内的企业通过信息联系、市场联系、社会关系联系和贸易联系形成紧密的社会关系网络,该社会关系和规则会对企业行为产生约束和影响。这种社会关系虽然是隐性的,但长期对企业产生干预,能够有效促进企业之间交往默契的形成,建立约定俗成的商业信任关系。在此关系网络的基础上,企业会通过各自形式,频繁进行贸易往来、信息交流和技术合作等,增强集群的整体凝聚力,进一步促进企业发展。

(二) 产业集聚集群发展促使地方特色食品发展格局形成

地方食品产业特色化指充分挖掘可食农产品资源禀赋的独特性,把具有地方特色的农产品资源和小吃转化为有标准、可溯源、便携可运的现代食品,形成规模效益。特色产业化的关键是将地方农产品资源和地方传统食品转化为现代工业化食品,打造涵盖第一、二、三产业的特色食品产业链,原料、技术、品牌缺一不可。食品生产涉及从原材料采购、生产制造到产品上市销售等多个环节,需增强优质原料保障能力,提升技术、装备和设计水平。同时,产业特色化和特色产业化还需要注重营销和品牌建设,方能保证地方特色食品"原汁原味",促进地方特色食品产业创新发展,有效激发消费者对于品牌的认同感,推动地方特色食品由区域走向全国。产业集聚集群能集中产业链的上游和下游企业,达成"延链、补链、强链"作用,有效促进地方特色食品发展格局的形成,升级现有产品,突出产业差异化,形成比较优势,能有效解决同质化产能过剩问题,实现产业健康可持续发展。产业集聚集群发展已经成为地方特色食品发展格局形成的有效路径。

近年来,围绕"产业特色化"和"特色产业化",市场涌现出大量特色食品产业集群,如广西柳州螺蛳粉,宁夏贺兰山东麓葡萄酒,各种具有地方特色的预制菜肴、预制主食、地方特色小吃等,都是将其独特的地理环境、食材、工艺等发展成为产业特色，开创出了广阔的市场空间，以特色为核心实现可持续发展。

（三）产业集聚集群发展塑造现代食品产业发展新动能

一是强龙头培育发展新动能。龙头企业在产业集群中占据重要地位，龙头企业向高端化、绿色化和智能化转型升级，将持续推动产业转型升级，从而形成更强创新力、更高附加值、更安全可靠的产业链体系，培育新动能，增强竞争新优势，激发实体经济活力。二是区域品牌放大发展优势。三是产业集聚集群发展有利于提质增效。"分散无序"向"集中有序"发展，通过全产业链发展与全价值链提升，食品企业集中的优势，带动食品产业集群"原料生产—精深加工—科技研发—品牌创建"全链条发展壮大，大力推动标准化建设，构建共性配套服务设施体系。

三、政府政策对现代食品产业发展的影响效应

（一）政府干预现代食品产业发展的必要性

政府经济职能是国家为了实现一定的经济发展目标而对国民经济进行全局性的规划、监管和服务等职能和功能的总称。市场经济背景下，政府的经济职能的实质主要是处理政府与市场之间的关系。其发展历程有以下几个时期：重商主义时期主张政府的经济职能是鼓励生产和出口商品，通过殖民扩张等手段拓展商品销售市场；资本主义自由竞争时期盛行的亚当·斯密的"经济人"观点认为在经济和社会职能方面，市场这只"看不见的手"能够有效的配置资源，而政府只需充当"守夜人"的角色；垄断资本主义时期，人们认识到市场机制并非万能的，凯恩斯主义开始提出政府对经济生活的全面干预以弥补市场失灵；20世纪70年代，西方资本主义国家陷入滞胀，新自由主义出现，人们逐渐认识到并不存在完全的自由经济和政府干预，政府和市场之间是一种相辅相成的关系。因此，以价格机制起作用的市场并非总能有效地配置资源和服务，政府需发挥在经济领域的宏观调控、产业政策、微观规制等职能。

"中国式财政分权"体制也形成地方政府支持本地产业发展的激励机制。

周黎安（2018）[1]认为分权体制下，我国中央和地方间的"分税分权"和官员垂直晋升机制形成了中央政府对地方政府经济发展的激励，地方政府为了"政治绩效"，对辖区内支柱产业和市场主体进行干预；一方面通过政府的经济发展规划、政策信号释放等途径间接影响市场发展；另一方面通过财政支出、税收减免、用地优惠等政策直接支持一些主导产业的发展。

从实践来看，我国各级政府对食品产业实施了扶持与监管并行的政策干预措施，扶持政策包括财税、融资、科技创新、人才培养、用地优惠等方面，干预政策主要体系在食品安全监管等方面。与其他行业相比，食品产业的民生属性和产业关联属性突出，食品生产过程信息不对称问题带来的食品安全隐患大。从政策效果来看，政府干预的范围和力度成为影响食品产业发展水平的关键因素，但由于信息不对称问题，目前食品监管仍存在诸多薄弱环节，食品安全带来的外部性问题频发，政府干预政策仍需完善。

（二）政府政策支持现代食品产业高质量发展的机理

结合食品产业的特点，政府政策支持食品产业生产效率的机理主要体现在四个方面。

第一，制定行业规范，促进食品行业质量标准的形成。政府以推动食品产业健康发展、保障消费者权益和增进社会福祉为目标，制定食品生产企业许可条件、食品配方标准、食品生产环境、食品生产加工操作规范、食品质量检验检测等方面的法律法规和标准，确保食品生产、流通、储存和消费过程中的安全性和合规性，为食品企业生产和市场监管提供依据，促进食品产业健康发展。

第二，通过严格监管，提升食品企业质量管理水平。政府对食品企业的生产、加工、流通及销售过程的规范性和安全性监管，有利于增强食品企业的外部约束力，降低了食品企业过度追求自身经济利益、损害产业整体利益的逃避责任动机，促使企业提升内部自身管理能力。

第三，通过财税等扶持政策，激励企业科技创新，提升企业竞争力。政府通过财政补贴、抵扣税收、融资支持等奖励方式，支持食品企业从事科技创新、改进生产技术、完善经营环境、创新销售模式，有助于食品企业核心竞争力和盈利能力。

第四，完善区域产业环境，塑造整体发展优势。政府通过改善基础设施，

---

[1] 周黎安. "官场+市场"与中国增长故事[J]. 社会, 2018, 38（2）: 1-45.

加大数字化平台建设,提升服务效率,营造良好的营商环境,能够激发食品企业创新创业的内生动力,积极吸引外来投资。同时,区域公共品牌的建设,有助于整合特定地域内的农产品、食品和文化资源,提高食品产业的组织化程度,提升产品价值,拓宽产品销路。

(三) 政府支持现代食品产业发展中的失灵问题

虽然从理论上政府支持能够促进食品产业高质量发展,然而学术界对政府产业干预的效应存在一定争议。一方面,一些学者认为政府干预政策取得较明显的效果。丁菊红等 (2007)[1] 认为在财政分权背景下,政府干预通过其他中介变量正向促进产业和经济发展。Wang (2018)[2] 的研究发现政府适当干预有利于产业科技创新。Ortegadl 等 (2011)[3] 研究发现中国消费者更倾向于购买具有政府认证的食品,政府食品监管有利于食品产业发展。另一方面,政府干预政策也存在一些缺陷。王文甫等 (2014)[4] 研究认为政府扶持政策过于追求经济绩效,导致严重的土地价格扭曲和资源错配,政府干预对经济发展的影响还存在一定的时间和空间异质性。张红凤等 (2021)[5] 研究发现,考虑地方政府竞争后,政府干预不仅负向影响本地区食品产业发展效率,而且对邻近地区食品产业发展效率具有负向的空间溢出效应。政府支持或干预现代食品产业发展的政策失灵问题主要体现在四个方面。

一是政府支持能力有限。由于经济和社会发展水平的限制,食品产业发展过程中存在的"技术卡脖子问题""源头监管问题"等难题逐渐暴露,但许多地方政府财力、人力有限,即使实施扶持政策,也难以有效解决问题,还可能带来财政资金等资源的浪费。

二是政府自身各方面局限性带来的政府失灵风险。我国现行行政体制下,食品产业发展涉及工信、科技、农业、市场监管、财政、金融、教育、人社等多个部门,政府部门职能交叉、重复监管与监管缺位现象并存,官员自身

---

[1] 丁菊红,邓可斌. 政府干预、自然资源与经济增长:基于中国地区层面的研究 [J]. 中国工业经济,2007 (7):56-64.

[2] Wang J. Innovation and government intervention: a comparison of Singapore and HongKong [J]. Research Policy, 2018 (2): 399-412.

[3] Ortegadl, Wanf H H, Wulp, et al. Modeling heterogeneity in consumer preference for select food safety attributes in China [J]. Food Policy, 2011. 36 (2): 318-324.

[4] 王文甫,明娟,岳超云. 企业规模、地方政府干预与产能过剩 [J]. 管理世界,2014 (10):17-36, 46.

[5] 张红凤,黄璐,孙承运. 政府干预与食品产业发展效率——基于地方政府竞争视角 [J]. 经济与管理研究,2021,42 (12):125-141.

的逐利行为，企业寻租行为等都可能导致政府失灵现象。

三是地方政府间的竞争稀释政策支持效果。从主要省份支持食品产业的政策措施来看，大部分政府都通过财政补贴、税收优惠等政策促进食品产业的招商引资、人才引进和科技创新。然而在优质资源有限的情况下，地方政府竞争可能导致食品产业科技、人才等资源错配，难以获得预期效果，并可能对其他行业的发展产生不利影响。

四是创新诱导效应。政府对一些企业的直接支持，可能会导致规制俘获问题，降低企业的创新诱导效应，对食品产业创新研发和技术进步产生不利影响，阻碍食品供应链的改造升级。

第三章
现代食品产业发展趋势与典型经验

近年来,在消费升级和技术进步等因素推动下,全球现代食品产业发展呈现一些新特征、新趋势,本章通过对大量国内外食品领域前沿性文献资料的收集与梳理,从消费需求、产业多元化发展、科技创新、产业融合、电子商务、食品安全监管等方面阐明全球现代食品产业发展趋势。另外,鉴于发达国家和我国发达地区的现代食品产业在产业布局、技术创新、数字赋能、劳动者技能培训、政府政策扶持、完善监管体系等方面积累了丰富经验,本章对美国、英国、法国、意大利等发达国家,以及广东、山东、四川、福建等发达省份现代食品产业高质量发展的典型经验进行了总结,为河南食品产业高质量发展提供经验借鉴。

第一节　全球现代食品产业发展趋势

一、消费需求升级催生新型食品产业发展

随着经济的快速发展和收入水平不断提高,人们的食品消费观念和消费结构也不断升级迭代,消费模式已经从数量型、粗放型逐渐向质量型转变,催生营养健康、绿色有机、品质体验、功能型等食品产业发展。

(一) 营养健康食品成为消费者的首选

营养不均衡引起的慢性病已经成为全人类健康保障的重要挑战。《中国居民营养与慢性病状况报告(2020年)》显示中国居民超重肥胖的形势严峻,成年居民超重率和肥胖率分别为34.3%和16.4%,6~17岁儿童青少年超重率和肥胖率分别为11.1%和7.9%,6岁以下儿童超重率和肥胖率分别为6.8%和3.6%。居民膳食结构不合理是导致个体超重肥胖的直接原因,食用油、食用盐摄入量远高于推荐值,而水果、豆类及豆制品、奶类消费量仍然偏低,膳食摄入的维生素A、钙、锌等不足依然存在,儿童青少年经常饮用含糖饮

料问题已经凸显。通过精准营养干预保障人类健康，成为全球食品产业发展的重大课题。

目前，我国居民对健康的关注度显著提升，对增强体质和补充膳食营养具有强烈偏好，带动了营养健康类产品消费的快速增长。例如，2021年我国有超过60%的消费者在购买休闲食品时都会考虑其成分和健康因素，低热量、低脂肪、低糖的休闲食品逐渐成为我国消费者选择休闲食品的重要考虑因素。2022年，我国零反式脂肪酸的食品销售额增速最快，同比增速达103%，其次是零色素零香精产品增速达74%。

（二）环境友好型的绿色和有机食品成为"新宠"

2021年，我国绿色食品行业销售额达5218.63亿元，占食品总销售额的20%以上；绿色食品生产模式使化学氮肥施用量减少39%，农药使用强度降低60%，土壤有机质含量提高17.6%，累计创造生态系统服务价值3.2万亿元。开发"绿色食品"在保护生态环境、提高农产品质量、促进绿色生产、满足人们高品质消费、增进人民身体健康、增加出口创汇等方面，都具有现实意义和深远影响。

目前，全球绿色食品的发展呈现以下趋势。一是市场需求不断增长。2020年，美国绿色食品销售额约为960亿美元；欧盟绿色食品销售额达到1000亿欧元左右；其中德国、英国、意大利和法国等国家占据较高的份额。全球绿色食品的种类越来越多，市场需求量正以每年20%~30%的速度增长，市场发展空间巨大。二是政府支持持续加大。国外一些政府对绿色食品产业发展建立了从政策设计、立法监管、行业标准设计到产品安全追溯等完整的管理体系，并在农业保险、食品安全质量检测、研发和风险控制等方面给予了绿色食品迅速发展的有力支持，为市场发展提供了更可靠的制度保障。三是科技的支撑作用越发重要。绿色种植技术（优质有机肥、天然农药、传感器检测等）和绿色加工技术等先进技术的应用，可以提升食物的质量、味道、安全性和储存寿命，成为绿色食品发展的持续动力。四是重品牌推新品。绿色食品企业通常利用其技术优势，借助公众对绿色食品的认知和偏好，以及线上线下营销、推广等渠道，不断提升品牌影响力。目前，我国一、二、三线城市消费者对绿色食品标识的知晓率已达73.5%，绿色食品售价比同类普通食品平均高出20%。

（三）消费者越加重视食品品质和消费体验

大食物观背景下，食品的供给呈现多元化趋势，居民食品消费具有很强的可选消费属性,更加注重食品批准,并越加看重食品消费过程中的"休闲氛围",食品线下门店的布局愈加强调氛围营造和场景搭建。一方面,目前中国的消费者主力正逐渐转变为出生成长于中国经济高速发展时期的"千禧一代",消费者对食品口感、质量等越来越重视,更倾向于购买有品质保证的品牌食品。另一方面,消费者更加重视食品消费的体验。根据京东大数据研究院和南都消费研究所联合发布《2018京东食力消费趋势年度报告》,在食品饮料排名前20评价关键词中,有8个评价词与"吃货"的体验相关,消费者最关注的还是食品的味道、口感等,然后为食品质量、价格等。

(四) 功能性食品发展潜力巨大

人们不仅关注营养、健康,还关注生物技术、大数据、云计算、人工智能等新技术推动健康新平衡、减糖、零脂零糖、植物基食品、"药食同源"等功能性食品的发展,尤其是个性化、精准化的营养健康食品将成为未来主要的发展趋势。同时,世界各国普遍重视食品营养健康科技创新与产业发展,生物和数字技术的融合应用通过智能化手段实现个性化精准化营养管理;现代分子营养学已将传统宏观营养研究推进到分子层面,加速食品营养和膳食干预的精准化和靶向性;新技术也为建立基于个人营养健康状况的实时在线检测和智能服务系统提供可能。

二、食品产业在产业体系中呈现稳步增长趋势

在全球范围内,食品产业都是保障民生的基础性产业和拉动就业的支柱性产业。伴随全球经济的不断发展,食品产业的规模也稳步增长。

(一) 全球食品产业快速增长趋势

随着全球食品消费需求的不断增长和农业、食品生产技术的持续改进,食品制造业迅速发展,成为国际贸易的重要组成部分。图3-1描述了2018—2021年全球代表性发达国家食品出口额变动趋势,可以看出:2018年以来,美国、德国、法国和意大利的食品出口额(亿美元)总体上都呈现上升趋势,分别从2018年的138991、82410、71281、48019增长到2021年的170395、88710、79722、59116。

(二) 我国食品产业呈现快速发展态势

食品产业作为我国的传统优势产业,近年来整体保持稳健增长态势,展

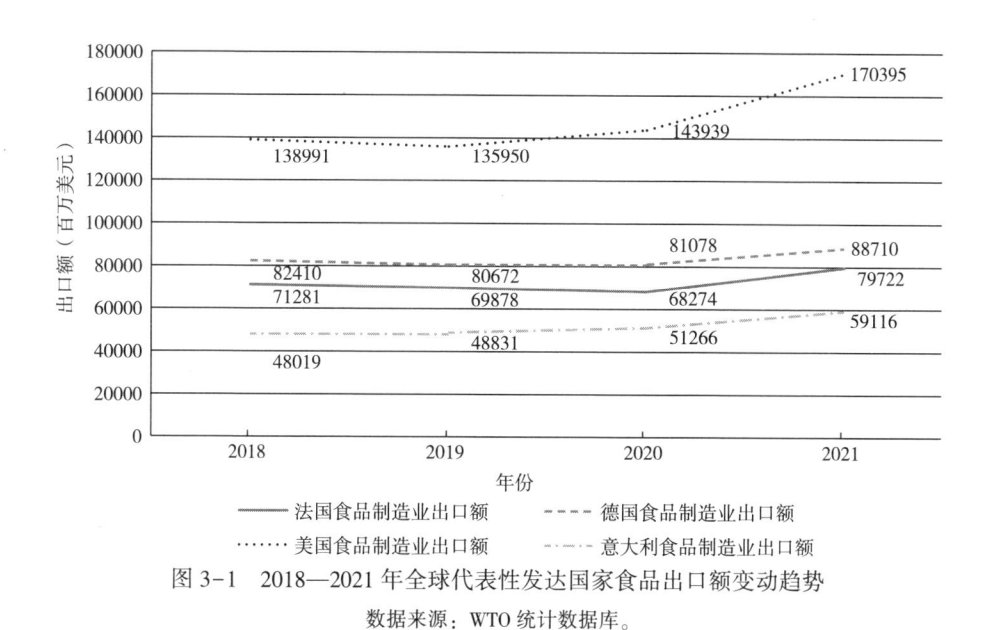

图 3-1 2018—2021 年全球代表性发达国家食品出口额变动趋势

数据来源：WTO 统计数据库。

现出抵御风险的强劲韧性。2010 年，我国食品产业总产值达到 1 万亿美元，超过美国（约 9000 亿美元）成为世界第一食品制造大国。此后，食品产业继续快速增长，食品产业规模以上企业由 2013 年的 37000 家增长到 2018 年的 40500 家，企业规模不断扩大，对稳增长、调结构、惠民生意义重大。图 3-2 刻画了 2018—2021 年我国食品产业细分行业营业收入增长趋势，可以看出：现代食品产业营业收入总额从 2018 年 92438 亿元增长到 2021 年的 105205 亿元；农副食品加工业、食品制造业、饮料和精茶制造业以及烟草制品业在 2018—2021 年营业收入总值在总体上也都呈现上升趋势。近年来，食品产业仍然保持稳健增长趋势，成为我国产业韧性的主要来源。

三、技术和创新是食品产业竞争优势的根本来源

科学技术是推动产业革新的根本性力量。近年来，随着各个国家对食品科技重视程度提高，从原材料生产到食品加工、包装、流通、销售等领域到技术水平不断更新，推动企业成功转型升级、加速成为行业内的龙头企业，还有利于企业突破红海竞争开创领先品牌与销量，创造差异价值的市场空间，增加新的高利润增长机会。总之，技术和创新成为食品产业竞争优势的根本来源。

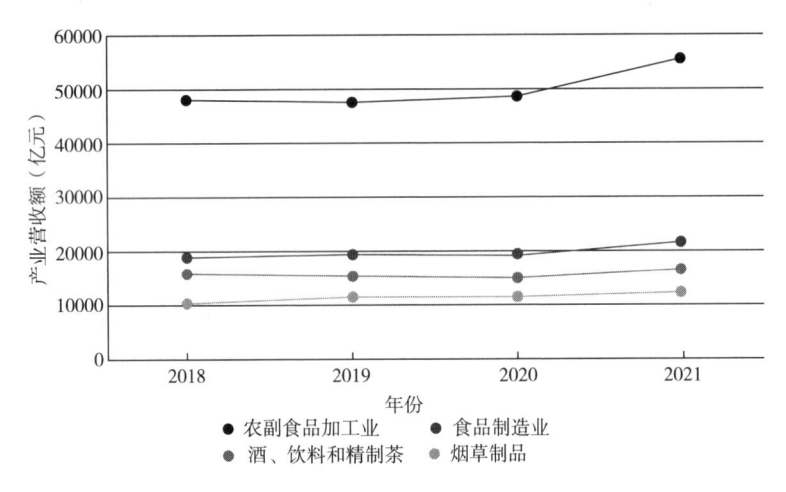

图 3-2　2018—2021 年我国食品产业营收额变动趋势

数据来源：中国统计年鉴。

（一）食品制造技术颠覆式创新

伴随食品合成生物学、智能制造、设计与重组等技术的发展，未来食品制造领域颠覆式技术创新将不断涌现：如细胞培养肉和营养功能性物质定向合成等食品合成生物学制造技术已经成为技术创新的热点；食品智能制造可以大幅提高资源和能源综合利用率，提升生产运营效率和产品增值水平，加速食品高技术成果转化与应用；食品 3D 打印等食品增材制造技术和分子食品逐渐兴起，能够针对性地将不同物理、化学性质的食材进行路径规划，使成品达到不同的口感层次；食品新型制造技术的融合发展将改变传统的食品制造模式，推动食品加工由批量化向小批量、细分化转变，从而拓展其包括航天、军事在内的应用领域。

（二）技术创新赋能许多企业成为全球食品领域的龙头企业

从全球层面来看，许多企业依靠持续的技术创新成为食品领域的龙头企业。如澳大利亚作为全球人均最大的牛肉消费国之一，近年来居民对牛肉的消费越来越看重牛肉的绿色化程度和品质。悉尼的 NanoTag 科技公司抓住这一商机，发明了"数字完整性"系统，即一个印在肉类产品包装上的独特的微点阵图案，当用袖珍阅读器扫描时，它可以验证产品的包装日期、批号、原产地工厂、营养成分、有机认证、包装绿色化程度、碳足迹、水使用、化学品使用、劳动条件、公平交易和对生物多样性的影响等信息，该技术推动

NanoTag 公司成为行业内的龙头企业。以色列 InnovoPro 公司开发的蛋白提取工艺创造了一种中性风味的粉末 CP-Pro70，包含 70% 浓缩鹰嘴豆蛋白，该鹰嘴豆具有高蛋白和高纤维等特性，易于消化吸收，富含钙、铁、镁、磷、钾、钠、锌等矿物质，因此 InnovoPro 公司实现 2300 万美元融资，成为全球基于鹰嘴豆蛋白的乳制品替代品、肉类替代品、果酱、冰淇淋等领域的行业龙头。

（三）我国众多食品企业通过技术创新实现转型升级

没有夕阳产业，只有夕阳技术。传统食品产业领域，许多食品企业通过新技术、新模式的应用重新建立竞争优势，成功实现转型升级。好想你健康食品有限公司、今麦郎面业有限公司等休闲食品企业就是技术引领企业转型升级的最好例证。好想你健康食品有限公司发明了能够在 -40℃ 的低温中对多种新鲜水果迅速冷冻的冻干技术，可脱去 90% 以上的水分，从而研发出"疏松干脆""吸水性好""保留果蔬鲜味与营养品质"的新一代健康冻干食品，引领健康食品保鲜方式从"生鲜""冷鲜""锁鲜"的创新升级，推动好想你从单一农产品加工企业成功转型为现代化健康食品领域的龙头企业。在邢台市政府的支持下，今麦郎面业有限公司建立了科技研发中心，并组建高层次专家团队，通过不断地技术创新，研发出非油炸蒸煮"老范家速食面馆面"新一代高品质方便面。该产品面体营养不缺失，保留天然麦香，还原了面馆现做味道，今麦郎公司也成为油炸健康面的行业创新标杆。

（四）技术创新有利于食品企业突破红海竞争，开创领先品牌与销量

当前全球化贸易、投资一体化的深入，拥有同类产品的红海市场上企业间的竞争白热化，而技术创新能够创造差异化产品，引领企业进入新的蓝海市场，扩展新的消费客户，获取高利润增长。例如，成立于 2019 年的以色列 Kinoko-Tech 公司开发了一种基于真菌菌丝的替代蛋白蘑菇组织（生长在豆类和谷物上），因此创造出一种新的超级营养产品（富含蛋白质和独特的膳食纤维，包含 8 种人体必需的氨基酸），开创了一个全新蓝海市场，持续为企业带来高额利润。由于土地和资源限制，新加坡长期以来一直依赖食品进口，为了保障食品供给安全，新加坡拟于 2030 年通过农业科技和替代食品实现粮食需求 30% 自给率的目标，该国 Shiok Meats 初创公司开发细胞农业技术养殖海鲜，可以解决过度捕捞、海产品欺诈等问题。新加坡 TurtleTree Labs 公司开发出细胞奶技术，该技术可在保留哺乳动物正常功能的情况下，利用乳腺细胞，

在清洁生产设施中生产真正的优质牛奶,从而避开乳制品行业虐待动物和温室气体排放等不良影响,提供可持续的解决方案来满足乳制品需求。

四、三产融合及全产业链成为现代普遍的业态模式

食品产业贯穿第一、二、三产业,是农业的最直接延伸和农业产业化的最短途径,是人民食物供给和农民增收的关键。食品业三产融合发展,就是以现代食品产业为纽带,通过对农业、食品装备和包装制造业,以及技术服务、信息服务、现代物流、检测服务、现代金融等配套生产性服务业等产业之间的优化重组、整合集成、交叉互渗,使产业链条不断延伸,产业范围不断拓展,产业功能不断增多,产业层次不断提升,从而形成全新的产业生态和产业链条,实现发展方式的创新,不断生成新技术、新产品、新业态、新商业模式、新空间布局。

(一) 发达国家三产融合发展模式

发达地区普遍重视三产融合发展,充分发挥政府和市场的协同作用,深入推进农产品食品全产业链建设。法国食品供给有关的食品生产(农业)、加工(工业)、销售及餐饮服务(商业、餐饮业等)等部门以食品为"基质",以长期契约关系为纽带,相互衔接形成了复合多样、功能卓越的完备食品产业体系。德国、荷兰等发达国家均注重食品全产业链发展,形成了产业链整体推进的现代食品产业发展理念。政府部门整合管理资源统一管理,抓好宏观协调、监管和公共服务工作,围绕"资源和市场"的国际化,从产业链的整体角度出发,环环相扣,以市场为导向制定经营战略、开展加工生产、发展"市场导向型"现代农业,实现"销、供、产"体系的统一和协调发展。

(二) 我国三产融合发展模式

在我国制造兴国、乡村振兴等战略支撑下,食品业发展也在不断探索三产融合、全产业链发展模式,将食品与农业及其他经济领域的元素有机联系起来,呈现出许多新特征、新态势,形成新的经济增长点,实现经济的可持续发展,成为中国经济的转型升级的主要经验。下面主要介绍我国食品产业三产融合的三个典型案例。

第一,绿色食品与三产融合的"金福泰模式"。黑龙江五常金福泰集团地处五常市杜家镇半截子村,是五常"水稻王国"核心区,土壤为黑色砂壤土,

有机质含量高。一方面，金福泰集团充分发挥地区生态环境和农业资源优势，先后投入百亿元资金，平整了10000亩土地，建设了高标准水稻原料基地，建设近200栋大棚和智能化供水系统，按照欧盟有机水稻生产标准优化生产环境，采用智能化质量监控和检测系统，建成"鸭稻"生态、欧盟有机、中国有机食品、绿色食品等10万余亩优质水稻种植基地。"乔福君稻米"每市斤卖到36元，亩均纯收入超过3000元，尤其是每亩稻鸭养殖水田纯收入可达1.5万元。另一方面，集团将重点围绕水稻、养殖、园艺等主导产业，发展种子研发、园艺栽培、稻鸭养殖、屠宰加工、运输配送、电子商务、农机服务等配套产业，实现了土地到餐桌全过程产业链条。

第二，农食深度融合的"广东预制菜模式"。预制菜具有制作便捷、菜式丰富、还原度高等优点，近年来成为现代农业和食品产业融合发展的新赛道。广东省高度重视预制菜产业发展，专门出台了《加快推进广东预制菜产业高质量发展十条措施》，并推出一系列创新举措，其中推动农食深度融合成为加快预制菜产业发展的重要路径。一方面，为充分发挥广东、湖南两省地理位置相邻，湖南具有农特产品资源优势，广东拥有农业技术、市场和资金等优势，广东加大了预制菜产业的"粤湘"融合发展，开展了"粤味预制·粤吃粤湘"广东预制菜走进湖南宣传推介活动和优质农产品产销对接会，力争在预制菜食材方面实现粤式和湘式相互搭配。另一方面，广东预制菜企业积极在湖南、湖北等地投资建厂，或者与当地共同建设预制菜产业园区，发展包装、物流等预制菜配套产业，在推广广东预制菜先进生产工艺和生产方式的同时，降低广东预制菜采购、生产、流通等成本，带动湖南、湖北等地就业和经济发展，实现合作共赢。

第三，休闲食品企业三产融合的"良品铺子模式"。作为休闲食品领域的龙头企业，良品铺子除了在强化自身核心竞争力和品牌价值，还联合产业链企业共同深耕原料直供基地，积极发挥带动全产业链高质量发展的作用。一方面，良品铺子在云南、湖北等地建立野山笋（筇竹笋）、鲜藕等优质原料基地，与原材料生产地工厂及农民合作发展。目前，良品铺子鲜藕主要来自湖北，"恩施小土豆"原料来自恩施，"鱼肉"系列产自荆州和仙桃等地，带动了云南、湖北等地供应链产业升级，带动更多农户增收致富。另一方面，良品铺子与久久丫共同成立了"卤味研发中心"，打通了"从研发生产到供应上市"全链条。

五、电子商务重构市场网络，食品市场空间"无边界化"

电子商务指在全球各地广泛的商业贸易活动中，在互联网开放的网络环境下，基于微电脑和手机等客户端/服务端的商业运营模式，买卖双方通过线上交易平台实现网上商品或服务交易、在线电子支付以及相关的商务、金融活动。随着现代数字化技术对生产和消费领域的广泛渗透，电子商务已经成为现代商业的重要组成部分，在为消费者带来更多可选择性和便利性的同时，也极大地扩大了企业的市场网络和销售渠道，有利于企业品牌和影响力的快速提升。

（一）电子商务重构消费市场网络

在电子商务快速发展的深刻影响下，我国消费市场格局发生了三大变化。一是消费方式趋于混合购物。消费者的购物方式不再拘泥于线上或线下的二选一，而是在线上平台、线下门店、小程序等不同渠道间不断切换频道，并组合使用不同的购物方式。线上种草、线下购买，线下体验、线上下单等模式变得更加普及。其中，小程序等私域购物模式也日益流行。数据显示，2021年微信小程序日活突破4.5亿，商家自营实物交易额同比增速达100%。二是消费选择趋于环保健康和可持续性。根据2022年腾讯云、腾讯智慧零售与IBM联合发布的报告《消费无限零售无界》，2022年全球约80%的消费者在选择品牌时，更看重可持续性以及健康；而这个数字在中国更是达到90%，61%的消费者希望通过改变日常购物习惯来减少对环境的负面影响。三是消费动机趋于理念驱动、价值观契合。仍然来自报告的数据，全球44%和全国55%的消费者表示，购物时越加看重产品、产品品牌与自身价值观的契合程度，这些消费群体希望企业能够以清晰、坦诚、可信和开放的方式提供产品和品牌信息。

（二）电子商务对食品销售模式的营销

作为直接面对消费者的产业，食品产业多方面受到当前消费格局的影响。一是传统的食品销售模式存在诸多瓶颈。传统食品销售模式主要依赖于实体店面，市场辐射半径比较小，无法远距离送达消费者，限制了潜在客户群体规模。依赖传统销售模式的食品企业的市场空间会受到电子商务平台的不断冲击与挤压。二是电子商务平台为消费者提供了便捷的购物体验。基于电子商务平台，消费者可以随时随地通过手机或电脑浏览并购买食品产品，无须亲自前往实体店面。三是电子商务平台提供了丰富的产品信息和用户评价，帮助消费者做出更明智的购买决策。四是电子商务平台助力食品企业更好地推广和传播品牌形象。通过精心设计的页面和营销活动，企业可以吸引更多的目标消费者，并建立起品牌忠诚度。五是电子商务平台提供了社交分享功能。消费者可以将自己购买的产品分享给朋友，进一步扩大了品牌的影响力。

（三）食品销售进入全渠道营销时代

从实践来看，伴随物流企业的快速崛起和电子商务的迅猛发展，我国食品行业进入线上线下融合的全渠道发展4.0时代，食品企业形成包括综合电商、超市商场、传统杂货店、便利店、专卖店、直播带货等在内的多元化营销渠道。以休闲食品行业为例，根据北京智研科信咨询有限公司2023年最新发布的调研报告，我国休闲食品消费者使用频率比较高的三个渠道是综合电商渠道、超市商场和传统杂货店。其中，超市商场和传统杂货店是传统的休闲食品购买渠道；但近年来网络购物快速发展，京东、淘宝等综合电商平台的商品更加丰富、购物体验感更好，约72.4%消费者会选择综合电商平台渠道购买休闲食品。近年来，三只松鼠、良品铺子等综合零食消费品牌快速发展，在全国各地开设很多分店，通过便利店和休闲食品专卖店购买休闲食品的消费者也比较多，占比分别为53%、43.6%。另外，随着美团优选、兴盛优选等社区团购及比较火爆的直播带货也成为消费者购买休闲食品的新渠道，两者占比分别为32.3%、19.8%。

六、食品安全标准将全面与国际接轨，安全监管更紧密

"民以食为天，食以安为先"，食品安全关系到每个人的生命健康，也关联着农业生产与食品制造两大产业的健康发展。食品安全风险中"新""旧"交错，微生物污染、农兽药残留、添加剂和生物毒素超标等传统安全风险仍然存在，新材料、新技术、新工艺的应用以及新的消费方式带来了新型食品安全风险。此外，"一非两超"、掺杂使假、虚假宣传、商标侵权、"山寨食品"等违法风险多发、频发。

（一）发达国家食品安全风险监测监管模式不断创新

食品安全问题也是一个全球性难题，发达国家普遍将食品质量控制和安全保障上升为国家战略，许多国家不仅提高食品安全标准，还已经建立起了较为完整的"从田头到餐桌"的食品安全保障系统，并不断创新检测监管模式。例如，综合应用云计算、物联网、人工智能、区块链、地理信息系统和深度学习等新兴技术，通过大数据的采集、处理、挖掘等引导决策和启动处

理预案，形成全过程食品质量和安全管控体系，包括新型危害物的控制、智能化食品安全监测评估和预警网络等模块，实现食品质量与安全的在线监管、实时追溯和风险快速预警。食品检测从"被动应对"向"主动保障"转变，从靶向检测到靶向检测与非靶向筛查结合转变，从以动物实验为基础的传统评估向以人群为基础的新型评估转变。

第一，美国立体化的食品安全监管网络。为了加强食品安全监管，近年来美国改变了松散化的监管模式，建立了包含联邦、州和地区的三级监管体系。每级监管机构都会聘请相关领域的专家，采取进驻饲养场、食品生产企业等方式，实现从原料采集、生产、流通、销售和售后等各个环节的全方位监管，构成覆盖全国的立体监管网络。不过，实践中由于管理权的分散，美国监管体系也暴露了效率低、部门之间缺乏协调等诸多弊端。因此，美国奥巴马政府时期实施了《食品安全改革新法案》，该法案强调食品安全应以预防为主，扩大了美国食品和药物管理局（FDA）的监管权力和职责。FDA除了可以直接下令召回存在安全隐患的食品外，还有权检查食品加工厂，以及对进口食品制定更为严格的标准，尽量将食品安全的隐患消灭在前端环节。

第二，重视原产地监管的英国食品监管模式。长期以来，英国食品标准署坚持消灭食品安全隐患，食品标准署不仅监测着市场上的各种食品，还将监管职责延伸到食品原产地。例如，1986年的切尔诺贝利核事故使大量放射性物质飘散到欧洲各国上空，有不少放射性物质在英国养殖绵羊的一些高地地区沉降，食品标准署一直监控着当地绵羊的情况，2009年发布的公告显示还有369家农场的绵羊产品受到相关限制。

第三，严格认证的法国食品安全监管体系。作为全球闻名的美食大国，法国政府为了从根本上摆脱牛海绵状脑病、二噁英污染、禽流感、口蹄疫等对食品安全的营销，建立了涵盖食品采购、生产、销售等各个环节的严格监管体系，每个环节都实施规范化的认证制度。一方面，食品原材料供应的"身份证"制度。从食品供应的源头开始，法国当局实行严格的监控措施，牛、羊、猪等供食用的牲畜都要求张贴识别标签，详细标明原材料来源与去向，网络计算机系统还能够实时追踪监测这些信息。另一方面，食品流通环节实施两种模式的认证和标识制度。食品流通环节分别实行政府统一管理和各大超市自我管理相结合的认证制度。政府统一管理的食品认证标识包括原产地冠名保护标签（AOC）、生态食品标签（AB）、红色标签（LR）、特殊工艺证书产品认证（CCP）、企业认证、特点证明、地理保护标志、营养食品等类型。目前，法国出产的80%以上葡萄酒都有原产地标识，奶酪也标注原产地标识；贴有生态食品标签的食品至少有95%的原料经过授权认证机构的检验，不存在使用杀虫剂、化肥等；贴有红色标签认证的食品，往往经过更严格的生产控制流程，拥有更高的质量标准，目前法国已经有450种多种产品获得这一高级认证；要获得CCP这一认证，特定的农产品或食品的生产和加工必须按照规定的程序取得特殊工艺证书产品认证，并在全面和完善的监控体系下开展生产加工工作。

（二）我国食品安全风险监测监管模式不断和国际接轨

我国各级政府为了维护居民舌尖上的安全，不断加强食品安全监管，食品安全监管体系趋于完善。首先，法律法规体系不断健全。近年来，我国出台了《食品安全法》《食品安全国家标准》等一系列食品安全相关的法律法规，对食品生产、加工、流通等各个环节的监管提出了严格要求，为食品安全监管提供了有力的法律依据。其次，我国食品安全监管的管理主体更加科学。2018年我国实施了机构改革，组建了国家市场监督管理总局，统一负责工业产品质量安全、食品安全、特种设备安全监管，营造诚实守信、公平竞争的市场环境。最后，我国食品安全监管模式不断与国际接轨。近年来，我国加强了与国际组织和其他国家的食品监管合作，积极参与国际食品安全标准的制定和修订工作，与其他国家开展食品安全合作交流，共同应对跨国食品安全问题，在保障全球食品安全的同时，国内食品安全监管体系更加完善。

第二节 国内外现代食品产业高质量发展的典型经验

一、主要发达国家现代食品产业发展经验

食品是人类生存发展的第一需要。伴随人类文明的进步与发展，食品产业承担着为国民提供安全、健康、营养食品的重任，是保障国计民生和国民经济正常运行的基础产业，整个社会对食品产业的标准和要求不断提高。如美国、英国、法国、德国、意大利等国家由于工业化和城市化起步早、程度高、科技进步较快，食品产业发展水平也比较高，并积累了不少经验，对我国食品产业的发展具有重要的参考与借鉴。

（一）美国食品产业典型经验

1. 注重技术创新

美国作为世界经济强国，先进的科技水平支撑和带动了食品产业的快速稳定发展。一方面，不断创新的食品生产、加工和储藏技术维持着食品产业的竞争优势。食品加工与生产过程中，美国不断引入先进的高压处理（图3-3）、膜分离（图3-4）、冷链物流系统、智能仓储等先进技术，提升食品的新鲜度和质量，延长食品的保质期和改善产品品质。超高压处理技术采用非热的物理加工方法，仅使用水和高压灭活有害食源性细菌，且能保持食品的品质、营养和新鲜度；膜分离技术是以分离膜为核心，在常温下进行分离、浓缩和提纯物质的一门新兴技术，被分离物质不仅能保障食品原有的色、香、味、营养和口感，还能保持功效和成分的活性。另一方面，美国食品安全和质量监管领域也应用了先进的智慧监管技术。美国食品产业利用物联网、大数据、人工智能等技术手段，实现对食品原材料和产品的全程追溯，确保食品的质量和安全；同时智能检测设备确保食品检测效率和准确性。

图 3-3　超高压设备

2. 产业发展集群化

集群发展是产业发展的必然趋势，也是产业结构转型升级的必由之路。在高质量发展阶段，产业集群发展重"量"更重"质"。美国现代食品产业是全球最具规模和竞争力的食品产业之一，除了高度发达的农业基础、持续稳定的投入等因素外，美国食品加工业集约的产业集群是其不同于新西兰和

图 3-4　膜分离设备

欧洲的主要成功因素。例如，美国玉米产量占世界玉米总产量的 40% 左右，美国的中西部大约 15 个玉米生产州是世界上最大的玉米生产区，玉米种植面积和总产量都占美国的 80%。美国充分利用玉米产量优势，发展了玉米产业集群，玉米深加工产品主要有淀粉、淀粉糖、发酵酒精和食品及其他产品等 4 大类共 4000 多种。另外，美国佐治亚州充分利用其优越的地理位置、熟练的技术工人、丰富的原材料采购资源和发达的物流网络等优势，发展成为美国东南部的食品加工业中心。在美国前 100 家食品加工企业中，有 38 家在佐治亚州拥有生产基地，食品产业也成为佐治亚州最大的产业集群。

3. 利用贸易保护政策

当前世界贸易组织推动全球贸易自由化的进程受阻，各国食品贸易摩擦和冲突不断，发达国家凭借技术优势，纷纷筑起食品贸易保护高墙，通过出口补贴、进口壁垒等手段构筑有利于这些国家食品产业发展的贸易壁垒。一方面，作为食品进口大国，美国非常注重食品安全以及对国内食品产业的战略性保护，不断强化食品安全保护法律体系，出口到美国的食品必须符合美国食品药品监督管理局（FDA）食品安全认证要求。在 FDA 认证过程中，生产商需要提供产品的详细信息，包括产品成分、生产过程、质量控制标准通过严格的产品标准和技术壁垒加强对来自发展中国家食品进口食品的规制。另一方面，在农产品和食品出口方面，美国却对其本土企业实施了高额的出口补贴支持本土食品企业出口，并施压一些食品进口国以降低来自美国食品的关税和非关税壁垒，同时把本土市场限制流通的转基因等食品出口给发展中国家，从中获取巨额的利润。

4. 强化劳动力教育培训体系

美国食品产业的蓬勃发展也与其食品产业劳动生产率不断提高有关，这与美国不断加强劳动力教育培训有直接关系。一方面，美国注重劳动者教育培训，每年用于教育培训的资金约占其年 GDP 的 10%，全国大概有 1000 万个岗位从事教育培训工作，美国通过教育培训提高了高技术劳动者的比重，从而提高了食品产业劳动生产率，持续增强食品产业竞争优势。另一方面，高技术劳动者就业比重的增长，促使劳动者从事家务劳动的机会成本上升，这些人便会从事社会性工作，家庭收入也随之增长，食品消费的替代效应和家庭收入增长的收入效应共同推动美国食品消费的增长，从需求端拉动食品产业发展。

（二）英国食品产业典型经验

1. 注重技术创新

英国食品产业的高质量发展也得益于食品技术的不断创新。例如，英国开发首家新型碳中和鸡蛋品牌——地球友好鸡蛋（Planet Friendly Eggs）（图 3-5），该鸡蛋产自 Morrisons 自家农场，该农场的母鸡仅以昆虫为饲料，而被用于饲养母鸡的昆虫则是用超市废弃的面包、水果和蔬菜进行喂养的。鸡舍的管理采取循环农业原则，使用厌氧消化池系统有效处理鸡舍内的有机废物，通过微生物分解鸡粪产生的甲烷，将其转化为燃气或电力等可再利用的能源，这种废物处理方式不仅减少了温室气体排放，还提供了额外的能源来源。这些具有营养价值、安全且环保的鸡蛋品牌，成为许多对品质和环保有需求的消费者们的首选，引领食品行业的可持续性革命。

图 3-5 地球友好鸡蛋

欧姆加热技术也促进了肉类、香肠等食品产业的创新发展（图3-6）。欧姆加热是一个热处理过程。当电流通过产品时，由于其电阻特性，食物会被加热。在加热过程中，肉或香肠充当电极之间的导体，导致在极短的时间内热量在肉或香肠的全身均匀扩散传递。整个热处理过程是连续的，仅占用传统加热设施空间的几分之一，可以节省超过80%的能源并显著减少加热时间。加热曲线变化迅速，将微生物风险降至最低；加热时间短，热损失更少，能够有效减少胶体生成，避免过度加热或边缘干燥情况，可以更好地保留食物风味。

图3-6 欧姆加热设备

2. 建设食品溯源体系

英国设立了覆盖全国的食品溯源体系，食品生产和供应链条上所有环节都有详细记录，政府食品安全检查机构有权随时抽查和调阅相关记录，可以保障食品安全、公平交易和消费者知情权，确保食品安全问题出现后迅速将问题产品清除出市场，避免更大的食品安全事故发生。以肉类产品为例，英国的超市或者生鲜店铺里肉类产品价签边大都会有产品信息介绍，涵盖从家畜养殖到出售、宰杀、分装、冷藏、运输和批发与零售等环节的详细记录，所有参与企业都必须按照英国食品安全法律强制标识。

英国对上述溯源信息的保存时间长度也有着严格的规定：对于没有特定保质期的产品，一般要求厂商将上述记录信息和交易商业票据保留5年；如相关产品有保质期且保质期超过5年，相关信息和商业票据资料保存时长为保质期加6个月；对于保质期少于3个月或者更短时间的易腐农产品，相关资料应该在生产或者运送后保存6个月。英国食品标准局委托地方政府负责执法检查，地方政府食品安全管理团队对不同企业实行食品安全和信用等级评估，针对高危公司实行高频、不定期检查。另外，食品标准局和地方政府还设立了非常便捷的消费者食品安全投诉渠道。

（三）法国食品产业典型经验

1. 注重技术创新

法国也尤为注重技术创新对食品产业高质量发展的赋能作用。

第一，法国拥有高水平的食品研究机构。1946年，法国就成立了欧洲顶级、世界第二的农业研究所——国家农业科学研究院。该研究院围绕食品技术、食品质量安全、农业可持续发展和环境保护等领域，积极开展科研项目，出版了大量农业科学和动植物科学的刊物，对法国农业和食品技术进步做出了重要贡献。

第二，法国注重绿色环保食品技术发展。法国一直坚持以更透明、更健康、更环保的方式满足食品需求，尽量减少食品生产加工对自然环境、人类健康和能源消耗的负面影响。例如，法国南特的一家初创公司开发了永续水产养殖专利技术来养殖对虾，该技术模拟海洋生态系统，自动进行废物利用和过滤水质，比传统养殖节省99%的水；污水由无脊椎动物处理，而无脊椎动物本身又可以用来生产动物饲料，降低了饲养成本的同时大大减少了环境污染。

第三，法国建立了立体化的农业种植基地。近年来，法国城市规划和建设中鼓励垂直农场、屋顶菜园和城市农场项目发展（图3-7）。这种立体化的农业种植方式不仅为城市居民提供新鲜、健康的食材，还创造了绿色空间和生物栖息地，并能够有效对抗城市的热岛效应。法国各大城市都积极开展城市农场等都市型农业实验，如巴黎15区的Nu-Paris农场是欧洲最大的城市农场，占地14000平方米，采用了先进的气培和水培法，种植的水果和蔬菜超过30多种，不使用农药和化肥，且每天生产高达1吨的绿色食物。

图3-7 法国的城市农场项目

2. 重视食品安全监管

法国建立了基于整个食品产业链的严格的食品安全体系：法国《消费法》涵盖食品生产全过程的每一环节，并对产品的标签、生产和分销渠道等进行了严格规定；法国的《农村法》为实现"从农田到餐桌可追溯"，要求政府专门制定了详尽科学的标准，并通过严格的生产管理和检测监管机制来实施和维护这些标准。

3. 具有完善的技术教育培训体系

法国食品产业的高质量发展离不开多层次、全方位、科学完备的教育培训体系。一方面，法国拥有800家农业技术教育培训中心，专门为大众提供优质的农业及农产品专业的培训课程，为合作社、农场和企业输出技能人才。其中，农业高等教育涵盖短期高等技术教育、工程师教育和研究生教育三种类型，主要涵盖生产（热带农业、经营系统的管理与分析、畜牧、水产养殖、园林、种植技术等专业）、加工（农业与生物分析、农业食品工业与生物技术等专业）、商业（商业技术专业）、环境保护（景观管理、自然环境保护与管理、林业生产等专业）和农业设备等专业领域。另一方面，法国的农业教育培训制度层次分明，公立与私立相互补充，教育机构、科研院所、农商会、合作社等主体分工明确，不同机构人才培养目标和服务对象各有侧重，满足了从农业工人、农业技师、农业高级技师到工程师及科研人员各个层次人才的培养需求。

（四）德国食品产业典型经验

1. 注重技术创新

德国建立了完善的食品科技创新体系，充分发挥政府、行业协会和企业的主体作用，通过科技创新保持食品产业的竞争优势。

第一，大力发挥政府对科技创新的支持作用。一方面，政府持续增加财政科研投入，为前沿基础研究提供稳定的经费支持。另一方面，政府制定了完善的科研规划、政策和实施机制，从法律上明确科研机构的职责和任务，以合理方式委派或聘任研究机构负责人和研究骨干，推进食品产业重点领域的科技创新，不断破解食品产业关键技术难题。

第二，充分发挥行业协会的作用。德国成立了包括德国联邦食品工业协会在内的30个食品行业协会，其职能是帮助政府开展科技创新管理，如保持食品产业适宜的发展模式，向社会发布食品科技成果或开展食品科普活动，与外国政府沟通合作并积极开拓食品海外市场，让更多的从业者在食品产业中获得工作机会，以及开展法律及市场经济辅导、市场调查、税赋评估等服务，对促进食品产业科技创新和高质量发展发挥了重要作用。

第三，积极支持食品企业创新创业孵化。德国政府鼓励食品企业从事应用技术研究及相关成果转化，并通过发放财政补贴、降低创业门槛等方式开发了三种不同的企业孵化模式：加速器（为技术产业化应用提供快捷服务）、企业工场（为公司进行模块化定制，促进商业上的成功）、孵化器（为初创企业提供服务）。同时，德国政府还通过提供企业化指导和财政补贴等方式，推动大学生创新创业。例如，入驻柏林工业孵化器的大学生，每月能够获得2600欧元的生活费（柏林地区最低生活保障金为每月800欧元），这有力支持了食品领域大学生创业和小微企业发展。

2. 重视食品健康与安全

为减少食品生产中对农药、化肥、抗生素和生物调节剂等物质的过度使用，德国政府积极鼓励和支持有机食品行业发展。首先，德国政府极力推动有机食品生产规模化，到2025年末有机农产品种植面积拟达到全国农业用地总面积的20%。其次，德国政府投入大量资金支持和补贴有机食品的研究、生产、认证等工作，从事有机食品研究、生产的机构和企业数量逐年攀升。最后，德国建立了多元化的有机食品销售渠道，超市、面包店、加油站等场所都开展有机食品销售，大量的有机食品还通过有机农庄直销店进行线上销售。

为保障食品质量、安全和卫生，德国还建立了严格的食品认证系统。首先，德国食品认证涵盖有机食品认证、无转基因认证、食品标签认证等方面，食品认证机构包括德国农业协会（DLG）、德国食品技术与营养学会（DGF）等机构。其次，德国对食品生产和加工过程制定了严格的监管标准，如危害分析和关键控制点（HACCP）的相关规定确保食品从原材料到最终产品的生产、包装、储存和运输等全过程的安全和卫生。最后，德国消费者在购买食品时也可以查看包含食品成分、安全等的食品标签信息。

（五）意大利食品产业典型经验

1. 注重技术创新

意大利以农业为源头，通过先进技术的应用，推动食品产业高质量发展。一方面，意大利政府通过财政资金的扶持，支持企业运用卫星、物联网、大数据、工业机器人、无人机等新技术开展土地管理和检测工作，积极推广气候智慧农业。例如，意大利北部的艾米利亚区实施了农村发展计划，建设了

166 个气候智慧农业项目,当地果园在农业专家的指导下,不断创新灌溉技术,新的灌溉方式可以更好地调控树冠温度,促进了水果的增产。另一方面,一些意大利企业也积极改进技术,不断推出新产品。例如,大型农机企业赛迈道依茨·法尔集团的新型拖拉机接入了其自主研发的数据平台,借助多功能手柄存储的车辆和田间大数据,并通过可以科学的分析提供更多有价值的决策,在提高产出的同时还减少污染物排放(图 3-8)。

图 3-8 意大利智能拖拉机

2. 保护传统特色食品

意大利十分重视传统食品文化的保护与传承,建立了法定产区 DOP 制度,该制度将法定产区的原料、食品等均纳入管理范围,并实现分级管理,以保证加工后的食品不改变传统美味的特色,仍具有独特的口感和风味。例如,意大利红酒、乳酪等食品就在 DOP 制度的保护范围内。

3. 重视食品安全

意大利政府也高度重视食品安全。首先,意大利建立了对农产品、食品的实行全程监控制度。不仅食品监管部门统一监管从农场生产、加工、流通直到最终消费者等各个环节,而且大部分食品生产商建立了内部监管系统,两套监管系统相互对接,一旦发生食品安全事件,就会启动紧急机制,防止风险蔓延。其次,意大利十分重视食品从业者素质的提升,开展了 HACCP(危害性分析和关键控制点)体系等食品科普、食品安全相关的教育培训工作,食品从业人员必须持有食品培训证才能上岗。最后,意大利也建立了完善的食品可追溯体系。政府规定所有食品要建立源头档案,食品上必须加贴可以查询清楚生产企业和产品详细信息的编码。例如,通过扫描在意大利销售的鸡蛋上的编码，可以查询到鸡的饲养方法、生产国、生产企业，以及生产、加工、储存、运输、销售过程等环节信息。

二、主要发达省份现代食品产业发展经验

近年来，山东、四川、广东、福建等省份食品产业发展迅速，不仅产业规模超过河南，还颇具发展特色，形成了值得河南学习借鉴的重要经验。

（一）山东现代食品产业发展经验

2021年，山东食品产业规模以上企业营收额达到10699亿元，食品产业产值居全国之首，主要经验做法如下。

1. 强化规划引领

山东重视食品产业发展的顶层设计和规划引领，集中优势力量推动食品产业高质量发展。2020年，山东省人民政府办公厅出台《关于加快食品产业高质量发展若干措施的通知》，制定了17条促进食品产业基础高级化、产业链现代化的措施，精准绘制了肉类、食用植物油、酒类等优势细分产业发展路线图。2021年，山东省全面梳理食品产业的发展优势、空间布局和体系结构，摸排发展短板和薄弱环节，编制了全省食品产业"十四五"发展规划。2023年，山东又出台了《关于促进全省传统优势食品产区和地方特色食品产业高质量发展的实施方案》，从增强优质原料保障能力，推动特色产业集群建设，提升技术、装备和设计水平，强化质量安全保障等方面明确了食品产业发展方向和保障措施。

2. 强化科技创新和数据赋能

山东省瞄准科技创新的体制机制障碍，从健全科技创新体制机制出发，强化规划统领，营造良好的食品产业创新生态。一方面，加大研发投入，建立产学研紧密合作的新体系，加强关键核心技术研发和技术成果转化，完善创新链条，实施"瞪羚""独角兽""单项冠军""一企一技术"研发中心、企业技术创新等项目，培育壮大研发人才队伍，强化企业创新主体作用，提高企业创新能力。另一方面，以创建国家工业互联网示范区为总抓手，推动工业互联网、区块链、人工智能等新一代食品技术在食品产业领域的深度融合，加快管理创新和商业模式创新，积极培育新业态、新模式、新产业。例如，山东丰香园食品有限公司立足于核心技术，不断加大科技投入和科技人才队伍建设，近年来申请专利100多项，已获授权发明专利14项、实用新型

专利36项、外观设计专利3项,将传统工艺和自主创新相结合,小磨香油生产车间应用了全流程生产数据采集、生产安全环境数据监测、5G网络实时数据传输等新技术和智能化设备,实现远程监控管理,芝麻经过多种工艺被开发成一百多种产品,连续三年芝麻食品出口量排名山东省第一位,为老字号企业创新发展开辟了一条科技赋能转型升级路径。

3. 积极抢占食品新赛道

山东为适应食品新消费发展趋势,积极抢占预制菜、轻食健康食品等食品新赛道。一方面,山东大力发展预制菜产业。2022年,山东省政府办公厅文件印发《关于推进全省预制菜产业高质量发展的意见》,基于本省农产品资源优势,以抢占全国预制菜产业发展制高点为目标,强化财政支持,建立了分管省领导为总召集人的协调推进机制,积极推动预制菜产业发展。目前山东预制菜企业达8000余家,居全国之首。另一方面,山东烟台等地还积极发展轻食健康食品等新兴食品产业。新一代年轻人的饮食习惯已经向轻食健康食品领域发展,他们不仅追求极致口味、精致懒宅、解压疗愈,也对健康成分、新鲜短保、品质食材等提出更高要求。山东烟台等地市围绕食品消费市场的变动趋势,前瞻性布局轻食健康等新型食品领域,目前山东轻食健康食品相关企业数量已经达到1287家。例如,烟台三川食品有限公司利用超低温下脱水等新技术把鲜嫩多汁的草莓加工为香脆爽口、酸酸甜甜的冻干,产品深受消费者的喜欢,还远销美国、日本和澳大利亚。

(二)四川现代食品产业发展经验

近年来,四川省食品产业规上企业数量以及营业收入呈现波动上升趋势,食品产业利润总额逐年递增。2021年规上企业主营业务收入达到8576亿元,位居全国第二,利润居全国第一。四川食品产业发展的主要典型经验做法有以下几个方面。

1. 注重政策支撑

近年来,四川非常重视食品产业发展战略的研究,围绕自身的资源优势和产业优势,制定了川茶、川水、川菜等细分食品行业的发展规划,目前川猪、川粮油、川菜、川果、川牛羊、川茶等产业产值都超过千亿元。四川为推动白酒梯度化、品牌化、集群化发展,2020年出台《四川白酒"十朵小金花"及品牌企业三年培育计划》《四川白酒品质提升工程实施方案》,2021年出台《推动全省白酒产业高质量发展若干措施》,实施省领导联系指导优质白酒产业机制,支持白酒企业开展机械化、数字化、智能化为内容的技术改造,支持"十朵小金花"及品牌企业做强品牌、提升效益。

2. 强化市场主体培育

四川各级政府认真落实"一企一策式"指导帮扶政策，推动现有企业做大做强，加大中小微企业向专精特新"小巨人"企业培育。一方面，在扶持现有规模化、品牌化龙头企业发展的基础上，支持大企业通过并购重组整合资源，提升竞争力。入选农业产业化国家重点龙头企业的数量已经达到10家，在精制川茶行业自认定20家示范企业，通过"跨台阶"奖励计划培育了一批引领带动作用中白酒企业。另一方面，推进"小升规"培育工程，帮助小微企业上规范化、高质量发展，仅2020年食品产业规模以上企业由年初2370家增加至2410家。

3. 加强创新引领

四川现代食品产业高质量发展过程中，技术进步、创新引领发挥重要作用。一方面，加大高水平科研平台建设。政府通过财税补贴等政策支持高校、科研院所和白酒龙头企业白酒产业创新中心等高层次创新平台，开展川酒、川茶、川水等产业新技术、新工艺、新产品研发，攻克了一批关键共性技术；整合优势资源，组建了四川省酒类产业研究院，提高白酒产业科技成果影响力和转化率。另一方面，充分发挥数智化技术对产业升级的赋能作用。四川持续推进物联网、5G技术、区块链、大数据等现代信息技术在粮食种植、生产酿造、市场推广、政府服务等环节的渗透与融合发展，搭建白酒全产业链数字服务平台，开展川酒大数据库建设，助推"数字川酒"创新发展。

4. 注重品牌打造

四川高度重视产品品牌建设，聚焦"天府名品"，积极建设高端食品品牌矩阵。一方面，积极实施品牌提升行动计划。四川聚焦消费者需求，围绕川酒、川茶、川菜等领域，积极开发新品，打造了一批引领新消费、信誉好、特色鲜明的本地品牌，如宜宾五粮液、泸州老窖特曲、圣阁中张飞牛肉、郫县豆瓣、剑门豆腐、峨眉山竹叶青茶、牦牛肉、藏香猪等。另一方面，通过质量监管，严把产品质量关。四川不断健全食品安全监管体系，细化食品各细分门类的管理条例，完善食品安全标准，严格落实食品安全责任，严把食品产地环境安全关，强化土壤、大气和流域水污染防治，食品安全状况持续向好，维护了品牌信誉，守护了品牌形象。

（三）广东现代食品产业典型经验

近年来，广东省现代食品产业发展迅速，规模以上企业营收额从2018年

6266亿元增长到2021年的8494亿元，年均增速高达15.1%。广东食品产业快速发展的典型经验主要包括以下三个方面。

1. 强化科技赋能

科技创新是推动广东现代食品产业快速发展的关键。首先，科技加持"土特产"优良品种选育。广东充分发挥省农业科学院蔬菜研究所等农业专家的指导作用，育成"铁柱2号"黑皮冬瓜、粤薹系列杂交菜心等农产品新品种，推动优势特色"土特产"产业集群发展，保障了食品产业优质原材料的供应。其次，科技创新催生新的产业、新的业态、新的业务和新的市场。例如，长期以来甘薯主要加工为淀粉、粉丝和薯干等传统食品，而广东利用科技创新，把甘薯精深加工为甘薯复合果汁、发酵制品等休闲和保健食品，提高了产品附加值，拓宽了销售市场。最后，数字化技术赋能广东传统食品产业转型升级。到2025年末，广东食品行业85%以上规上企业将实现数字化、智能化转型，数字化技术不仅通过大数据辅助食品研发设计，还将优化食品产业生产运营链条，推动食品产业高质量发展。

2. 不断优化食品产业布局

广东充分考虑了各地市在农业资源、交通区位、历史文化、产业基础等方面的优势条件，将全省食品产业布局为三大方阵，不同地市的食品产业各有特点，形成全域发展、质优物美的"食全食美"现代食品供给体系。第一方阵包括广州、佛山、东莞3个城市，这三个城市的食品产业营收额均超过千亿元级，重点发展饲料、食用植物油、饮料3个千亿级食品产业子集群和预制菜产业，其中佛山重点发展预制菜产业。第二方阵包括深圳、江门、湛江三大城市，重点打造大饮料、调味品、水产品加工3个千亿级特色产业，以及调味品、烟草、谷物磨制、肉制品加工、广式月饼、广式凉茶、广式凉果、保健食品等特色产业子集群。第三方阵包括佛山三水和河源高新区饮料园区、东莞麻涌和潮州饶平潮州港粮油加工园区、阳江阳西调味品园区、湛江遂溪水产加工园区、江门蓬江食品特色园区、茂名高州饲料园区，以及广州南沙、梅州广梅园、肇庆高要预制菜产业园等食品特色产业园，通过锻造产业链优势、补强产业链短板，提升这些园区的产业集聚度和竞争力。

3. 打造世界级食品生产加工基地和销售网络

广东以打造世界级食品加工基地为目标，积极开展"粤食越好粤品世界"食品工业提质升级专项行动，着力推动民生保障食品、休闲食品等优势传统产业提质升级，大力发展老年和婴童食品、保健食品、宠物食品等新兴产业，积极引进国内外食品制造龙头企业、"链主"企业，发展食品产业总部经济。

同时，广东积极举办广州休闲食品展览会等高规格的产销会，打造全球性的食品产业展销平台，不断拓展原料采购和产品销售网络，形成买世界、卖世界的大格局。

（四）福建现代食品产业典型经验

近年来，福建现代食品产业保持稳定增长趋势，2021年规模以上企业营收总额6761亿元，位居全国第四位，其休闲食品等领域的发展经验值得河南借鉴。

1. 休闲食品产业发展质量高

福建休闲食品产业在膨化食品、烘焙食品、糖果类休闲食品、休闲饮品等领域具备较为明显的优势，尤其是在糕点、饼干、蛋糕、糖果、果冻、巧克力等领域处于全国领先地位。休闲食品产业链不断完善，吸引了越来越多的企业落户，代表性企业或品牌包括亲亲、盼盼、可比克、达利园、福马、好吃点、雅客、华纳、金冠、尚客食品、古龙食品等。

随着人们对口味和健康的不断追求，近年来福建加快了休闲食品产业的转型升级，重点发展冻干休闲食品和婴童冻干食品。例如，福建漳州已培育形成独具特色的冻干食品产业集群，建成冻干食品生产线160多条；欧瑞园公司开发了酸奶脱水冻干后的儿童小食品——冻干牛乳溶豆，该产品已经占据80%以上的婴幼儿零食市场。

2. 加快食品企业数字化转型

食品产业不断扩容，但竞争日趋激烈，福建政府出台政策支持企业数字化改造，促进企业生产效率和经济效益的提升。例如，漳州市实施了打造标杆示范、完善数字化公共服务平台等措施，推动食品企业数字化、智慧化改造，有利于数字经济与食品产业的融合发展；福建卡尔顿食品有限公司建立了数字化供应链平台，实现原材料供应商、生产加工企业、消费者等市场主体的有效链接，能够把食品消费数据传输给生产企业，供应商可以根据消费大数据精准打造市场所需的产品；好运来食品有限公司在华夫饼车间增加了自动封口机设备，车间工作人员从10人减少到5人，降低劳动成本，提升生产效率；尚食云链科技公司开发了"食尚云采"食品原辅材料交易服务平台，截至2022年6月，已入驻了5000多家企业，完成交易额超7亿元人民币，帮助企业节约采购成本在3%以上；漳州明德食品有限公司出口把二维码张贴到每一包速冻蔬菜上，消费者通过扫码能够了解到产品种植、加工、流通等环节的信息。

3. 充分发挥食品产业的联农带农作用

福建推动食品产业向全产业链发展，尤其是推动食品生产加工流通环节向农村下沉，在提升食品产业特色优势和竞争力的同时，还能有效带动当地政府发展优势特色产业，将更大比例的增值收益留在农村，为农民提供更多的第二、三产业就业机会。例如，古田县在珍稀食用菌产业集群发展过程中，探索出了"县域工厂"模式，推行"集中制棒、集中服务、分散出菇、统一加工、统一销售"，农民只需按照标准种好食用菌就能获得高额收益；永泰县嵩口镇是李果产业大镇，在龙头企业的带动下，利用深加工技术开发了日式李干、化核李干等新产品，还推出了李果主题乡村游项目，实现"农食旅"融合发展。

综上所述，河南省现代食品产业应立足河南，放眼全球，积极借鉴国内外食品产业的先进经验，在满足粮食供应的基础上，坚持向绿色化、高端化、品牌化、智能化发展，加快第一、二、三产业融合，构建"政产学研金介用"协同创新体系，实施更加有效的联农带农模式；调整产业结构和布局，重视创新和知名品牌塑造，抢占新赛道，形成结构优化、品牌彰显、特色明显、优势突出、韧劲充足的现代食品产业强省，进一步提升"国人粮仓""国人厨房"和"世人餐桌"的地位，发挥现代食品产业在农业强省战略中的价值。

第四章
河南省现代食品产业发展的实践基础

本章内容首先基于调研资料、文献资料和统计数据,阐发河南现代食品产业发展的三个阶段性特征(起步阶段、快速发展阶段、转型发展阶段),以及生产加工向一些地区和产业园区聚集等区域性特征。其次,本章依据第二章构建的现代食品产业高质量发展的核心指标,通过与国内主要食品大省的比较,从结构优化、增长动能、增长绩效、绿色生态、发展韧性等方面剖析河南现代食品产业高质量发展的表现,总体而言,河南现代食品产业发展质量落后于山东、广东、福建、四川、湖南等省份,需要加快高质量发展步伐。最后,本章基于调研数据和文献资料,从产业体系日趋完备、市场主体培育取得实效、产业集聚效应日益彰显、创新能力不断增强等方面详细阐明河南现代食品产业高质量发展取得的优势,并分析了政府加快完善产业链"链长制"、营商环境不断优化、加大政策支持等政府促进河南现代食品产业发展的成功经验。

第一节 河南省现代食品产业发展历程与特征

一、河南省现代食品产业发展的阶段性特征

河南食品产业的发展历程也是中国食品产业发展的典型缩影。20世纪80年代初,河南食品产业从一些集体企业和小作坊起步;20世纪90年代加速发展,实现从小到大、由弱变强;21世纪以后,实现转型发展,向现代食品产业迈进;近年来,河南食品产业迈向高质量发展阶段。

(一)现代食品产业起步阶段(1980—1992年)

改革开放之前,河南食品产业开始起步,省内各地陆续建起一大批面粉、大米、食用油加工厂,但总体上食品工业仍处于半机械半手工状态。20世纪80年代初以来,伴随改革开放进程的深入推进,我国对食品产业发展越加重

视。1984年7月14日，国务院常务会议讨论通过《1981—2000年全国食品工业发展纲要》，第一次将食品工业作为国民经济的一个整体来规划、部署和发展。此后，国家相关部门多次出台文件，进一步为食品工业的发展放宽政策、提供优惠，我国食品产业的市场化程度不断提高，尤其是广东、福建等发达省份的食品产业率先崛起，引领全国食品产业发展。例如，1983年佛山酒厂与广东体育科学研究所、广东体育医学院等单位，以欧阳孝教授的一篇论文为依据，研制出一种含碱电解质的饮料，也就是后来的健力宝；围绕鸡猪主产业，广东温氏食品公司创新性提出"公司+农户"的"温氏模式"，推动农业养殖与食品加工的联动发展；百事可乐等外资食品企业也纷纷来华投资，将先进的食品生产工艺技术引进国内的同时，也将大量先进的食品机械引入国内，引领着中国食品工业的发展。

同时，城市放开了粮油、副食品供应，居民逐步改变了计划经济模式下按人头、票证分配资源的模式，居民饮食结构中各类主食、副食、零食、各地特色食品、特产等都开始被发掘和推广，居民对肉食、蛋白质类食品的摄入明显增多。牛奶、罐头等饮品也从特种营养品演变为日常消费营养品。广东、福建、浙江、辽宁等沿海地区生产的鱼类罐头；浙江、湖南、河北等地的柑橘、桃子等水果类罐头；上海、福建、四川的肉类罐头，乃至蘑菇、芦笋罐头甚至番茄酱罐头等多种罐头商品极大丰富了人们的餐桌。

在改革开放战略引领和居民消费释放等带动下，河南食品产业也进入起步阶段，民营、集体和外资等多种类型的食品企业并行发展。集体经济方面，漯河的南街村开始生产方便面，成为河南第一个亿元村。另外，河南一些农业院校在农学园艺学、畜牧兽医学等学科的基础上相继组建了食品科学系和食品专业，为河南食品工业快速发展奠定了学科、教育和人才基础。

（二）现代食品产业快速发展阶段（1993—2010年）

1992年以来，就业、消费等市场化程度不断提升，逐渐实现"吃得饱"梦想的人们，开始陆续追寻"吃得香"的新梦想。与此同时，随着技术装备的发展，全国掀起了新一轮技术改造浪潮，全国各地较小规模的粮食加工厂、食品加工厂纷纷更新设备，或直接引进全套的国外先进设备，食品的种类越来越多，企业生产规模不断扩大。此后，我国食品工业步入快速发展的阶段。1993年，食品工业的生产总值达到了3400亿元，占到全国工业生产总值的10%，成为第四大工业行业。1993—1998年，食品工业总产值由3428.66亿元增加到5900亿元，年均增长11.60%。从1996年开始，食品工业产值一直位居国民经济各行业之首。进入 21 世纪，尤其是 2001 年中国加入 WTO 后，食品工业迎来了发展最快的历史时期。到了 2002 年，中国食品工业产值首次突破 1 万亿元大关。2005 年，食品工业产值超过 2 万亿元。2002—2008 年，食品工业年均增速达到 30%。尽管 2008 年，爆发了席卷全球的金融危机，但我国食品工业仍然保持着 10%以上的增长率，2010 年食品工业产值超过 6 万亿元，成为拉动经济增长和扩大内需的重要产业。我国用 20 年基本走完了发达国家食品产业数十载的发展历程，食品产业竞争格局稳定，市场形态已融入现代市场整体格局，整体上进入基本成熟阶段。

因为具有资源、产业、市场和区位四大比较优势，河南食品企业尤其是民营企业进入快速发展时期。例如速冻食品领域，三全集团 1991 年诞生第一颗速冻汤圆，1999 年建成第一条大规模速冻汤圆流水线，2008 年作为中国第一家速冻企业在 A 股上市；在三全集团带领下，河南的第二大速冻品牌思念也快速成长，1999 年实现 8000 多万元的销售额，2000 多万元的净利润。肉制品领域，万隆带领双汇（肉联厂）快速发展，消费收入从 1 亿元增长 20 亿元，5 年增长 20 倍；众品搞股份制改造，从股份合作制到股份制，后来到了公众公司，这使众品形成了行业中最完善的管理结构，众品以"冷鲜肉"打天下，与双汇形成了长期的既竞争又合作的关系，最终成功登陆美国纳斯达克资本市场，成为河南肉类工业中的又一面旗帜；1995 年 2 月，潢川正式批准成立潢川县华英禽业集团，在总经理的带领下，华英采用"公司+农户"的合作模式，十几年如一日专注聚焦肉鸭产业，成就了"世界鸭王"的美誉；在豫北，以养鸡闻名的大用和永达也进入快速扩张阶段，1995 年，大用公司投资兴建浮山 32 万套肉种鸡场和一个 300 万枚蛋位的孵化中心，年提供种蛋、鸡苗 3600 万只，单场饲养量全国第一，当年公司销售收入突破 5000 万元。

（三）现代食品产业转型发展阶段（2011 年至今）

2011 年，我国人均 GDP 超过 5000 美元，食品工业高速增长。2015 年，我国人均 GDP 超过 8000 美元，食品工业开始全面进入新阶段。一方面，普通民众的食品消费实现由生存性消费向健康型、享受型消费转变，食品消费日益呈现营养化、健康化、风味化、休闲化、高档化、多样化、个性化的发展趋势，我国食品产业迈入"大食品产业体系"时代。另一方面，"大食品产业体系"的产业竞争进入细分市场，食品竞争的战略集群已逐步形成，随着产业形态的变化，食品生产企业之间的竞争已演化到企业价值链之间的全方位竞争。在该阶段食品制造业之间的竞争蔓延到其上游和下游企业竞争向综合性竞争方向转企业利润链向上下游挤压。食品企业向规模化、集团化方向发展形成了从"田头到餐桌"的跨越农业、工业、商业的新型产业链经济模式。

2009年，河南省曾制定《河南省食品工业调整振兴规划》，提出全省食品工业总产值2012年要达到1.2万亿元，2015年要达到2万亿元，2020年要达到4万亿元，通过"三步走"战略，实现从"中国粮仓"到"国人厨房"和"世界餐桌"的跨越。自2013年起，河南省食品工业相关企业的数量以超过20%的速度快速增长，2021年河南食品工业相关企业数量为8.9万家，年度注册增速为25.1%。河南已建设成为全国重要的优质小麦生产加工基地和优质畜产品生产加工基地，拥有"双汇""思念""三全"等众多知名品牌，"生产了全国1/2的火腿肠、1/3的方便面、1/4的馒头、3/5的汤圆、7/10的水饺"，速冻食品更占据了全国60%的市场，形成全国最大的肉类、面及面制品、速冻食品、调味品、饼干和休闲五大特色食品产业集群。随着食品加工技术的不断升级和产品更新，河南已从"中国粮仓"变成了"国人厨房"。另外，产业结构调整、食品标准体系建设、食品学科建设、食品生产加工技术、食品安全法律法规、食品安全监管也快速推进，不断迈上新台阶，并且不断对接国际食品业界，以理念创新、标准创新、技术创新、业态创新为引领，在不少领域取得突破，传递出响亮的"河南声音"。

二、河南省现代食品产业发展的区域性特征

（一）食品主产区分布情况

河南食品产业布局呈现较大的地域差异，食品生产主产区主要集中在漯河、郑州、商丘、周口、驻马店、南阳、焦作等地，这7个省辖市食品工业产值占全省食品工业产值的70%以上。

1. 漯河市食品产业发展情况

作为首家中国食品名城，漯河食品产业体量大、名企多、链条长，发展势头强劲、特色鲜明、亮点纷呈，且食品企业扎堆集聚、相互赋能、协同发力，一大批"漯河造"食品从这里走向全国、丰富"世人餐桌"。"粮头食尾""农头工尾""畜头肉尾"构建起多元化食物供给体系，绿色食品产业质量效益和竞争力不断提升，"三链同构、农食融合"经验做法全国推广。食品

城、"食品+"、食品云、食品安、食品冷链、食品数智化"六路并进"全面发力，丰富食品业态，守护"舌尖上的产业"。2022年，食品产业总规模超2000亿元，漯河拥有规模以上食品工业企业163家，占规模以上工业企业总数的24.5%。全市销售收入超600亿元的食品企业1家、超20亿元企业3家、超亿元企业27家，其中食品产业营业收入占河南省的1/6、占全国的1/60，漯河千亿食品产业集群成为全省重点产业集群，是河南万亿食品产业集群的重要支撑。

漯河不断拓宽原材料来源，丰富食品形态，全市丰富的粮食、畜牧、蔬菜、食用菌等主导产业资源，为食品企业深加工提供了充足的原材料；食品产业持续招大引强、创新发展、融合发展，加速了产业集聚。目前，形成了以双汇为代表的肉类加工和预制菜产业集群，以卫龙、南街村为代表的粮食深加工产业集群，以可口可乐、统一等为代表的饮料产业集群，以中大恒源等为代表的功能食品和食品新材料产业集群；产品涵盖18个大类、50多个系列、上千个品种，构建了从源头到终端，从研发生产、检验检测到包装、物流、电商、会展的全食品产业链条。在近年的开放合作中，正大300万只蛋鸡全产业链、颐海食品有限公司年产40万吨调味品生产基地、优德中大大健康产业园、中粮集团面粉全产业链、"自嗨锅"中部产业园、厚疆食品供应链产业园等一大批项目先后落地，食品产业系统完备、互联共生、创新活跃，食品产业链条越拉越长。

在"大食物观"引领下，漯河市将持续巩固食品产业领先优势，着力打造3000亿级食品产业链、5000亿级绿色食品产业生态，加快建设"优势再造、形神兼备"的现代化食品名城。

2. 郑州市食品产业发展情况

现代食品产业是郑州市重点发展的六大工业主导产业和传统支柱产业之一，产业涵盖了速冻食品、方便食品、枣制品加工、饮料制品、乳制品、啤酒白酒、粮油精深加工、食品添加剂等众多门类，规上食品工业企业141家，产业整体规模近1000亿元。其中，速冻食品行业在全国市场占有率超过60%，郑州市已成为全国最大的速冻食品生产、研发基地和物流中心，枣制品行业规模全国第一，方便面行业约占全国20%的市场份额。2022年，全市规模以上现代食品制造业增加值同比增长2.3%。

郑州方便面行业约占全国20%的市场份额，白象食品股份有限公司产品涵盖方便面、挂面、面粉、面点、拉面连锁店以及调味料、休闲食品、饮品等多个品类，已在河南、河北、山东、四川、吉林、山西等10个省市布局

12个优质面制品生产基地,旗下设有分子公司20余家,形成了规模完备的产业布局,成为食品行业的领军企业之一,白象大骨面依然是大小商超货架上的招牌产品。郑州速冻食品享誉全国,思念食品拥有5个国内生产基地、1个海外生产基地,几十条现代化的速冻及常温生产线、几万吨低温冷库,员工数量超过10000人。截至2022年3月底,蜜雪冰城通过特许经营加盟模式,全国加盟店数量已经超过2万家,覆盖全国31个省、市、自治区,并不断拓展海外市场,海外拓展版图已接连扩展到了泰国、印尼、马来西亚、新加坡、日本、韩国等国。经过多年的发展,蜜雪冰城已成为涵盖新式茶饮、连锁咖啡、高端冰激凌等领域,囊括研发生产、物流配送、连锁加盟全产业链路,包括"蜜雪冰城""幸运咖""极拉图"等品牌矩阵的企业集团。郑州还依托千味央厨、三全等骨干企业,主攻即食和即热预制菜、即烹预制菜、即配预制净菜、预制菜配套制备与产品,构建预制菜标准引领体系,积极抢占预制菜新赛道,到2025年,年产值将达到100亿元。

3. 周口市食品产业发展情况

周口市食品工业始终坚持以高质量发展为总抓手,加快推进食品产业转型升级,着力打造一批具有区域特色的食品工业集群,不断提高主导产业占工业经济总量的比重,成为中西部地区重要的食品深加工基地。河南周口作为农业大市,大力发展食品加工业,食品工业呈现持续、快速增长的强劲势头。位于经济开发区的益海(周口)粮油工业有限公司是一家从事粮食、食品及其副食产品的加工的大型粮油加工企业,发展势头强劲,连续多年入选河南省百户重点企业。2022年,全市共有规上食品企业232家,主营业务收入近800亿元,已形成项城调味品、经济开发区粮油加工、沈丘县休闲食品等一批特色产业集群。在未来,周口将按照特色发展、产业集聚、链条协同、差异发展的原则,进一步优化食品产业布局,做强做优粮油精深加工、绿色休闲食品等八大系列产品,推进周口食品产业高质量发展。

4. 焦作市食品产业发展情况

绿色食品产业作为焦作市打造的3个千亿产业集群之一发展迅速,目前全市拥有以粮食制品、肉制品及饲料两个基础产业,饮料、乳制品、方便食品、调味品4个优势产业,怀药食品特色产业以及休闲食品、预制菜、食品添加剂及配料三个潜力产业为基础构成的"2413"绿色食品产业分布。全市拥有蒙牛乳业、大咖国际、明仁食品、燕京啤酒等规模以上企业93家。2022年绿色食品产业实现营业收入同比增长22.6%;完成增加值69.4亿元,占全市规上工业比12.2%,拉动全市增加值增长0.7%。

焦作市食品产业主要集中在温县，温县拥有食品产业企业112家，其中食品制造规上企业17家，在全市占比56.7%，2022年实现销售收入186.5亿元，同比增长32.92%，已经形成以休闲饮品、调味料、方便食品、面制品、肉制品、健康食品为主的食品制造业体系。

5. 商丘市食品产业发展情况

作为"豫东粮仓"的商丘，一直以来将提升粮食附加值、提高农民收入作为重要职责和使命，一步一个脚印，打造出了占据全市三大主导产业之一、产业规模超千亿元的现代食品产业，食品加工企业1400多家，数量位居全省第一。共有规模以上食品工业企业333家，农业产业化龙头企业215家，规模以上农产品加工企业营业收入达到1784.66亿元。全市已形成以面粉及面制品加工、畜禽屠宰加工、速冻食品加工、酒及饮料制造、乳品加工、饲料加工为主导产业，以果蔬加工、功能食品为特色产业的较为齐全的食品工业体系；拥有科迪乳业、五得利面粉、贵友食品、诚实人食品、金豆子蔬菜食品、皇沟酒业、天明葡萄酒业、福润食品、远征集团、麦客多食品、华冠面粉、双龙粉业等多家食品龙头企业。商丘市正稳步实现从"豫东粮仓"到"国人厨房"再到"世人餐桌"的华丽转身中。

在面及面制品产业链方面，商丘市打造了五得利面粉、远征面粉、麦客多食品、诚实人实业等"链主"企业，全市面粉、淀粉加工企业200多家，方便食品制造企业100余家，年加工小麦900多万吨，淀粉及淀粉制品2万吨以上，方便面20万吨，速冻米面食品50万吨，焙烤食品1.3万吨。在冷链食品产业链上，商丘市打造了牧原肉食、贵友实业、缘源食品等"链主"企业，年生产冷鲜肉30万吨、熟肉2万吨、速冻肉制品5.8万吨。在乳制品产业链上，商丘市打造了科迪乳业、金象乳业等"链主"企业，年产乳制品20多万吨。在酒及饮料产业链上，商丘市打造了皇沟酒业、饮之健饮品、天明民权葡萄酒等"链主"企业，年产白酒3万吨、葡萄酒1万吨以上和其他饮料。

各县（市、区）充分发挥资源和产业优势，打造了永城、虞城等全国食品名城，形成了永城面及面制品加工、虞城冷链食品及乳制品加工、梁园方便食品加工、柘城辣椒食品加工等主导产业突出的食品制造集群，集聚效应凸显。其中，永城市产业集聚区被国家市场监督管理总局评为"全国小麦粉知名品牌创建示范区"；梁园产业集聚区面粉加工产业被认定为河南省创新型农业产业化集群，面制品（方便食品）被认定为河南省知名品牌创建示范区；虞城县产业集聚区是全国重要的速冻食品加工基地、乳品生产加工基地和芥菜种植加工基地，虞城县更是被中国食品工业协会评为"全国食品工业百强县"。

6. 南阳市食品产业发展情况

南阳市是传统的食品农产品加工大市，多年来，依托丰富的农副产品优势，大力发展食品农产品加工业。以粮食加工、屠宰及肉类加工、饲料加工、食用植物油、乳制品、果蔬加工、饮料及酒、面制品、调味品、茶叶生产加工等15个大类组成的现代食品工业体系进一步完备。全市食品加工企业318家，其中规模以上企业199家。2022年，规模以上食品工业实现主营业务收入同比增长36%，增速再创新高。

南阳市通过布局区域化、生产标准化、经营规模化、发展产业化、产品绿色化，全市食品产业发展后劲十足，社旗、西峡、邓州跻身全国食品加工业强县，牧原食品、想念食品、仲景食品、赊店老酒、三色鸽乳业等龙头企业带动能力不断增强。牧原食品营业额由不足百亿到超500亿元，龙大牧原、想念食品、仲景食品等企业营业收入均实现了翻番，赊店老酒元青花洞藏年份10省内销售额同比增长近300%。2022年全市食品工业企业主营业务收入超亿元28家，其中超500亿元1家，超30亿元1家，超10亿元1家，超5亿元4家。食品工业营业收入、增加值等主要经济指标连续5年占全市工业比重的15%以上，成为全市工业经济健康发展的重要支撑。食品工业快速发展的同时，也有力地带动了全市种植、养殖、加工、包装、仓储、运送、餐饮等二、三产业行业的快速发展，对促进食品农产品加工大市向绿色食品业强市转变起到积极的推进作用。

南阳将在全国叫响"水好、面好、肉好、菌好"品牌，力争2023年绿色食品产业集群规模达到1500亿元以上；大力支持牧原、想念等'链主'企业延伸布局产业链，提升生猪养殖、饲料加工和屠宰产能，大力发展预制菜产业，打造'猪肉名菜之都'。

7. 驻马店食品产业发展情况

驻马店素有"豫州之腹地，天下之最中"的美称。近年来，该市紧握粮食这张"王牌"，坚持"粮头食尾""农头工尾"，借助目前我国唯一以农产品加工为主题的5A级展会，历经25年持续蓄势发力，吸引了一大批优质农产品加工企业来这里投资兴业，通过延长产业链、提升价值链、打造供应链，助推该市农产品加工业由小到大、由弱到强，建成"千亿级"农产品加工产业集群，为"千年驿站"注入了前所未有的生机与活力。

天中物阜，依托于充沛的农业资源。2022年，驻马店粮食总产量162.37亿斤，增长0.77%，产量创历史新高，占全省的1/8，其中小麦519.29万吨、玉米257.01万吨、稻谷19.22万吨、大豆6.31万吨、芝麻7万吨、花生157万吨、油菜籽 4.2 万吨，居全省第一位。同时，水果产量 21 万吨、板栗产量 6683 吨、核桃产量 1745 吨。据统计，驻马店市农产品加工企业由 10 年前的 958 家发展到 2022 年的 1750 家，总产值由 10 年前的 841 亿元增长到 2218 亿元。

多年来，在中国农产品加工投洽会这张"国字号"名片带动下，驻马店市相继引进了君乐宝、鲁花、今麦郎、克明、五得利、金玉锋等一批全国知名农产品加工龙头企业，培育壮大了以十三香调味品、今三麦食品、大众粮油、麦佳食品为代表的一批本土农产品加工企业。2018 年 1 月 30 日，农业农村部批复建设的全国首家国际农产品加工产业园——中国（驻马店）国际农产品加工产业园，是中国农产品加工业投资贸易洽谈会取得的丰硕成果之一。目前，全市已经汇聚了今麦郎、五得利、克明食品、思念食品、中花粮油等 86 家知名企业，培育形成产值达 2218 亿元、涵盖 1750 家企业的农加工"千亿级"产业集群，有力促进了驻马店市农产品加工业快速发展。

（二）食品产业重点园区情况

河南目前已经发展了 50 多个具有一定规模的食品产业园区，但规模优势突出、聚集效益明显、颇具竞争力的食品产业园区还比较少，本研究主要统计了双汇、牧原等产业集聚区之外的发展质量比较高的 8 个产业园区，这 8 个园区 2020 年、2021 年和 2022 年产值总额，分别为 674 亿元、799 亿元和 882 亿元，2023 年前三季度经营数据表现也良好，集聚发展效应明显，并呈较快增长态势（表 4-1）。

表 4-1 2021 年主要省份食品产业行业结构高级化比重

序号	园区名称	园区介绍	2020 产值（亿元）	2021 产值（亿元）	2022 产值（亿元）
1	郑州二七区食品产业园	2022 年，二七区食品制造规上企业 13 家，实现工业总产值 51.52 亿元。其中，方便面制造、液体乳制品制造、饮料行业销售收入占比 90%以上，保持了在食品产业中的优势地位，在全区乃至全市食品制造业中占据重要地位。一批具有市场竞争优势的骨干食品及其配套企业发展壮大，成长起一批知名企业和名牌产业。花花牛作为	45	50	52

续表

序号	园区名称	园区介绍	2020产值（亿元）	2021产值（亿元）	2022产值（亿元）
1	郑州二七区食品产业园	农业产业化国家重点龙头企业和中国奶业20强（D20）企业，是目前国内唯一一家集"青贮种植+饲料加工+生态养殖+技术研发+乳品加工+冷链配送"的绿色农业产业链融合体，2022年实现产值11.1亿元，省内市场占有率达到28%。郑州顶益食品有限公司2022年实现产值19.64亿元（主导产品：康师傅牌方便面，国内市场占有率达到50%）、郑州顶津食品有限公司2022年实现产值14.37亿元（主导产品：康师傅牌矿泉水、茶饮料、果汁饮料，国内市场占有率达到32.7%）	45	50	52
2	新郑食品产业园	2022年，新郑市规上食品企业43家，占全市规上工业企业数量比重达17%，食品行业增加值同比增长15.2%，规上食品增加值占全市规上工业比重32.7%。其中，农副食品加工业企业14家，增加值同比增长51.5%；食品制造业企业23家，增加值同比增长16.8%；酒、饮料和精制茶制造企业5家，增加值同比下降1.5%；烟草制品业企业1家，增加值同比增长4.8%。产业园初步形成了以中储粮、天康宏展、白象食品、好想你健康食品、达利食品为龙头，以食品制造、农副产品加工、饮料制造、调味品制造为支撑，植物油、保健食品为补充的食品工业体系	69	81	93

续表

序号	园区名称	园区介绍	2020产值（亿元）	2021产值（亿元）	2022产值（亿元）
3	汤阴县食品产业园	汤阴县食品产业园位于汤阴县东部，京珠高速公路以东，汤屯公路以南，面积达12.5平方公里，先后引进益海嘉里、安井食品、今麦郎集团、嘉士利饼干、甘源食品、源香食品等一批世界500强、上市公司和行业龙头企业。拥有"嘉士利""今麦郎""华龙""金龙鱼""安井"等26个中国驰名商标，产品涵盖小麦及面制品加工、速冻食品、油脂类加工、畜禽肉制品加工、健康饮品、调味料、休闲食品等多个领域，涉及590多个系列产品，带动了小麦、玉米、果蔬饮品等十大循环经济产业链，形成了面及面制品、肉类深加工、速冻食品和休闲食品四大产业集群	60	85	97
4	温县经济技术开发区	温县经济技术开发区充分发挥当地四大怀药、调味料、新式茶饮等产业优势，拉长产业链条，积极引进总投资20亿元的京华食品快消食品产业园、总投资30亿元的中华老汤产业园，进一步延伸产业链、提升价值链、打造供应链，同时加快推进大咖·梦工厂产城融合项目建设。开发区形成以休闲饮品、调味料、方便食品、面制品等为主的产业体系，拥有大咖、京华食品、立达老汤、品正食品、香曼食品等新式茶饮和调味料头雁企业，调味料产量约占全国的1/3，为河南省休闲食品产业发展提供了"口味"支撑	65	99	123

续表

序号	园区名称	园区介绍	2020产值（亿元）	2021产值（亿元）	2022产值（亿元）
5	临颍县食品产业园	临颍县食品产业园位于临颍产业集聚区，依托食品产业加工优势，致力打造休闲食品主导产业，拥有中国驰名商标12个、省级著名商标23个，拥有美国嘉吉、印尼先达味美、加多宝、六个核桃、嘉美、盼盼、雅客、亲亲、恒安、雨润、喜盈盈、南街村集团、中大生物等60多家知名休闲食品企业，打造了"中大天然色素饮料糖果""雅客糖果""盼盼梅尼耶饼干""亲亲虾条""喜盈盈薯片"等知名品牌，快速形成了一个规模庞大、种类齐全、名企荟萃、链条完整、年产值超百亿的休闲食品产业集群	200	210	220
6	沈丘县休闲食品产业园	沈丘县休闲食品产业园已入驻食品加工企业26家，形成以金丝猴、新华雪啤酒、新四美食品等为龙头的休闲食品产业集群，食品加工产业主营业务收入超200亿元。总投资6亿元的闽南食品产业孵化园项目已开工建设。河南悠氏食品有限公司新注册的"悠氏"品牌定位高品质烘焙，计划在中部五省打造高端烘焙第一品牌。投资1.2亿元的周口新四美食品有限公司年可产500吨牛肉干、600吨猪肉脯、300吨豆制休闲食品	200	225	240
7	西峡县产业聚集区	西峡县产业聚集区位于县城北段，占地面积10平方公里，有仲景香菇酱等香菇出口企业30余家，产品涵盖食用菌制品、固体饮料、罐头制品，年产值80亿元，直接带动农村富余劳动力5000余人，促进农民增收上亿元。壮大出口食品企业发展，延长食品产业链条，推动经济高质量发展	22.75	26.37	26.94

续表

序号	园区名称	园区介绍	2020产值（亿元）	2021产值（亿元）	2022产值（亿元）
8	中部食品产业园	中部食品产业园位于唐河县开发区，一期规划建设660亩以上，建设以预制菜、休闲食品、中央厨房、烘烤食品企业为主，园区建设有研发中心、生产中心、生活中心、冷链仓储中心、展厅、污水处理等配套设施项目。建成后，能实现年销售收入20亿元，带动就业岗位2000余个。这些对实现绿色食品产业、休闲食品产业快速集中集聚，对推动食品产业延链补链强链，打造河南省食品产业高地具有重要意义	12.5	22.8	30
	总计		674.25	799.17	881.94

第二节 河南省现代食品产业高质量发展的比较分析

依据现代食品产业高质量发展的核心指标，本研究选取全国平均水平以及山东、四川、广东、福建、湖南、湖北、江苏、河北、安徽9个现代食品产业较为发达的省份，通过比较分析深入分析河南现代食品产业高质量发展的典型表现，发掘河南现代食品产业发展优势与短板，并从现代食品产业发达的省份汲取宝贵经验。

一、结构优化方面

（一）行业内部结构不够优化

为刻画现代食品行业的内部结构，本研究构建了现代食品行业结构高级化指数，计算公式为100%×（食品制造业营业收入+酒、饮料和精制茶制造业营业收入+烟草加工业营业收入）/食品产业总营业收入。由于我国农副食品加工业总体上处于初级、粗放和零散的状态，技术含量较低，公式的分子不包含农副食品加工业,所以现代食品行业高级化指数实际上主要反映了农产品的精深加工比重,目前发达国家农产品精深加工比重通常在70%以上,一些国家甚至超过90%。本文基于《2022中国工业统计年鉴》的数据,计算了2021年主要省份规模以上食品企业的行业高级化指数(表4-2)。

表4-2　2021年主要省份食品产业行业结构高级化比重

省份	农副食品加工业营业收入（亿元）	食品制造业营业收入（亿元）	酒、饮料和精制茶制造业营业收入（亿元）	烟草制品业营业收入（亿元）	食品行业总营业收入（亿元）	行业结构高级化程度（%）
全国	55223.77	21619.56	16207.45	12144.32	105195.1	47.50
山东	8014.4	1664.59	637.2	382.81	10699	25.09
四川	2830.8	1251.86	4108.66	384.5	8575.82	66.99
广东	4344.18	2391.21	1207.96	551.08	8494.43	48.86
湖南	3531.63	1528.28	783.02	1027.33	6870.26	48.60
福建	3546.99	1754.6	1122.35	337.05	6760.99	47.54
河南	3740.88	1586.16	730	565.7	6622.74	43.51
湖北	3654.35	987.86	967.71	841.01	6450.93	43.35
江苏	3409.12	979.97	755.07	919.66	6063.82	43.78
河北	2412.61	1022.48	355.08	326.46	4116.63	41.39
安徽	2064.7	551.53	556.15	470.18	3642.56	43.32

表4-2中可以看出:2021年河南规模以上食品企业的行业高级化指数为43.51%,不仅低于全国平均水平(47.5%),在10个主要食品产业大省中处于第6位,落后于四川(66.99%)、广东(48.86%)、湖南(48.6%)、福建(47.54%)、江苏(43.78%),远远落后于发达国家70%以上的比例。作为农业大省,河南食品行业结构不够优化,精深加工程度仍然亟待提升,农业产业化发展距离现代化水平要求还有很大差距。一方面,河南食品产业中农副食品加工业占比过高,而该行业产品精深加工度不够,加工转化增值率和附加值偏低。例如,河南小麦加工能力虽然占小麦生产总量的2/3,但主要还是以面粉加工为主,且产品品种少、档次低。另一方面,河南食品产业的产品研发能力弱,创新型人才少,新产品迭代升级滞后,农产品专用程度和品质不能满足加工业需求,食品产业对农业的带动作用明显不足。河南食品产

仍然以传统经营模式为主，现代化程度低，尤其是研发能力、市场开拓、品牌创新、文化赋能等方面还存在很大不足。长期以来，河南食品产业遵循"产供销"这一传统的发展理念，把生产加工放在第一位，而营销和售后服务排在最后，对消费市场没有清晰的把握。但实际上，买方市场时代市场渠道越加重要，行业发展已经潜移默化地演化为"销供产"，以市场带动供应，进而带动生产。河南虽然涌现出好想你、双汇、卫龙、蜜雪冰城等一批新的食品品牌，拉动食品材料资源集约，进而带动现代化生产。然而占比一半以上的传统食品企业对市场的敏锐度依旧不高，品牌和渠道及营销场景老套、陈旧，没有跟上新消费趋势，无法顺应市场纵深变化。

（二）出口竞争力弱

经济全球化时代，食品的消费市场包括国内国外两大市场，为刻画现代食品行业的消费或市场结构，考虑到海关统计口径和数据可得性问题，本研究构建了农产品和食品的出口额指标来衡量现代食品产业的市场竞争力，其中农产品和食品包含海关统计数据在线查询平台中商品编码位数按照 2 位数统计的前 24 章商品（不包含第 14 章 编结用植物材料、其他植物产品），计算了 2020 年、2021 年主要省份农产品和食品出口额（图 4-1）。

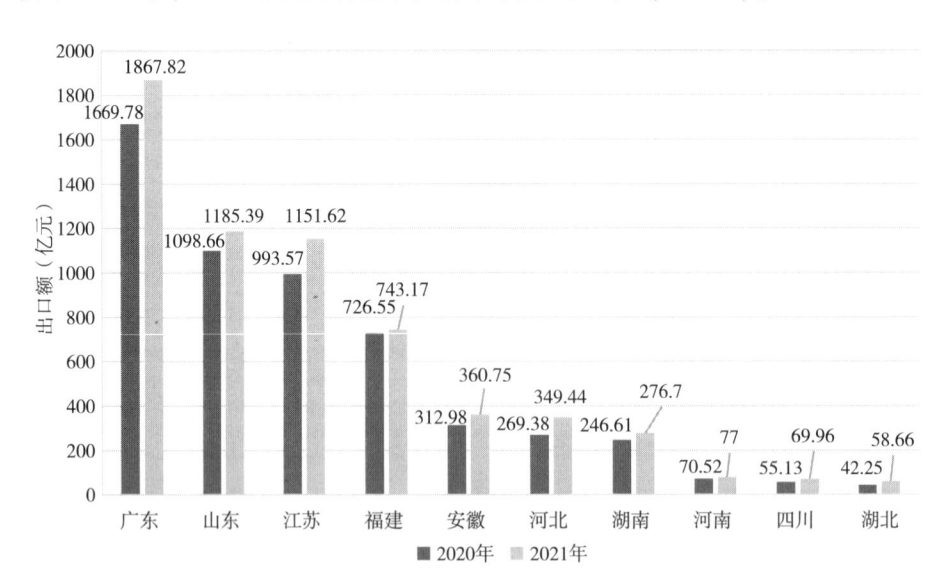

图 4-1 2020、2021 年主要省份农产品和食品出口额

从图 4-1 中可以看出：近年来，河南在开拓农产品和食品出口市场方面也取得了一定增长，2021 年农产品和食品出口额达到 77 亿元，较 2020 年增

长 9.2%，但在十大食品大省中排名仅位于四川和湖北之前。河南农产品和食品出口总量小且增速缓慢，仅占广东的 4.2.%的 6.5%、福建的 6.7%、江苏的 10.4%，与安徽、河北、湖南也有较大差距，河南农产品和食品出口竞争力还非常薄弱，农业和食品大省的优势未充分体现。

另外，表 4-3 是 2021 年主要省份农产品和食品前 20 名出口地，可以看出：河南农产品和食品的出口地主要集中在美洲、亚洲和大洋洲地区，欧洲的出口比例不足 5%（而山东、福建、广东三省面向欧洲的出口均超过 15%），形成过于集中的市场格局，使河南的农产品食品出口受对方进口政策和意外因素的影响过大，造成出口不稳定，抗风险能力差。如果不重新定位，调整市场结构，河南的农产品和食品出口必然会受到更大的冲击，难以适应国际农产品贸易复杂多变的要求，从而增加了河南农产品和食品出口市场风险。总之，河南农产品和食品出口竞争力不足、出口渠道狭窄，在很大程度上限制了河南农产品和食品出口规模的扩大。

表 4-3　2021 年主要省份农产品和食品前 20 名出口地

排名	山东 国家（地区）	比重（%）	福建 国家（地区）	比重（%）	广东 国家（地区）	比重（%）	河南 国家（地区）	比重（%）
1	巴西	30.84	美国	14.62	美国	11.82	美国	20.98
2	美国	16.34	加拿大	12.95	巴西	11.12	巴西	16.36
3	新西兰	5.74	新西兰	12.90	泰国	9.64	澳大利亚	8.31
4	泰国	4.95	乌克兰	11.62	智利	6.46	越南	4.92
5	俄罗斯	4.53	巴西	8.69	法国	5.27	印度	4.83
6	西班牙	4.12	印度尼西亚	8.05	澳大利亚	4.74	泰国	4.54
7	加拿大	3.67	中国台湾	4.01	新西兰	4.34	新西兰	4.50
8	印度	3.63	越南	3.56	印度尼西亚	4.34	阿根廷	4.24
9	乌克兰	3.16	泰国	3.09	西班牙	3.56	日本	3.14
10	澳大利亚	2.96	秘鲁	1.91	越南	3.38	加拿大	2.99
11	阿根廷	2.89	阿联酋	1.83	荷兰	2.96	西班牙	2.95
12	韩国	2.88	智利	1.81	阿根廷	2.89	乌克兰	1.96
13	荷兰	1.96	马来西亚	1.56	马来西亚	2.47	苏丹	1.91
14	乌拉圭	1.85	法国	1.41	印度	2.36	乌兹别克斯坦	1.42
15	挪威	1.82	西班牙	1.34	加拿大	2.19	俄罗斯	1.27
16	丹麦	1.76	俄罗斯	1.12	秘鲁	1.66	厄瓜多尔	1.25

续表

排名	山东		福建		广东		河南	
	国家（地区）	比重（%）	国家（地区）	比重（%）	国家（地区）	比重（%）	国家（地区）	比重（%）
17	法国	1.73	澳大利亚	1.05	厄瓜多尔	1.64	印度尼西亚	1.24
18	智利	1.52	厄瓜多尔	0.83	丹麦	1.44	缅甸	1.23
19	秘鲁	1.36	墨西哥	0.81	乌克兰	1.44	乌拉圭	1.12
20	苏丹	1.28	荷兰	0.75	德国	1.35	丹麦	0.78

（三）产业集聚度亟待增强

本研究选取区位熵指数（LQ）用来刻画现代食品产业的集聚程度，计算公式为 $LQ_{ij} = \dfrac{q_{ij}/q_j}{q_i/q}$。其中，$LQ_{ij}$ 就是 j 地区的 i 产业在全国的区位熵，q_{ij} 为 j 地区的 i 产业的相关指标（如产值、就业人数等）；q_j 为 j 地区所有产业的相关指标；q_i 指在全国范围内 i 产业的相关指标；q 为全国所有产业的相关指标。若 $LQ_{ij} > 1$，表示 j 地区 i 产业集聚的专业化程度高于全国的平均水平，不仅在规模上具有一定优势，而且该行业的生产在满足本地区需求的基础上，还可以为该地区以外提供产品或服务。LQ_{ij} 值越大，这种优势越明显；$LQ_{ij} < 1$，表明该产业集聚的专业化程度低于全国的平均水平，从整体来讲处于弱势，该地区的行业生产不能满足本地自需，还需借助其他地区提供的产品或服务。LQ_{ij} 值越小，该地区 i 产业的生产能力越低；$LQ_{ij} = 1$，表明该产业集聚的专业化程度等于全国的平均水平，该地区的行业生产刚好能够满足本地区的自我需求。本文基于相关年份《中国工业统计年鉴》的数据，计算了2020和2021年主要省份规模以上食品企业的区位熵指数（表4-4）。

表4-4　2020、2021年主要省份食品行业的区位熵指数

省份	农副食品加工业		食品制造业		酒、饮料和精制茶制造业		烟草制品业		食品行业	
	2020年	2021年	2020年	2021年	2020年	2021年	2020年	2021年	2020年	2021年
山东	1.74	1.84	0.85	0.98	0.48	0.50	0.38	0.40	1.19	1.29
四川	1.23	1.24	1.41	1.40	5.74	6.15	0.71	0.77	1.91	1.98
广东	0.54	0.60	0.84	0.84	0.47	0.56	0.32	0.34	0.57	0.61

续表

省份	农副食品加工业 2020年	农副食品加工业 2021年	食品制造业 2020年	食品制造业 2021年	酒、饮料和精制茶制造业 2020年	酒、饮料和精制茶制造业 2021年	烟草制品业 2020年	烟草制品业 2021年	食品行业 2020年	食品行业 2021年
湖南	1.87	1.94	1.91	2.14	1.45	1.46	2.41	2.56	1.88	1.98
福建	1.29	1.28	1.60	1.62	1.33	1.38	0.53	0.55	1.27	1.28
河南	1.58	1.56	1.75	1.68	1.05	1.03	1.03	1.07	1.47	1.45
湖北	1.76	1.70	1.16	1.17	1.37	1.53	1.84	1.78	1.58	1.57
江苏	0.51	0.53	0.38	0.39	0.38	0.40	0.65	0.65	0.48	0.49
河北	1.09	1.06	1.20	1.15	0.51	0.53	0.62	0.66	0.96	0.95
安徽	1.04	1.08	0.67	0.74	0.86	0.99	0.90	1.12	0.92	1.00

由表4-4可以看出，河南食品行业区位熵指数2021年为1.47，在10个粮食大省中排名第4位，说明河南食品业的集聚程度较高，具有发展为地区主要主导产业的显性优势。不过四川、湖南和湖北等省的食品产业区位熵指数显著高于河南，同时山东、福建、广东等省食品产业区位熵指数呈现增长趋势，所以河南食品行业的区位熵指数需要扭转下滑趋势，增强食品产业区位优势。另外，食品产业4个细分行业的区位熵指数来看，河南四个行业均大于1，高于全国的平均水平。尤其是农副食品加工业、食品制造业的区位熵指数排名比较靠前，具备较为明显的竞争优势。酒、饮料和精制茶制造业和烟草制造业区位熵指数略大于1，产业聚集优势不明显，在河南省产业经济发展中的作用亟待增强。

二、增长动能方面

本研究选择创新投入、创新效率和产出两类指标来比较分析河南现代食品产业增长动能情况。

（一）创新投入总量不足与结构失衡并存

创新投入主要采用规模以上食品企业内部研发经费支出（简称研发经费）、研发人员和研发强度三个指标来衡量。根据相关省份统计年鉴，本部分分别计算了2021年主要省份食品行业研发经费（表4-5）、2021年主要省份食品行业研发人员（表4-6）和2021年主要省份食品行业研发强度（表4-7）。

表 4-5 2021 年主要省份食品行业的研发经费

地位	农副食品加工业（万元）	食品制造业（万元）	酒、饮料、精制茶制造业（万元）	烟草制品业（万元）	食品行业（万元）	全部行业（万元）	食品行业占比（%）
全国	3487656	1566227	652116	253316	5959316	175142461	3.40
河南	277958	124206	29122	20954	452240	7640132	5.92
湖北	281903	91781	75250	11962	460896	7235941	6.37
山东	661599	233187	68330	875	963991	15653402	6.16
江苏	229500	90900	37000	22400	379800	27166300	1.40
广东	226900	214400	47500	21000	509800	29021800	1.76
福建	241580	135213	80046	4156	460995	7716534	5.97
湖南	499034	157994	45438	13659	716125	7661149	9.35
河北	113199	34559	9418	—	157176	5703924	2.76

表 4-6 2021 年主要省份食品行业的研发人员

地区	农副食品加工业（人）	食品制造业（人）	酒、饮料、精制茶制造业（人）	烟草制品业（人）	食品行业（人）	全部行业（人）	食品产业占比（%）
全国	102794	80602	37255	6144	226795	5559580	4.08
河南	8699	6055	1637	625	17016	241034	7.06
湖北	7889	4470	2415	420	15194	220314	6.90
山东	23127	14059	3855	120	41161	529468	7.77
福建	6649	6209	2955	379	16192	259342	6.24
湖南	12015	6279	1891	475	20660	215288	9.60

表 4-7 2021 年主要省份食品行业的研发强度

地区	农副食品加工业（%）	食品制造业（%）	酒、饮料、精制茶制造业（%）	烟草制品业（%）	食品行业（%）	全部行业（%）
全国	0.63	0.72	0.40	0.21	0.57	1.33
河南	0.74	0.78	0.40	0.37	0.68	1.33

续表

地区	农副食品加工业（%）	食品制造业（%）	酒、饮料、精制茶制造业（%）	烟草制品业（%）	食品行业（%）	全部行业（%）
湖北	0.77	0.93	0.78	0.14	0.71	1.41
山东	0.83	1.40	1.07	0.02	0.90	1.51
江苏	0.67	0.93	0.49	0.24	0.63	1.77
广东	0.52	0.90	0.39	0.38	0.60	1.67
福建	0.68	0.77	0.71	0.12	0.68	1.17
湖南	1.41	1.03	0.58	0.13	1.04	1.76
河北	0.47	0.34	0.27	0.00	0.38	1.06

从规模以上食品企业研发经费投入来看，2021年河南食品产业研发经费内部支出总额为45.22亿元，占河南总研发经费支出的比重5.92%，高于全国平均水平（3.4%），但在8个食品大省中仅排名第6，与山东（96.4亿元）、湖南（71.61亿元）尚存在较大差距，仅占山东省的46.9%，占湖南省的63.15%。从食品行业内部来看，河南现代食品产业研发经费分布极不均衡，农副食品加工业、食品制造业分别占河南食品行业研发经费投入的61.5%和27.5%，高于全国平均水平；酒、饮料、精制茶制造业研发经费投入较少，仅占食品行业研发经费总额的6.4%，低于全国平均水平（10.9%），总量和比例与广东、江苏、福建、湖北、山东都存在差距；烟草制造业研发经费较为充足（2.1亿元），与广东（2.1亿元）、江苏（2.24亿元）2个烟草大省较为接近，远远高于湖北（1.2亿元）、湖南（1.4亿元）2个烟草大省。

从规模以上食品企业研发人员情况来看，2021年河南食品产业研发人员为17016人，占河南总研发人员的比重为7.06%，高于全国平均水平（4.08%），在5个食品大省中排名第3，高于福建（16192人）和湖北（15194人），但与山东（41161人）、湖南（20660人）尚存在一定差距，仅占山东省的46.9%，占湖南省的63.15%。从食品行业内部来看，河南现代食品产业研发人员分布也不均衡，农副食品加工业占河南食品行业研发人员投入的51.1%，高于全国平均水平（45.3%）；食品制造业占河南食品行业研发人员投入的35.6%，与全国平均水平基本持平；酒、饮料、精制茶制造业研发人员投入较少，仅占食品行业研发人员总量的9.6%，低于全国平均水平（16.4%），总量和比例与福建、湖北、山东都存在差距；烟草制造业研发人员较为充足（625人），高于湖南（475）、湖北（420人）2个烟草大省。

从规模以上食品企业研发强度来看，2021年河南食品产业研发强度为0.68，高于全国平均水平（0.57），在8个食品大省中排名第5，高于广东（0.60）和江苏（0.63），但与山东（0.90）湖南（1.04）尚存在较大差距。从食品行业内部来看，河南现代食品产业研发强度存在较大差异，农副食品加工业和食品制造业研发强度分别为0.74、0.78，高于全国平均水平；酒、饮料、精制茶制造业研发强度为0.4，虽然与全国平均水平持平但远远落后于福建（0.71）湖北（0.78）山东（1.07）湖南（0.58）；烟草制造业研发强度为0.37，高于全国平均水平，在8个省份中排名第2，考虑到烟草行业的特点，河南烟草制品业的研发强度已经处于高位水平。

总之，通过对研发经费投入、研发人员投入、研发强度三项指标的比较，河南现代食品产业总体的研发投入较少，明显低于山东、福建、湖南等食品业大省。另外，河南现代食品行业内部研发布局不均衡，更多的研发经费和人员偏向于农副产品加工业，食品制造业的研发投入相对较少，而较为高端的酒、饮品和精制茶制造业研发投入严重滞后，烟草制品业的研发投入能够满足创新发展需求。

（二）创新效率不高、创新产出较少

创新效率和产出主要采用规模以上食品企业新产品销售收入、专利数量、有效发明专利数量，以及单位研发投入的新产品销售收入等指标来衡量。根据相关省份统计年鉴，分别计算了2021年主要省份食品产业研发产出情况（表4-8）、2021年主要省份食品行业研发效率情况（表4-9）。

表4-8 2021年主要省份食品行业的创新产出

指标	行业	全国	河南	湖北	山东	湖南	河北
新产品销售收入	农副食品加工业（万元）	49570037	2474574	8398916	10850192	6064157	1648708
	食品制造业（万元）	29443750	993103	2440340	4680916	3147556	518349
	酒、饮料、精制茶制造业（万元）	14751481	262163	1798139	1465248	1492798	278276
	烟草制品业（万元）	4402557	117294	424785	875103	360382	—

续表

指标	行业	全国	河南	湖北	山东	湖南	河北
新产品销售收入	食品行业（万元）	98167824	3847134	13062181	17871459	11064893	2445333
	全部行业（万元）	2955666961	88258121	136955566	275403023	121692312	96682633
	食品产业占比（%）	3.32	4.36	9.54	6.49	9.09	2.53
专利申请数量	农副食品加工业（个）	16987	1152	—	—	1618	446
	食品制造业（个）	14326	810	—	—	784	423
	酒、饮料、精制茶制造业（个）	5959	303	—	—	485	152
	烟草制品业（个）	7659	1350	—	—	157	—
	食品行业（个）	44931	3615	—	—	3044	1021
	全部行业（个）	1403611	45391	—	—	40576	30171
	食品产业占比（%）	3.20	7.96	—	—	7.50	3.38
有效发明专利数量	农副食品加工业（个）	16668	692	—	1446	—	479
	食品制造业（个）	18262	843	—	761	—	584
	酒、饮料、精制茶制造业（个）	5250	232	—	465	—	123
	烟草制品业（个）	6343	511	—	425	—	—
	食品行业（个）	46523	2278	—	3097	—	1186
	全部行业（个）	1691909	42849	—	46937	—	34240
	食品产业占比（%）	2.75	5.32	—	6.60	—	3.46

从表4-8中有关规模以上食品企业创新产出情况可以看出：2021年河南规模以上食品企业新产品销售收入为384.7亿元，专利申请数量为3615个，有效发明专利数量为2278个，分布占河南省总量的4.36%、7.96%、5.32%，均高于全国平均水平。虽然河南食品产业专利申请数量高于河北和湖南，且河南食品产业新产品销售收入高于河北（244.53亿元），但与湖北（1306.21亿元）、山东（1787.15亿元）、湖南（1106.49亿元）存在比较大的差距；同时，河南有效发明专利数落后于山东。从食品行业内部来看，河南现代食品产业4个行业的新产品销售收入都低于湖北、山东和湖南，其中农副食品加工业占河南食品行业新产品销售收入的64.3%，高于全国平均水平（50.5%），其他三个行业的占比均低于全国平均水平，与创新投入的分布结构不相匹配，这些数据说明河南现代食品行业的研发环节可能存在效率不高问题。

表 4-9 2021 年主要省份食品行业的创新效率

指标	行业	全国	河南	湖北	山东	湖南	河北
单位研发经费新产品销售收入（元）	农副食品加工业	14.2	8.9	29.8	16.4	12.2	14.6
	食品制造业	18.8	8.0	26.6	20.1	19.9	15.0
	酒、饮料、精制茶制造业	22.6	9.0	23.9	21.4	32.9	29.5
	烟草制品业	17.4	5.6	35.5	1000.1	26.4	—
	食品行业	16.5	8.5	28.3	18.5	15.5	15.6
	全部行业	16.9	11.6	18.9	17.6	15.9	17.0
单位研发人员新产品销售收入（元/人）	农副食品加工业	482.2	284.5	1064.6	469.2	504.7	—
	食品制造业	365.3	164.0	545.9	332.9	501.3	
	酒、饮料、精制茶制造业	396.0	160.1	744.6	380.1	789.4	
	烟草制品业	716.6	187.7	1011.4	7292.5	758.7	
	食品行业	432.8	226.1	859.7	434.2	535.6	—
	全部行业	531.6	366.2	621.6	520.2	565.3	

从表 4-9 中有关省份规模以上食品企业单位研发经费新产品销售收入和单位研发人员新产品销售收入情况，可以看出：2021 年河南规模以上食品企业单位研发经费新产品销售收入为 8.5 元，单位研发人员新产品销售收入为 226.1 元，两项指标均低于全国平均水平，并与湖北、山东、湖南，甚至河北都存在比较大的差距，说明河南食品产业不仅研发经费和人员投入不足，研发效率更为低效，大量的研发投入未有效转化为新产品的销售收入。从食品行业内部来看，河南现代食品产业 4 个行业创新效率都低于全国平均水平，其中尤其是酒、饮料、精制茶制造业、烟草制品业的创新效率尤为低下。河南现代食品产业创新效率低下的原因可能源于 3 大因素：一是缺乏顶尖的创新人才，河南现代食品产业虽然拥有一批从事科技创新的研发人员，但这些人员的整体研究水平较弱，尤其是顶尖人才匮乏；二是创新机制不合理，由于企业之间科技项目相互保密，重复研究在所难免，经费浪费问题十分突出；三是研发经费多头管理，机构重复设立、项目重复设置、设备重复购置，产学研融合不紧密，有限经费浪费比较严重，导致效率低下。

三、增长绩效方面

河南现代食品产业高质量发展的关键是取得实际的增长绩效，本研究选择增长规模、人均水平、增长速度、盈利能力和生产效率五类指标来比较分析河南现代食品产业增长绩效情况。

（一）规模总量排名下滑

本研究采用规模以上食品企业营业收入占地区规模以上企业总营业收入的比重作为衡量食品产业规模的指标，计算公式为100%×规模以上食品企业营业收入）/地区规模以上企业总营业收入。本文基于2022年《中国工业统计年鉴》的数据计算了主要省份2020和2021年食品行业占地区营业收入比重（表4-10）。

表4-10　2020、2021年主要省份食品产业营业收入及比重

年份 指标 地区	2020年 规模以上食品企业营业收入（亿元）	2020年 规模以上企业地区总营业收入（亿元）	2020年 规模以上食品企业营业收入占地区营业收入的比重（%）	2021年 规模以上食品企业营业收入（亿元）	2021年 规模以上企业地区总营业收入（亿元）	2021年 规模以上食品企业营业收入占地区营业收入的比重（%）
全国	94290	1083658	8.70	105195	1314557	8.00
山东	9042	87161	10.37	10699	103804	10.31
四川	7736	46565	16.61	8576	54215	15.82
广东	7377	149930	4.92	8494	173650	4.89
湖南	6354	38915	16.33	6870	43409	15.83
福建	6117	55281	11.07	6761	65768	10.28
河南	6204	48607	12.76	6623	57264	11.57
湖北	5640	40925	13.78	6451	51228	12.59
江苏	5237	125344	4.18	6064	153889	3.94
河北	3620	43213	8.38	4117	53934	7.63
安徽	3639	38549	9.44	3643	45519	8.00

从表 4-10 中可以看出，2021 年河南规模以上食品企业营业收入 6623 亿元，食品产业营收规模在全国的排名下滑到第六位，落后于山东（10699 亿元）、四川（8576 亿元）、广东（8494 亿元）、湖南（6870 亿元）和福建（6761 亿元）；2021 年河南规模以上食品企业营业收入占总营业收入的比重为 11.57%，占比虽然高于全国平均水平（8%），但落后于四川（15.82%）、湖南（15.83%）、湖北（12.57%）等食品业大省。同时，与 2020 年相比，河南食品产业占地区营业收入的比重还有所下降，作为农业大省，河南食品行业作为第一主导产业的作用亟待增强。

（二）人均食品产业产值水平较低

本研究采用规模以上食品企业营业收入与地区常住人口数的比例作为食品产业人均水平的衡量指标，计算公式为 100%×规模以上企业食品产业营业收入/地区常住人口数。表 4-11 是 2021 年主要省份规模以上食品企业产业人均水平情况。

表 4-11 2021 年主要省份规模以上食品企业人均营业收入

地区	规模以上食品企业营业收入（亿元）	地区常住人口数（万人）	人均食品产业产值（万元/人）
全国	105195	141260.0	0.74
山东	10699	10170.0	1.05
四川	8576	8372.0	1.02
广东	8494	12684.0	0.67
湖南	6870	6622.0	1.04
福建	6761	4187.0	1.61
河南	6623	9883.0	0.67
湖北	6451	5830.0	1.11
江苏	6064	8505.0	0.71
河北	4117	7448.0	0.55
安徽	3643	6113.0	0.60

从表 4-11 中可以看出，2021 年河南人均规模以上食品企业营业收入为 0.67 万元，低于全国平均水平（0.74 万元/人），在 10 个食品业大省中排名第 7，虽然高于广东、河北和安徽，但与四川（1.02 万元/人）、福建（1.61 万元/人）、湖北（1.11 万元/人）、山东（1.05 万元/人）等省份还有较大差

距，说明河南食品产业人均水平较低。一方面是河南人均食品消费额较低，对食品产业带动作用有限。另一方面反映河南食品产业竞争力不足，出口竞争力或对外省的辐射能力有限。相比而言，人均食品产业营业收入最高的是福建，虽然福建省常住人口较少，仅 4187 万人，但福建食品产业发展质量高，品牌竞争力强，产品销往海内外，食品产业成为福建颇具竞争力的主导产业。

（三）增长速度缓慢

本研究采用规模以上食品企业营业收入增速作为现代食品产业增长速度的考核指标，根据《2022 中国工业统计年鉴数据》，绘制了 2021 年主要省份食品产业增速情况（图 4-2）。

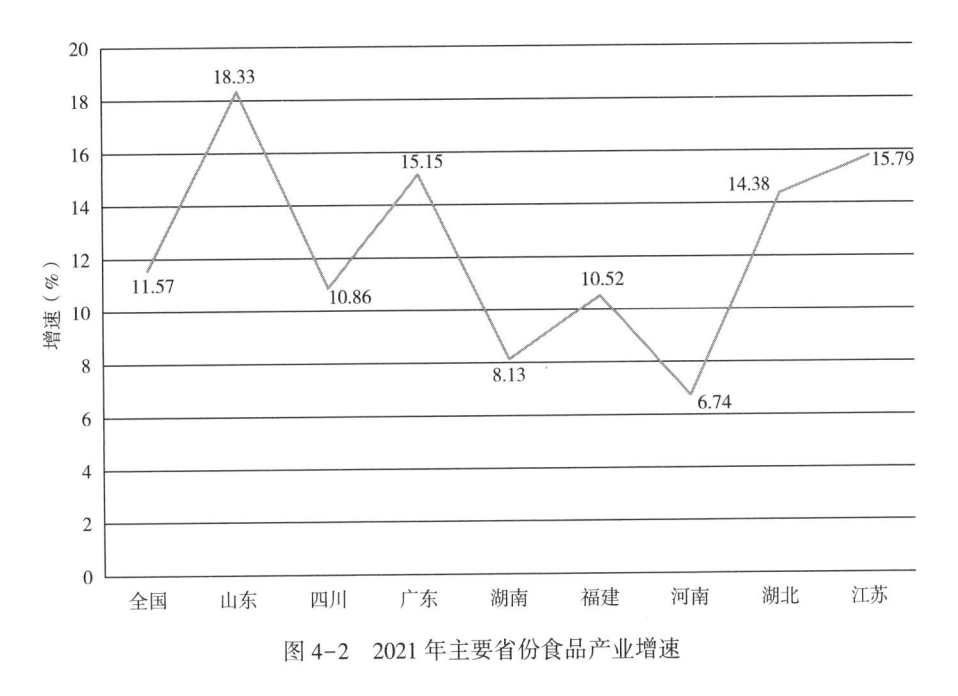

图 4-2　2021 年主要省份食品产业增速

从图 4-2 中可以看出，2021 年河南规模以上食品企业营业收入比 2020 年增长 6.74%，不仅低于全国平均水平（11.57%），也远低于山东（18.33%）、四川（10.86%）、广东（15.15%）、湖南（8.13%）、福建（10.52%）、湖北（14.38%）、江苏（15.79%）等食品业大省。这说明河南食品行业面临规模排名和增速排名双下降的趋势，这一下滑趋势如果不能逆转，河南食品产业与江苏、四川、广东、福建、湖南五省的差距有可能越拉越大，甚至排名会被湖北、江苏、安徽等省超越。河南食品产业规模和增速双下滑是上文分析过的食品产业结构偏重农副产品加工业、出口竞争力弱、创新效率低和新产品迭代升级少，以及下文要谈到的产业盈利能力不足、劳动生产率低等多种因素影响的结果。

（四）盈利能力较弱

本研究采用规模以上食品企业营业利润占营业收入的比例即营业利润率作为食品产业盈利能力的衡量指标，计算公式为100%×规模以上企业食品产业营业利润/规模以上企业食品产业营业收入。表4-12是根据《2022中国工业统计年鉴数据》汇总的2021年主要省份食品产业营业利润率情况。

表4-12　2021年主要省份食品产业营业利润率

地区	规模以上食品企业营业收入（亿元）	规模以上食品企业营业利润（亿元）	营业利润率（%）
全国	105195	7852	7.46
山东	10699	320	2.99
四川	8576	1072	12.50
广东	8494	550	6.47
湖南	6870	394	5.73
福建	6761	497	7.35
河南	6623	445	6.72
湖北	6451	668	10.36
江苏	6064	478	7.88
河北	4117	142	3.44
安徽	3643	227	6.24

从表4-12中可以看出，2021年河南规模以上企业营业利润总额445亿元，营业利润率为6.72%，低于全国平均水平（7.46%），在10个食品业大省中排名第5，处于中游地位，但与四川（12.50%）、福建（7.35%）、湖北（10.36%）、江苏（7.88%）四个省份尚有较大差距。一方面，河南食品产业较低的营业利润率反映食品产业在产品开发、市场营销、品牌管理、企业管理等方面的效率较低。另一方面，整个行业的低利润率也影响了食品产业投资创业的积极性，不利于市场主体的培育和壮大。

（五）生产效率低下

本研究采用规模以上食品企业营业收入与从业人员数的比例作为食品产业全员劳动生产率的衡量指标，计算公式为100%×规模以上食品企业营业收入/规模以上食品企业平均用工人数。表4-13是2021年主要省份食品企业全员劳动生产率情况。

表4-13　2021年主要省份食品产业全员劳动生产率

地区	农副食品加工业（万元/人）	食品制造业（万元/人）	酒、饮料和精制茶制造业（万元/人）	烟草制品业（万元/人）	食品产业（万元/人）	所有产业（万元/人）
全国	201.16	121.75	143.86	765.24	181.18	165.33
山东	182.27	114.72	116.70	490.78	165.31	184.51
四川	197.68	122.25	221.37	801.04	196.69	174.80
广东	296.73	125.92	164.80	463.09	201.53	128.23
湖南	158.16	101.89	119.55	878.06	152.50	136.93
福建	179.96	124.79	116.19	660.88	153.87	151.49
河南	138.24	84.06	109.28	404.07	122.62	129.64
湖北	238.22	143.17	156.84	1168.07	221.45	177.51
江苏	281.98	109.01	168.54	1483.32	231.62	169.77
河北	248.72	146.70	131.51	666.24	207.28	196.36
安徽	191.18	102.51	110.79	534.30	164.97	162.74

由表4-13可知，2021年河南规模以上食品企业全员劳动生产率为122.62万元/人，低于全国平均水平（181.18万元/人），在10个食品业大省中排名最后，与四川（196.69万元/人）、广东（201.53万元/人）、湖北（231.28万元/人）、江苏（231.62万元/人）等省份存在较大差距。从各行业来看，河南4个食品行业的全员劳动生产率都排名10个省份末位，研发经费和研发人员投入较多的农副食品加工业、食品制造业的全员劳动生产率与其他省份的差距最大，一方面说明河南食品行业劳动者知识的技能水平偏低，另一方面说明研发投入并没有有效促进劳动者生产效率的提升。

四、绿色生态方面

随着人类生活质量和消费层次的不断提高，绿色食品市场状况日趋见好。

绿色食品产业成为适应市场潮流的产业、高附加值高效益的精品产业、促进农业结构调整和农产品加工转化的重要产业。本研究主要从绿色食品认证、绿色原料标准化生产基地、绿色生产要素支撑等指标衡量现代食品产业绿色发展情况。

（一）绿色食品数量较少

本研究采用有效绿色食品单位数、绿色食品产品数作为食品产业绿色食品规模的衡量指标。表4-14是根据《2022绿色食品统计年鉴数据》汇总的2021年主要省份绿色食品发展规模情况。

表4-14 2021年主要省份绿色食品发展规模情况

地区	有效绿色食品单位数（个）	绿色食品产品数（个）
河南	1448	2506
山东	1805	4141
广东	514	804
福建	652	1457
湖南	1577	3338
湖北	995	2441
四川	878	2079
江苏	2479	5405
河北	718	1585
安徽	2487	4571

由表4-14可知，2021年河南有效绿色食品单位数为1448个，在10个食品业大省中排名第5，与安徽（2487个）、江苏（2479个）、山东（1805个）、湖南（1577个）等省份存在一定差距。2011年河南绿色食品产品数为2506个，在10个食品业大省中排名第5，与安徽（4571个）、江苏（5405个）、山东（4141个）、湖南（3338个）等省份存在较大差距。这说明河南绿色食品发展取得一定规模，但尚有较大的发展空间，尤其是绿色食品的开发力度需要加强。河南绿色产品开发不足的原因很多：一方面，绿色食品开发局限于粮食为主的，向蔬菜、畜产品、水产品、中草药等领域的拓展不足；另一方面，缺乏对绿色食品产业的梯次开发。另外，同一种类的有机食品、绿色食品、无公害食品的开发品类少，难以满足不同层次、不同群体的消费需求。

(二) 绿色食品原料基地规模优势仍需加强

本研究采用绿色食品原料标准化生产基地数与面积作为食品产业绿色原料基地的衡量指标。表4-15是根据《2022绿色食品统计年鉴数据》汇总的2021年主要省份绿色食品原料基地情况。

表4-15 2021年主要省份绿色食品原料基地情况

地区	绿色食品原料标准化生产基地数（个）	绿色食品原料标准化生产基地种植面积（万亩）
河南	53	1322.3
山东	20	442.6
广东	7	55.9
福建	14	101.7
湖南	34	459.7
湖北	22	300.4
四川	67	858.3
江苏	55	1046.5
河北	10	126.6
安徽	48	744.9
黑龙江	157	6846.2

从表4-14中可以看出，2021年河南绿色食品原料标准化生产基地数为53个，在10个食品业大省中排名第3，仅少于四川（68个）、江苏（55个）；2011年河南绿色食品原料标准化生产基地种植规模为1322.3万亩，在10个食品业大省中排名第1。这说明河南绿色原料标准化基地建设取得较快发展，但与黑龙江等农业大省相比，绿色农产品基地数量和种植面积都需要加强。

作为农业大省，河南应当以区域特色农产品资源为基础，坚持"政府推动、产业化经营、相对集中连片、适度规模发展"的原则，重点布局豫北优质专用小麦，豫西、豫西南、豫南山区优质林果，正阳、民权、内黄优质花生，卢氏、西峡、泌阳食用菌，临颍、淅川、柘城优质辣椒，内乡、汝州生猪养殖，泌阳、唐河、郏县肉牛养殖等特色优质农产品原料种植养殖基地，加大育种创新攻关力度，加快推出高产稳产、优质绿色的新品种，加强经营管理和技术指导，全面执行绿色食品标准化生产和全过程质量控制，为现代食品加工企业提供绿色优质原料。同时，河南应积极推进焦作和驻马店调味料、漯河植物提取物等食品辅料生产企业扩规模、增品种、提品质，建成全国现代食品高品质原辅料供应基地。

（三）绿色生产资料支撑不足

绿色食品生产资料指获得国家法定部门许可、登记，符合绿色食品投入品使用准则要求，可优先用于绿色食品生产、加工，经中国绿色食品协会核准并许可使用特定绿色生资标志的安全、高质、环保的生产投入品的统称。绿色生资包括肥料、农药、饲料及饲料添加剂、兽药、食品添加剂，及其他与绿色食品生产相关的生产投入品。本研究采用绿色生产资料获证企业与产品数作为绿色生产资料支撑食品产业发展的衡量指标。表4-16是根据《2022绿色食品统计年鉴数据》汇总的2021年主要省份绿色生产资料情况。

表4-16　2021年主要省份绿色生产资料情况

地区	绿色生产资料获证企业数（个）	绿色生产资料获证产品数（个）
河南	17	57
山东	19	68
广东	11	74
福建	1	16
湖南	8	16
湖北	8	19
四川	9	106
江苏	19	55
河北	6	15
安徽	23	56

从表4-16中可以看出，2021年河南绿色生产资料获证企业数为17个，在10个食品业大省中排名第4，仅少于山东（19个）、江苏（19个）、安徽（23个）；2011年河南绿色生产资料获证产品数为57个，在10个食品业大省中排名第4，但与山东（68个）、四川（106个）、广东（74个）有较大差距，且安徽（56个）、江苏（55个）与河南的数量基本接近。河南绿色生产资料还面临品牌知名度不高，宣传效果不显著等问题。尽管相关部门多次开展绿色生资品牌推广系列活动，多次在农业生产资料行业内有影响力的专业展会上搭建宣传平台，但从效果来看，宣传的宽度和广度仍不够，推广经验欠缺，使得绿色生资这个精品品牌还不为广大农业投入品企业所了解。另外，

在已获证的绿色生资产品中，相当比例不是主打的拳头产品，有影响力产品的种类和数量并不多，科技含量较高的新产品更是少见，使绿色生资品牌的市场号召。河南绿色生产资料对食品产业的支撑度仍需要增强。

五、发展韧性方面

强的发展韧性下，产业通过经济主体的自动调适机制，以及政府政策的应变调整，才能够有效应对国内外环境变化，防止各项指标的起伏波动，保持可持续发展。本研究采用食品产业资产负债率即规模以上食品企业负债总额与规模以上食品企业资产总额的比重作为食品产业发展韧性的衡量指标，计算公式为100%×规模以上食品企业负债总额/规模以上食品企业资产总额。表4-17是基于《2022中国工业统计年鉴》计算的2021年主要省份现代食品企业资产负债率情况。

表4-17　2021年主要省份现代食品产业资产负债率情况

地区	规模以上食品企业资产总额（亿元）	规模以上食品企业负债总额（亿元）	资产负债率（%）
全国	84686	40297	47.58
山东	7356	4564	62.05
四川	7621	3328	43.66
福建	3762	1680	44.66
广东	5954	3058	51.37
湖南	3562	1265	35.52
河南	4998	2274	45.50
湖北	4202	1860	44.26
江苏	4862	2104	43.28
河北	3421	1974	57.72
安徽	2869	1331	46.38

由表4-17可以看出，2021年河南规模以上食品企业资产总额4998亿元，在10个食品大省中排名第4；负债总额2274亿元，在10个食品大省中排名第4；食品产业资产负债率为45.5%，低于全国平均水平（47.58%），在10个食品业大省中排名第5，说明河南食品产业债务比重不算太高，发展具有一定的韧性。

近年来，河南省食品产业遇到了前所未有的严峻挑战与考验，市场销售下行压力进一步加大，但政府顶住压力，统筹做好经济社会发展，坚持稳字当头、稳中求进，把稳增长放在更加突出位置，爬坡过坎、主动作为，整体上稳定住了经济大盘，保持经济运行在合理区间，食品产业彰显了较为强大的发展韧性。但面临未来国内外发展的诸多不确定性因素，河南食品产业存在科技创新能力不足、中小微企业发展缺乏韧性、人才吸引力亟待增强、消费升级的支撑作用有限、产业政策的韧性和柔性需要增强等不利因素和发展短板，仍需要通过全面培育内生发展优势、大力增强产业创新能力，提高产业"免疫力"和"快速修复力"、提升产业链供应链竞争力、增强小微企业发展韧性等措施提升食品产业的发展韧性。

第三节 河南省现代食品产业高质量发展的经验与优势

一、河南省现代食品产业发展优势

食品产业作为河南传统优势产业，经过20年的快速发展，形成了比较完备的产业体系和特色产业集群。2022年，河南规上食品企业营业收入7185亿元，占规上工业营业收入的11.9%，产品出口到130多个国家和地区，为五大主导产业之首，是最具发展潜力和发展优势的战略支撑产业。河南"中原粮仓""国人厨房"和"世人餐桌"的地位不断提升，并在稳定经济、吸纳就业、出口创汇、贡献税收等方面发挥着重要作用。

近年来，河南充分发挥粮食生产大省，绿色食品业大省，人口大省等发展优势，坚持绿色化、高端化、品牌化、智能化发展思路，坚持一群多链、聚链成群，坚持政府推动、市场主导，实施了冷链食品、休闲食品、特色功能食品、预制菜、数字赋能、品牌设计等升级行动，持续做优粮食制品，做强肉类制品，做精油脂制品，做特果蔬制品，振兴酒业、奶业、中药材业，河南现代食品产业实现了从"中原粮仓"到"国人厨房"再到"世界餐桌"的快速发展，产业总量多年位居全国第二，现代食品集群成为河南省重点打造的万亿级战略支柱产业。尤其是在河南农业强省战略发展中，现代食品产业发挥着重要支撑作用。一方面，现代食品业的产业关联效应通过种养基地、专属农场等建设，提高了农产品附加值，带动当地农牧业发展。另一方面，现代食品业也带动了当地包装、物流、文旅等相关产业的发展，激发县域经济发展活力，稳步带动近千万农民增收致富，有利于农村产城融合发展与乡村全面振兴。

（一）产业体系日益完备

一是行业门类齐全。目前，河南省全面覆盖食品产业的农副食品加工业、食品制造业、饮料和精制茶制造业、烟草制品业等4个行业大类21个行业中类。以休闲食品行业为例，河南目前拥有符合休闲食品特性的食品加工企业约3175家，年营业收入约725亿元。其中，粮食膨化类企业316家、谷物烘焙类企业927家（方便食品149家、饼干157家、糕点621家）、豆类企业68家、果蔬类企业632家（蔬菜制品32家、水果制品110家、休闲饮品类306家、罐头134家、冷冻饮品50家）、肉蛋奶类企业658家（肉制品499家、蛋制品137家、水产制品22家）、坚果炒货类264家、糖食类企业310家。

二是主导产业优势突出。河南肉制品、速冻食品、面制品和休闲食品等加工能力位居全国第一，生产了全国1/2的火腿肠、3/5的汤圆、7/10的水饺、1/3的方便面、1/4的馒头、4/5的酸辣粉，初步形成肉类生产与加工、面及面制品、速冻食品及冷链产业、调味品生产加工、休闲食品生产加工和健康食品五大优势主导食品产业。仅休闲食品产业，业已形成以好想你为龙头的红枣休闲食品、以卫龙为龙头的调味面制品、以双汇为龙头的肉制休闲食品、以米多奇为龙头的粮食膨化类、以蜜雪冰城为龙头的休闲茶饮五大休闲食品优势主导产业集群。

三是新兴产业快速发展。预制菜等新兴产业取得较快发展。2022年河南预制菜产业发展指数位列全国第三（仅次于广东和山东），目前有预制菜企业5932家、位居全国第二（仅次于山东）；河南省新乡市原阳县入围"2023年全国十大预制菜产业基地"，通许县酸辣粉产量占据全国60%以上的市场份额，2022年千味央厨实现营收14.89亿元，同比增长16.86%。

（二）市场主体培育取得实效

河南食品产业在培育各类市场主体，尤其是推动"大而强""快而新""专而精"企业发展方面不断取得实效，食品产业的规模优势不断巩固。

一是生产经营主体不断增多。截至2021年底，全省食品生产经营市场主体达105.2万家，比上年增加19.9万家，增长了23.3%。获得生产经营许可和登记（备案）的食品"三小"单位，分别增加9.4万家和10.5万家。

二是规上企业的资产和用工规模大。2022年，河南规模以上食品企业2607家，资产规模总计达到4998亿元，年平均用工总人数54万人，资产规模和用工人数分别占全国食品产业的5.9%和9.3%，在全国分别排名第4、第2位，食品产业资产规模较大、带动就业作用明显。

三是涌现出一批"大而强""快而新""专而精"的企业。双汇、牧原、三全、思念、卫龙等"大而强"的企业发展规模大、产业链链条长、科研创新能力强、市场占有率高；千味、平平、大咖食品、仲景食品、九豫全食品、河南中沃、怀山堂、澄明食品等"快而新"的企业产品更新迭代快、销售及管理模式新，在新赛道市场占有率高；好想你、十三香、米多奇、白象食品、金丹乳酸科技、飞天农业、中大恒源、阳光兔业、想念食品等"专而精"的企业精于产品、技术、装备、管理模式和销售模式创新，在特定行业赛道市场占有率高。

（三）产业聚集效应日益显现

近年来，河南围绕肉制品、面制品、乳制品、油脂及果蔬等产业，培育出千亿级产业集群和十多个百亿级产业园区，产业集聚集群水平取得较快提升。

一是产业集聚区规模实力得到壮大。河南省目前已形成了以农产品加工为主导的产业集聚区70个，比较有影响的有临颍休闲食品、汤阴食品加工、遂平农产品加工、原阳餐饮、延津面业、清丰食用菌、禹州中药材、泌阳肉牛、永城面粉等产业集聚区。

二是形成了六大特色食品产业集群。其分别是以牧原、双汇为代表的全国最大肉类生产与加工集群；以白象、想念等为代表的全国最大面及面制品产业集群；以三全、思念等为代表的全国最大速冻食品及冷链产业集群；以南街村调味料、驻马店十三香、莲花味精等为代表的全国最大调味品生产加工集群；以临颍黄龙食品产业园区、漯河卫龙为代表的全国最大休闲食品生产加工集群；以好想你为代表的健康食品产业集群。

三是行业区域集中度进一步提升。周口、郑州、商丘、漯河、驻马店、南阳、焦作7个省辖市规上食品工业产值占全省食品工业产值的70%以上，漯河成为全国首个"中国食品名城"，临颍成为全国唯一的"中国休闲食品之都"，临颍、武陟、郾城、遂平、郸城、潢川、固始等县区食品工业总产值占全县工业总产值30%以上，成为国家食品生产强县。

（四）食品科技创新能力不断提升

近年来，河南从食品产业高水平研发平台、技术创新、成果转化和推广应用等方面发力，加快推动食品科技创新能力建设。

一是建设了一批高水平创新平台。围绕食品产业，河南建有河南农业大学省部共建小麦玉米作物学等3家国家级重点实验室，1家中原食品实验室，杂交小麦、玉米、水稻、油料作物遗传改良、冷链食品、肉制品加工等47家省级重点实验室，速冻食品加工、肉类加工、粮食精深加工、食品安全分析与检测、食品加工与流通安全控制等52家省级工程技术研究中心。

二是组织实施了重大科技创新工程。河南先后投入省级科技经费1.2亿多元，支持三全食品股份有限公司、郑州思念食品有限公司、科迪食品集团股份有限公司、河南农业大学、郑州轻工业大学等单位，承担实施了"速冻面米食品高效节能与品质提升关键技术研究及产业化示范""肉类加工质量安全全程追溯体系研究与开发及产业化示范"等一批省重大科技项目。

三是引导支持食品企业科技创新。河南积极落实研发费用加计扣除、高新技术企业税收优惠、研发投入财政补助等激励政策，支持企业与高校联合承担各类科技项目，推动产学研协同创新，引导各类创新要素向重点优势企业集聚。如郑州思念食品有限公司通过承担"主速冻主食自动化生产与品质提升关键技术研究及产业化示范"省重大科技专项，建成了国内第一条水饺自动注馅生产线，产量提高一倍。河南黄国粮业股份有限公司承担了"糯米制品绿色高效生产关键技术研究及产业化应用"项目，项目实施期间，制定了《白糯米粉河南省地方标准》和《汤圆用水磨白糯米粉国家行业标准》，填补了糯米粉产品没有地方标准、国家行业标准的空白；项目的实施，带动了周边几十家企业、合作社、家庭农场和40多万户农户种植糯稻200多万亩，支持了革命老区脱贫攻坚和乡村发展振兴。

（五）"三链同构"实践取得成效

为延伸拓展融合产业链，近年来河南漯河等市县开展"三链同构"模式的实践探索，取得的经验较为显著。

1. 延伸整合产业链

一是筑牢产业链前端根基。河南按照布局区域化、生产标准化、经营规模化、发展产业化、方式绿色化、产品品牌化方向，以优质小麦、优质花生、优质草畜、优质林果为重点，抓好十大优势农产品基地建设，加快调整种养结构，优势特色农业产值占比达57%。2021年，全省优质专用小麦发展到1628万亩，油料面积、产量分别为2407万亩、657万吨，分别居全国第2和第1，其中花生面积、产量分别占全国的1/4、1/3，均居全国第1；蔬菜面积、产量分别为2637万亩、7428万吨，面积居全国第1；食用菌产量178万吨；瓜果产量1459万吨。围绕农业食品企业原料供应需求，漯河市实施"龙头企业+标准化种养基地"模式，舞阳、临颍、郾城成功创建国家绿色食品原料标准化生产基地，建成郾城生猪、召陵肉鸡等一批国家标准化养殖示范场，着力把农田、养殖场打造成为食品产业的"第一车间"。南阳科尔沁肉牛公司通过发展玉米种植、饲料加工、肉牛饲养和屠宰、冷链物流以及产品销售等全链条产业，联通了农、牧、工、商四大业态。

二是巩固产业链中间纽带。河南以"粮头食尾、农头工尾"为抓手，支持龙头企业深化农业产业化经营，联手农民专业合作社、家庭农场和专业大户组建各类农业产业化联合体，形成上中下游紧密衔接、农工商企业分工协作的生产经营体系。目前，全省大力推动6个国家级优势特色产业集群，80个国家级农业产业强镇，8个全国农业现代化示范区，5个国家乡村振兴示范县创建，构建10个国家级、100个省级、274个市级、278个县级现代农业产业园体系，加速推动第一、二、三产业融合发展。漯河市在延伸面制品产业链过程中，推动出台《关于支持小麦产业化联合体建设推进"三链同构"若干措施》，建设小麦产业化联合体，推动面制品生产企业、面粉加工企业、粮食仓储企业、粮食专业合作社和种植大户、农科院和育种专家等五个层面深度合作，实现专种专收专储专用，形成优粮优价联结模式。

三是畅通产业链后端市场。河南搭建载体平台，持续开展豫京、豫沪农业领域合作，办好河南省优质特色农产品（北京、上海）展示展销会、中原畜牧业交易博览会、中国（驻马店）农产品加工投资贸易洽谈会、河南（郑州）国际现代农业博览会、郑州种业博览会暨中原国际种业科技展览会、"一带一路"（洛阳）国际农业合作博览会，漯河市依托中国（漯河）食博会和"国家电子商务示范基地"——中国（漯河）电子商务产业园，引导企业积极拓展线上线下市场，探索建立大宗食品原料采购联合体。

2. 打造提升价值链

一是特色化提升价值链。河南积极调整优化产品结构，围绕优势产业加快中高端产品开发力度，加快专业化私人化产品定制。双汇集团针对大型电商公司、餐饮连锁公司、连锁超市提供高端定制肉制品。双汇调味品创新研发高汤、复合调料等中高端调味品，其中骨汤系列产品主要有骨素、高汤、香精香料、调味料、骨油五大系列300多种产品，可广泛应用于食品加工、调味品加工、家庭及餐饮菜品制作等；家庭菜肴系列已推出肉酱系列、中华名菜系列、鸡精系列、火锅系列等调料产品300多种，其中"双汇牌鸡精鸡粉"为河南省第三届豫菜品牌大赛指定专用调味品；食用油脂系列包含食用猪油、鸡油、牛油、起酥油等产品，主要用于家庭、餐饮、食品加工厂、糕点烘焙等渠道。双汇的销售网络已覆盖全国20多个省市，并成为国内外200多家大型餐饮连锁、加工厂定向服务商。

二是科技支撑提升价值链。农产品加工企业不仅引进高端装备，还与科研机构、大专院校结合，开展加工装备科研攻关，推进了生产装备的智能化、绿色化改造，积极提高产品科技含量，大力增加产品科技价值。漯河市着力打造公共创新平台、政企合作的新型创新平台、企业创新平台，依托3所在漯高校，采取市校共建共购共享模式，建立食品产业共性技术研发平台、休闲食品协同创新中心、河南省休闲食品工程技术中心等3个公共研发平台，与微康生物合作建设创新食品与生物工程研究院，探索实施"益生菌+食品"优势叠加项目，推动每个规上企业至少与一家高校、科研机构或其团队开展合作。卫龙利用大数据、人工智能、工业互联网和实时计算机技术，建立数字化改造，实现互联互通，推出口味创新、包装升级的生产工艺，打造了魔芋爽、风吃海带、78度卤蛋等畅销产品。

三是精深加工提升价值链。河南积极开发精深加工新产品，增加专用产品的有效供给，提高产品价值链条。中大恒源致力于从栀子、姜黄、辣椒等农产品提取天然色素，是我国天然色素在食品领域应用的开拓者和标杆型企业，建成亚洲单体规模最大的微康益生菌菌料生产基地，开发出了天然色素、果蔬粉系列、天然抗氧化剂、功能性饮料、天然甜味剂、饲料添加剂等系列产品。目前，其已有300余个产品开发上市，是国内栀子黄色素、姜黄色素、β-胡萝卜素应用型产品产销规模最大的企业，产品广泛应用于肉制品、乳制品、功能性饮料等行业。平顶山市积极发展大豆精深加工，先后引进天晶、金晶、瑞洋等以大豆精深加工为引领的高科技食品加工企业，通过提取油脂、蛋白、多糖、膳食纤维，真正将大豆物尽其用。

3. 优化融合供应链

一是社会化服务保障供应链。强化社会化服务，2022年，全省家庭农场发展到26.2万家，农民合作社发展到20万家。农业社会化服务组织发展到12.5万个，居全国第1，认定第二批291个省级示范组织，生产托管服务面积1.86亿亩次，居全国第3。漯河市供销合作社以发展土地托管服务为契机，选择实力强的直属企业为龙头，打造粮食生产全产业链服务模式，吸纳农民种植合作社、农机合作社，成立土地托管为农服务中心，采取大田托管、代耕代种、股份合作、以销定产等方式，为农民和各类新型农业经营主体提供农资供应、配方施肥、农机作业、统防统治、收储加工等系列化服务。河南新农邦电子商务公司开发的豫农宝、聚农宝等农产品电商平台，专注于农产品上行，让本地农产品走进千家万户；新郑好想你红枣、焦作怀庆府山药、兰考五农好酱菜、濮阳桃园建民辣椒酱等特色农产品已成为网销知名品牌。召陵区引进村创、新供销聚超等涉农电商50多家，建立村级服务站（网点），实现新型农业经营主体、生产加工企业和电商企业互联互通无缝衔接。

二是供销对接畅通供应链。订单生产能够有效引导农民按照市场需求组织农业生产，发展适合市场需求的优质农产品，从而增强农产品市场竞争力。2022年全年河南省农产品贸易总额286.6亿元、同比增长22.7%。漯河市采取"五级订单"模式，推动面制品生产企业、面粉加工企业、粮食仓储企业、粮食专业合作社和种植大户、农科院和育种专家等五个层面深度合作，实施专种专收专储专用、优种优收优加优销，形成五级订单、全产业链发展模式。卫龙致力于销售渠道的改善，一方面不断完善线下销售渠道，销售网络覆盖70多万个零售终端，另一方面加大对电商平台的布局，线上销售额近5年来逐年增加。

（六）特色品牌贡献率不断提高

近年来，河南省食品产业特色品牌数量持续增加，品牌知名度和市场竞争力不断提升，为拉动区域经济发展作出重要贡献。一是品牌骨干食品企业规模不断壮大。截至2021年末河南29家食品企业商标获"中国驰名商标"，占全省中国驰名商标总数的28%；26个产品获"中国名牌"称号。截至2022年，河南57家企业入围"中国食品工业企业500强"名单，山东31家入围。二是品牌文化内涵不断丰富。古（古文化）、河（黄河、淮河）、山（嵩山、南太行山、大别山、伏牛山）、拳（少林武术、太极拳）、花（洛阳牡丹、开封菊花、许昌蜡梅）及传统民俗等文化元素融入地方特色食品品牌，培育壮大了一批具有文化优势的特色产区和产品，如信阳毛尖、仰韶酒、贾湖酒、道口烧鸡等品牌，实现了"文旅+食品"融合发展。

（七）食品安全保障有力

河南食品安全工作成效显著，总体形势稳定向好。一是未发生重大食品安全事件，做到了"监管好河南的食品市场，让全省人民放心""管理好河南的食品企业，让全国人民放心"。二是抽检合格率稳步提升，2022年，全省食品安全抽检合格率高于全国平均水平，监督抽检、评价性抽检、大宗食品抽检合格率稳定，分别为97.5%、97.9%、99.1%，1/3以上的县（市、区）达到国家农产品质量安全县标准，人民群众对食品安全总体满意度达到70%以上。

二、政府支持现代食品产业发展的成功经验

（一）探索实施产业链"链长"制度，驱动食品产业变革

产业链"链长制"是地方政府适应经济社会发展新局面，优化宏观调控与产业管理的重大政策创新，实施党政主要领导挂帅担任链长，充分发挥集聚、整合内外部资源的能力，集中摆脱产业链发展中的困境和难题，提升地区产业链现代化水平，推动产业链高质量发展。2023年上半年河南省为加快构建现代化产业体系，建立了"链长"领导下的专班推进产业高质量发展的链长制，着力培育包含预制菜、冷链食品、休闲食品、酒饮品4个现代食品产业在内的28个重点产业链，在该项工作中各产业链成立了工作专班，统筹指导省食品产业链高质量发展推进工作，研究解决重大问题，积极推动人才链、教育链、创新链、资金链与产业链的深度耦合发展。

一是完善了产业链发展的组织机制。链长制围绕"串链、建链、补链、强链"等原则，选取现代食品产业优势领域作为高质量发展的目标产业，聚焦产业链发展新生态，以推动食品产业链各主体间的协同为目标，构建了多级联动的组织架构，实施常态化横向协同的工作机制。首先，现代食品产业链长制以副省级以上领导担当链长，政府相关职能部门承担具体的组织协调工作，相关主管部门负责人和产业链上下游企业担当成员，成立了产业链推进工作专班。其次，建立了包含日常调度、技术支撑、信息宣传、工作会议、服务保障等在内的常态化管理机制。最后，实施月例会、联络员、工作调度等工作机制，及时掌握工作进展情况，集体研判并解决存在问题，推动各项工作持续进行。

二是构建了产业链发展的协调机制。河南休闲食品等现代食品产业链"链长制"在运行过程中，整合了多部门职能，建立了多级联动、横向协作的工作机制，推动省、市、县各级协同联动，有效破解了多头共管、职能边界

不清、连接不畅等问题。首先,从现代食品产业发展面临的人才、资金、技术、用地、设施等共性问题入手,通过引导财政资金、产业用地、创新资源等公共资源优化配置,打造适合现代食品产业链发展的产业新生态体系,实现产业链一体化协同运作,加强产业链供应链自主可控性。其次,充分发挥链长、工作专班等主体的"穿针引线"作用,集中力量解决现代食品产业发展中的原料供应不优、融资难、用地难、人才短缺等问题,重点破解产业链上游原辅材料供应不优、装备落后等问题,产业链中游市场主体创新活力不足、生产过程数智化应用水平较低等问题,产业链下游营销网络不健全、市场拓展不足等问题。最后,充分发挥龙头企业的"带动引领"作用,促进产业集聚集群发展,形成大中小、上下游、左右岸企业共同发展的格局,推进供应链、创新链、消费链、资金链、人才链之间的有机衔接,实现多链融合发展。

三是形成强有力的支撑机制。链长制实施过程中,通过摸底调查、分析研判、顶层设计、搭建平台、出台政策、要素供给等多种方式为现代食品产业链发展提供精准服务,多措并举促进现代食品产业高质量发展。一方面,积极推进现代食品领域产教融合、科教融汇,充分发挥高等学校和科研院所专家学者的决策咨询、科技研发、人才培养等支撑作用。另一方面,研究制定食品产业链图、技术路线图、区域分布图、应用领域等,掌握产业链上的重点园区、重点企业、重点项目和关键共性技术等具体情况,明确了现代食品产业链总体思路、发展目标、战略布局、主攻方向、重点任务、推进措施,推动产业链优势资源化点为珠、穿珠成链,积极弥补产业链的薄弱环节及技术瓶颈,全面推动现代食品产业链建设。

(二) 通过"放管服"改革,营造良好的营商环境

为响应中央的号召,促进河南产业升级和经济高质量发展,河南省政府2017年开始就出台了"放管服"改革的问题,如仅2017年就出台了《河南省2017年"放管服"改革投资项目审批专项工作方案》《河南省2017年"放管服"改革涉企事项专项工作方案》《河南省2017年"放管服"改革办税便利化专项工作方案》《河南省2017年"放管服"改革民生服务专项工作方案》和《河南省2017年"放管服"改革"互联网+政务服务"专项工作方案》等文件;2019年河南省全面启动全省"放管服"改革政策措施落实情况专项审计调查,确保"放管服"改革政策落到实处;2021年,河南"放管服"改革政策再度升级,又推出了30项措施深化"放管服"改革,从四个方

面为食品产业发展营造了良好的发展环境。

一是以简政放权为核心,深入推进行政投资审批制度改革。行政投资审批制度改革是简政放权的主要内容,中央多次强调要大力压缩行政许可与核准事项。河南省及时衔接落实国务院要求,持续精简省级行政许可事项,让市场机制能有效调节的经济活动不再保留审批和许可,把这些事情的权限交由社会、市场或个人,减少政府不合理的行政干预,进一步扩大企业自主权,校正政府在市场经济中的"错位、越位、缺位",从而实现市场资源的最优配置。对待相同或相近的审批事项推行"网上并联审批"、通过"一网通办""零超时"等方式来优化服务流程,提高审批效率,增强放权的协同性、联动性,给群众和企业带来实实在在的红利。另外,除了行政审批改革,还有清单制度改革,主要包括权力清单、监管清单以及市场准入的负面清单。清单制度的实施有利于厘清政府与市场之间各主体的权力边界,规范各主体权力的行使,防止腐败,使市场在资源配置中起决定性作用和更好地发挥政府作用;大力破除市场准入壁垒,扩大民间资本进入,推动"非禁即入"普遍落实,实现把转变职能、激发市场活力与加强市场监管统筹,为企业发展提供规范有序和平等竞争的市场环境。

二是以"多证合一""证照分离"为主要内容,深化商事制度改革。作为"放管服"改革的一项重要举措,商事制度改革体现出简政放权和缩减行政审批的鲜明特征。推行"多证合一""证照分离"、降低市场准入门槛、缩减行政审批事项是深化商事制度改革的重要内容。政府对微观经济生活的过多干预形成的种种不合理的外部制度,如烦琐的行政审批流程、过高的市场准入门槛、"准入不准营"问题等,都在无形中增加了企业的制度性交易成本,阻碍经济社会发展、抑制市场机制有效发挥。河南省商事制度改革主张在实现"三证合一"的基础上推行"五证合一";实施中国(河南)自由贸易试验区"证照分离"改革试点,照后减证,解决"准入不准营"的问题;努力实现工商登记全程电子化、加快推行电子营业执照、完善税务登记、提供便捷高效的税费服务;为创业创新清除制度障碍,为企业带来极大的便利,进而提高整体创业规模和水平。

三是深化税制改革,进一步推进减税降费。河南省为落实党中央政策,减轻企业税负,优化营商环境,一方面减税,规定自2020年4月1日起深化增值税改革,对增值税小规模纳税人"六税两费"按50%顶格确定了减免幅度;2020年初,河南省按照中央要求对小微企业税费实施普惠性减免,持续降低企业负担。另一方面降费,继续清理涉企收费,5月1日开始降社保费,将城镇职工基本养老保险单位缴费比例由 19% 降到 16%。同时减轻个人所得税税负。

四是公正监管、综合监管、审慎监管三管齐下、构建事中事后监管体系。河南省推行公正监管、综合监管、审慎监管三管齐下。首先，公正监管，全面实施"双随机、一公开"监管，并规定在本部门市场监管类执法事项中，随机抽查事项的数量占比要超过 70%，在其他行政执法事项占比要超过 50%。抽查结果及时向社会公开，体现监管程序的规范和公平。通过信用监管，加强社会信用体系的建设，通过大数据和互联网技术加快推进涉企信息归集共享，披露企业的工商登记、税收缴纳、招聘等信息，让市场主体"一处违法、处处受限"，使企业认识到企业信用高低的重要性。其次，综合监管即推进跨部门、跨区域联合监管，实现部门间的数据互联互通共享，打破"信息孤岛"，在明确不同层级行政执法管辖权限的基础上强化基层监管力度，避免多个部门重复检查使企业不堪重负的弊端。最后，根据情况对新技术、新产业的发展，量身定制包容审慎的监管模式给予新经济发展空间，同时对其进行审慎有效监管，防范引发潜在的风险，促进新经济健康发展。

（三）实施优惠政策，聚力破解发展难题

有效解决企业"地难找""融资难""税收管理难"等问题。河南大力引进培育龙头企业，加大招商引资力度，完善财政奖补政策，强化重点企业和项目跟踪服务，及时帮助企业解决实际困难。注重财政扶持，2020 年，省金融管理部门与 16 家银行机构签订培育农业龙头企业金融服务书，投放农业龙头企业专项贷款 1306.09 亿元。鼓励融资担保机构降低服务门槛，为 55198 户涉农经营主体提供担保。鼓励联合发展。引导一些食品企业组建发展联盟，探索中小企业联合发展的有效路径。发挥平台作用。建立"美豫名品"与在线云等系列平台，努力实现资源整合、互联互通、共建共享。

一是支持头部企业发展壮大。对符合制造业头雁企业条件的，年主营业务收入首次超过 50 亿元、100 亿元、500 亿元、1000 亿元的食品企业，分别给予一次性 100 万元、200 万元、1000 万元、2000 万元奖励。期间，对于每上一个 100 亿元台阶的企业，再给予一次性 100 万元奖励。对国务院或工业和信息化部认定的国家级绿色工厂、绿色供应链管理企业、国家级工业设计中心、国家技术创新示范企业、国家质量标杆、制造业单项冠军等领域试点示范或称号的食品企业（项目、平台），给予一次性 100 万元奖励。鼓励各地制定激励政策，加大对重点培育企业和规模以上食品企业的支持力度，支持鼓励食品企业升规入统。

二是支持企业上市。对准备上市的食品企业开展精准辅导，落实上市"绿色"通道制度，推动企业股改、上市。按照辅导备案登记、中国证监会或证券交易所受理申报材料两个节点，省财政分别给予50万元、150万元补助。

三是支持绿色食品标准体系建设。每年安排财政资金1000万元，对主导制修订食品领域国际标准、国家标准、行业标准、省级地方标准、团体标准的企业或组织，每项标准分别给予一次性100万元、50万元、30万元、20万元、10万元奖励。对建成国家技术标准创新基地的食品企业给予一次性100万元奖励。

四是支持预制菜产业发展。每年安排财政资金5000万元，对预制菜单项菜品年销售收入超过1亿元、预制菜套餐产品年销售收入超过5亿元、新开发畅销预制菜单品或套餐产品的预制菜企业给予奖励。鼓励重点预制菜企业加强基地建设、技术改造、产品研发、营销宣传，提升产品创新能力，提高市场占有率。支持引导现代农业、农业综合开发等涉农基金加大对预制菜企业的投入力度，定期组织基金公司与企业开展项目对接。支持预制菜龙头企业联建原料生产基地、研发基地、培训基地等，每年优选一批企业给予表彰。支持预制菜企业参与现代农业产业园、优势特色产业集群等项目建设。

五是支持企业改造升级。对在认定有效期内的国家级"专精特新"小巨人食品企业，按照不超过设备、软件实际投资的30%给予补助，最高不超过500万元。对食品企业"机器换人"示范项目，按照不超过整机购置实际投资的30%给予补助，最高不超过500万元；食品企业技改示范项目的设备、软件投资不低于1000万元的，按照不超过实际投资的30%给予补助，最高不超过1000万元；食品行业"头雁"企业实施重点技改项目的，单一项目按照不超过设备、软件实际投资的30%给予补助，最高不超过2000万元。鼓励食品工业大市出台相应支持政策，支持食品企业实施技术改造。

第五章
河南省现代食品产业发展困境与制约因素

河南省现代食品产业规模以上企业的产值占全部工业总产值的14%，一直是经济发展的重要支柱。河南生产的食品种类繁多，包括速冻食品、方便面、火腿肠、馒头、汤圆、水饺等，其中很多产品在全国市场上占据较大份额。"中原粮仓""国人厨房"和"世人餐桌"的地位不断提升，并在拉动农业增值、带动工业发展、推动服务业繁荣和支撑乡村振兴、促进国内国际双循环等方面发挥着重要作用。但根据国家统计局数据显示，河南省现代食品产业增加值增速从2018年的7.2%下降到2021年的4.1%；据河南省统计局数据，2021年河南省现代食品产业规模以上企业主营业务收入为6155.45亿元，比上年同期增长仅1.9%，利润总额为403.31亿元，同比下降13.6%。河南省现代食品产业呈现出大而不强、发展乏力的趋势。据河南省商务厅数据，2022年河南省现代食品产业进出口总额为1184亿元，同比下降3%，这反映出河南省现代食品产业在国际市场竞争中也处于不利地位。面对全球日益激烈的市场竞争形势，以及新一轮消费升级及未来发展机遇，有必要对河南省现代食品产业发展面临的困境进行分析，并对可能的制约因素进行探索。

第一节　河南省现代食品产业发展困境

为更好地分析河南省现代食品产业发展困境，本节将考虑国内和国际市场，从产业布局、行业结构、多链融合、消费者、科技赋能、龙头企业等多方面对河南现代食品产业进行深入剖析，切实找出河南现代食品产业发展困境。

一、食品产业增长乏力，行业结构有待优化

近年来河南食品产业呈现增长乏力问题，与山东、四川等省的总体差距

不断扩大，实现打造万亿食品产业的目标任务艰巨，在行业结构上农产品初加工仍占据主导，行业结构有待进一步优化。

（一）食品产业营收增速缓慢、排名下滑

为综合评估河南省现代食品产业发展情况，本研究采用现代食品产业营业收入规模（单位：亿元）与增速（单位：%）两个指标来刻画。现代食品产业营业收入为农副食品加工业，食品制造业，酒、饮料和精制茶制造业，烟草制品业四个行业的营业收入之和；营业收入增速的计算公式为：（营业收入增长额/上年营业收入总额）×100%。整理各省市统计年鉴的数据，下面给出近三年全国及10个主要食品产业大省的营业收入和增速（表5-1）。

表5-1　近三年全国及10个主要省份食品产业行业规模

地区	2019年 食品行业总营业收入（亿元）	2019年 食品行业总营业收入增速（%）	2020年 食品行业总营业收入（亿元）	2020年 食品行业总营业收入增速（%）	2021年 食品行业总营业收入（亿元）	2021年 食品行业总营业收入增速（%）
全国	93394.32	1.03%	94289.84	0.96%	105195.1	11.57%
山东	8242.34	-15.92%	9041.64	9.70%	10699	18.33%
四川	7280.94	-11.21%	7735.69	6.25%	8575.82	10.86%
广东	7142.35	13.99%	7377.14	3.29%	8494.43	15.15%
湖南	6288.14	5.96%	6353.93	1.05%	6870.26	8.13%
福建	6746.7	11.57%	6117.24	-9.33%	6760.99	10.52%
河南	6649.95	-2.82%	6204.45	-6.70%	6622.74	6.74%
湖北	6464.89	2.90%	5639.98	-12.76%	6450.93	14.38%
江苏	4960.76	-11.13%	5236.86	5.57%	6063.82	15.79%
河北	3280.79	14.38%	3620.23	10.35%	4116.63	13.71%
安徽	3644.41	11.08%	3638.61	-0.16%	3642.56	0.11%

从2006年开始，河南食品产业规模曾长期居全国第2位，仅次于山东。但从表5-1可见，2019年以来河南食品产业增速下滑，2019年全省规上食品企业营收同比下降2.8%，而当年广东、福建增速分别达到13.99%和11.57%，河南排名跌至全国第5位。2021年河南规上食品企业营业收入增速

虽转为正向，但仅为6.8%，而山东、四川、广东、福建四个省份增速分别达到18.33%、10.86%、15.15%、10.52%，河南排名下滑至全国第6位，居山东、四川、广东、福建、湖南之后。河南与山东的规上企业营业收入规模差距也从2019年的1592亿元扩大到2021年的4076亿元。

（二）打造万亿食品产业的目标任务艰巨

河南目前拥有2万多家食品企业，产品门类齐备，产业基础雄厚，在冷冻食品、休闲食品、方便食品、肉制品等领域拥有众多一线品牌，具有产业基础优势，已经形成了产业链较为完整的现代食品产业体系。但据河南省统计局提供的数据显示，2022年河南省规上食品企业营收总额为7185亿元，比2021年增长562亿元，增速有所回暖，达到8.5%，然而距离到2025年河南食品企业河南省要建成具有世界影响力的万亿级现代食品集群目标，目前还有3000亿左右缺口。在现行发展模式下按年均7%到8%的增速，到2025年河南食品企业营收规模达到9000亿左右，食品产业面临艰巨的发展任务，迫切需要在结构优化、转换赛道、壮大龙头、技术创新、品牌建设等方面下更大功夫，多措并举，精耕细作，持续发力。

（三）行业内部结构不尽合理，农产品初加工仍占据主导

从国际经验来看，发达国家精深加工产值占食品工业总产值的比重普遍在70%以上，相比之下，河南食品产业还存在以下问题。

第一，行业结构粗放、精深加工少。由表5-2可以看出，2021年河南农副食品加工业、食品制造业、饮料制造业、烟草制造业等规上企业营业收入在全省食品产业中占比分别为56.49%、23.95%、11.02%和8.54%；而广东食品制造业、饮料制造业、烟草制造业占比分别达到28.15%、14.22%、6.49%；福建食品制造业、饮料制造业、烟草制造业占比分别达到25.95%、16.60%和4.99%；对比可以出，河南省的农产品精深加工占比还与其他食品大省存在差距。河南农产品精深加工占20%左右，60%以上农产品加工副产物没有有效利用，农产品加工产值与农业总产值的比仅为2.5∶1，西方发达国家普遍在3.5∶1。河南食品产业中，以农产品粗加工为主、能源消耗较高的农副食品加工业占比较大且发展势头持续上升，而代表精深加工的食品制造业、高附加值的饮料制造业和高税收的烟草制造业占比偏低且发展水平滞后。

表 5-2　2021 年主要省份食品产业行业结构

地区	农副食品加工业营业收入占比（%）	食品制造业营业收入占比（%）	酒、饮料和精制茶制造业营业收入占比（%）	烟草制品业营业收入占比（%）	行业结构高级化程度（%）	食品行业总营业收入（亿元）
全国	52.50	20.55	15.41	11.54	47.50	105195.1
山东	74.91	15.56	5.96	3.58	25.09	10699
四川	33.01	14.60	47.91	4.48	66.99	8575.82
广东	51.14	28.15	14.22	6.49	48.86	8494.43
湖南	51.40	22.24	11.40	14.95	48.60	6870.26
福建	52.46	25.95	16.60	4.99	47.54	6760.99
河南	56.49	23.95	11.02	8.54	43.51	6622.74
湖北	56.65	15.31	15.00	13.04	43.35	6450.93
江苏	56.22	16.16	12.45	15.17	43.78	6063.82
河北	58.61	24.84	8.63	7.93	41.39	4116.63
安徽	56.68	15.14	15.27	12.91	43.32	3642.56

第二，食品产业盈利能力不够强。2021 年，河南规上食品企业共创造利润 446.04 亿元，资产利润率（利润总额/资产总额）为 8.93%（全国平均水平为 9.37%），全国排名第 14 位，与湖北（15.93%）、四川（14.06%）、福建（13.25%）、湖南（10.58%）、广东（9.3%）等省存在较大差距，食品产业总体盈利能力不够强，可能会导致效率低，事倍功半（表 5-3）。

表 5-3　2021 年主要省份规上食品企业利润组表

地位	利润指标				
	农副食品加工业利润总额（亿元）	食品制造业利润总额（亿元）	酒、饮料和精制茶制造业利润总额（亿元）	烟草制品业利润总额（亿元）	食品行业利润总额（亿元）
全国	2240.45	1738.87	2771.18	1188.09	7938.59
山东	139.93	126.85	40.98	24.35	332.11
四川	202.15	102.93	740.46	25.61	1071.15
广东	136.03	245.15	129.57	43.24	553.99
湖南	145.95	65.58	65.47	99.77	376.77

续表

地区	利润指标				
	农副食品加工业利润总额（亿元）	食品制造业利润总额（亿元）	酒、饮料和精制茶制造业利润总额（亿元）	烟草制品业利润总额（亿元）	食品行业利润总额（亿元）
福建	214.33	159.71	103.14	21.40	498.58
河南	229.58	104.34	69.98	42.14	446.04
湖北	310.91	92.85	171.56	94.03	669.35
江苏	102.14	69.95	189.90	122.38	484.37
河北	57.03	46.43	49.83	-5.34	147.95
安徽	86.60	32.02	98.50	23.59	240.71

地区	资产指标				
	农副食品加工业资产总额（亿元）	食品制造业资产总额（亿元）	酒、饮料和精制茶制造业资产总额（亿元）	烟草制品业资产总额（亿元）	食品行业资产总额（亿元）
全国	33421.95	19040.19	20521.25	11702.64	84686.03
山东	4316.46	1640.81	1055.56	342.69	7355.52
四川	1657.84	777.70	4879.47	306.09	7621.10
广东	2269.33	1963.72	1150.23	570.87	5954.15
湖南	1443.51	683.32	477.30	958.17	3562.30
福建	1750.47	1100.58	634.89	275.75	3761.69
河南	2553.46	1345.06	610.83	488.19	4997.54
湖北	1646.70	681.34	1212.72	660.99	4201.75
江苏	1807.46	1099.43	1159.43	795.64	4861.96
河北	1764.11	866.07	628.22	162.13	3420.53
安徽	1227.76	439.89	847.22	354.21	2869.08

地区	利润率指标				
	农副食品加工业利润率（%）	食品制造业利润率（%）	酒、饮料和精制茶制造业利润率（%）	烟草制品业利润率（%）	食品行业利润率（%）
全国	6.70	9.13	13.50	10.15	9.37
山东	3.24	7.73	3.88	7.11	4.52
四川	12.19	13.24	15.18	8.37	14.06

续表

地区	利润率指标				
	农副食品加工业利润率（％）	食品制造业利润率（％）	酒、饮料和精制茶制造业利润率（％）	烟草制品业利润率（％）	食品行业利润率（％）
广东	5.99	12.48	11.26	7.57	9.30
湖南	10.11	9.60	13.72	10.41	10.58
福建	12.24	14.51	16.25	7.76	13.25
河南	8.99	7.76	11.46	8.63	8.93
湖北	18.88	13.63	14.15	14.23	15.93
江苏	5.65	6.36	16.38	15.38	9.96
河北	3.23	5.36	7.93	-3.29	4.33
安徽	7.05	7.28	11.63	6.66	8.39

第三，豫酒豫烟竞争力有待增强。2022年河南白酒市场消费618.84亿元，其中豫酒销售收入117.84亿元，占比仅19%。豫酒市场占有率低的主要原因是缺乏具有品牌影响力的领军企业，产品美誉度和认可度低，也没有利用好本土市场优势。豫烟产销量高但销售收入和税利较低，2022年豫烟产销量312万箱，居全国第3位，比湖南少53万箱，比湖北、上海高43万和58万箱；但豫烟销售收入仅590亿元，分别比湖北、湖南、上海少201亿、471亿和545亿元；豫烟实现税利427.58亿元，仅为上海、湖北、湖南税利的39.04%、63.84%和47.05%。豫烟"大而不强"的主要原因是烟草工业企业对一二类高档烟研发重视不够，商业企业对品牌培育的内生动力不足、营销方法和手段相对落后，工、商企业在同步调结构和促升级方面协同不够。

二、原料产业布局较为分散，区域规模优势不突出

河南省作为农业大省、产粮大省、人口大省，粮食产量占全国的1/10，油料产量占全国的1/7，牛肉产量占全国的1/7，棉花产量占全国的1/6，小麦、玉米、烟叶、豆类、芝麻等农产品和肉类、禽蛋、奶类等畜产品产量也都居全国前列。但整体来看，河南食品产业布局较为分散，区域规模优势不突出。

（一）原料供应较为分散，未形成规模化标准化

食品生产使用的原料主要来自上游种植养殖环节的食用农产品。由于我

国农业基础薄弱，耕地面积只占全球的7%，加之农户分散生产的模式，规模化、标准化、机械化程度较低，生产效率不高，食用农产品农兽药残留超标、重金属污染等问题时有发生，并沿产业链向下游传导。河南食品产业布局基本上是京广铁路两侧大中城市为主，太行山、伏牛山、桐柏山以东、大别山以北的平原地区是食品原料产业区，黄河中下游两侧和淮河中上游一带是水产品产业带，山区丘陵地区主要是茶、菌、药、山货产业带。2023 年，根据开展河南省特色农产品优势区创建和遴选工作，经县市推荐、专家评审等程序，遴选出河南省特色农产品优势区 33 个（表 5-4），河南省原料规模化和标准化工作尚处于起步阶段。

表 5-4　河南省特色农产品优势区

序号	基地	序号	基地
1	洛阳市汝阳县汝阳红薯河南省特色农产品优势区	12	洛阳市嵩县香菇河南省特色农产品优势区
2	鹤壁市浚县花生河南省特色农产品优势区	13	平顶山市鲁山县鲁山香菇河南省特色农产品优势区
3	新乡市封丘县封丘金银花河南省特色农产品优势区	14	新乡市辉县山楂河南省特色农产品优势区
4	三门峡市渑池县渑池丹参河南省特色农产品优势区	15	濮阳市清丰县清丰食用菌河南省特色农产品优势区
5	南阳市唐河县唐河红薯河南省特色农产品优势区	16	漯河市临颍县临颍辣椒河南省特色农产品优势区
6	周口市郸城县郸城红薯河南省特色农产品优势区	17	三门峡市卢氏县卢氏香菇河南省特色农产品优势区
7	驻马店市确山县确山红薯河南省特色农产品优势区	18	三门峡市陕州区陕州苹果河南省特色农产品优势区
8	驻马店市正阳县正阳花生河南省特色农产品优势区	19	南阳市西峡县西峡香菇河南省特色农产品优势区
9	洛阳市新安县新安樱桃河南省特色农产品优势区	20	南阳市桐柏县桐柏玉叶茶河南省特色农产品优势区
10	洛阳市洛宁县洛宁苹果河南省特色农产品优势区	21	商丘市柘城县柘城辣椒河南省特色农产品优势区
11	洛阳市偃师区偃师葡萄河南省特色农产品优势区	22	商丘市夏邑县夏邑西瓜河南省特色农产品优势区

续表

序号	基地	序号	基地
23	周口市扶沟县扶沟蔬菜河南省特色农产品优势区	29	济源示范区济源肉兔河南省特色农产品优势区
24	驻马店市泌阳县泌阳花菇河南省特色农产品优势区	30	固始县固始鸡河南省特色农产品优势区
25	兰考县兰考蜜瓜河南省特色农产品优势区	31	固始县固始鹅河南省特色农产品优势区
26	滑县甜瓜河南省特色农产品优势区	32	信阳市信阳油茶河南省特色农产品优势区
27	黄泛区农场黄泛区黄金梨河南省特色农产品优势区	33	济源示范区济源核桃河南省特色农产品优势区
28	平顶山市郏县红牛河南省特色农产品优势区	—	—

除以上特色农产品优势区，本研究进一步总结了河南省各地市特色原材料，可作为下一梯队进行建设，如表5-5所示。

表5-5 特色农产品产地分布表

地点	特色农产品
焦作	四大怀药、温县汤料、博爱怀姜
洛阳	偃师银条、苹果、洛宁上戈苹果、栾川无核柿子、伊川小米
驻马店	正阳花生、夏南牛、香料、香菇
商丘	宁陵梨、三樱椒、西瓜
三门峡	灵宝苹果、软籽石榴、杜仲籽油、香菇、牡丹
南阳	淅川辣椒、香菇、猕猴桃
鹤壁	浚县善堂花生、小河白菜、淇河缠丝鸭蛋
郑州	河阴石榴、广武大葱、荥阳柿子、登封芥菜、红薯
许昌	河街腐竹、长葛蜂蜜
洛阳	牡丹
安阳	栝楼、小米、山楂、内黄大枣、内黄花生
信阳	板栗、茶叶、食用菌

(二) 全产业链区域布局有待进一步优化

目前河南农业产业化水平较低,"公司+农户""公司+基地+农户""公司+中介+基地+农户"的产业组织模式还不成熟,农业企业的原料基地相对分散,产业链还不完善,或需要向上游的"田间"延伸,或需要向中游的"加工"延伸,或需要向下游的"餐桌"延伸,目前还不能适应全产业链模式发展的新要求。

以休闲食品产业为例,其产业链涉及环节广泛,包括原辅料的提供、包装及设备,休闲食品加工,市场销售等一系列产业的发展。休闲食品产业链如图 5-1 所示。虽然河南省相继涌现出双汇、好想你、卫龙、米多奇、大咖国际等龙头企业,形成以调味面制品、果蔬休闲食品、焙烤食品、休闲肉制品、休闲茶饮五大优势为主导的产业集群,但纵观河南的大部分中小休闲食品企业,食品相关产业发展仍然比较缓慢。如河南休闲食品机械制造企业只有丽星机械、朗瑞机械等炒货类机械市场占有率名列前茅,其他食品加工机械仍多来自江苏等一些沿海城市。如辣味休闲食品的龙头企业卫龙的营销团队在杭州,蜜雪冰城的供应链公司在上海,大多数的休闲食品企业下游涉及的商业策划、法务等配套产业资源仍处于极度短缺状态。当全产业链区域布局不完善时,会阻碍农产品精深精细加工,阻碍产业链向产业链末端、价值链高端延伸,降低产业链效率,无法实现"吃干榨净",继而限制产品附加值的提升。

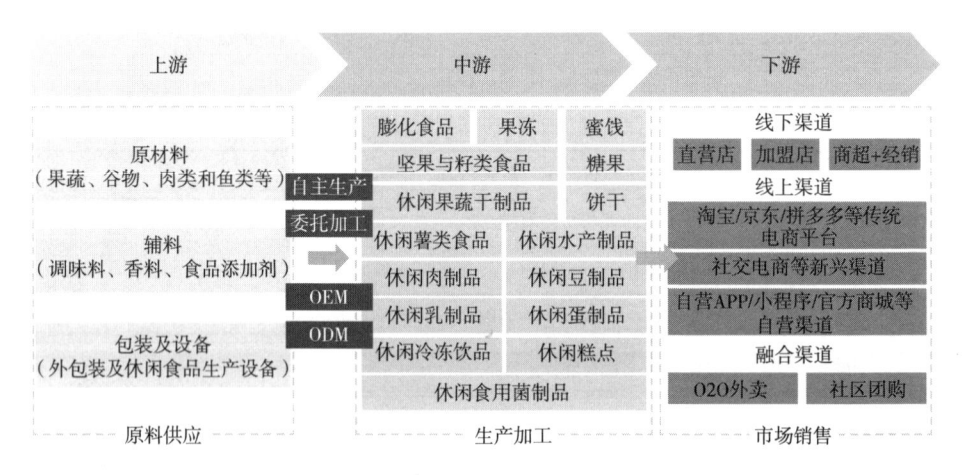

图 5-1 休闲食品产业链示意图

（三）区域规模优势不突出

产业集群首先可以提高区域的生产效率。当大量的中小企业集聚于同一区域时，不仅可以进一步加深区内生产的分工与协作，因空间邻近性而降低交易成本，还能基于社会网络信任基础合作分工减少欺诈，提升生产效率。其次，产业集群还可以产生滚雪球式的集聚效应，吸引更多企业入驻，促进新企业的快速衍生与成长。在集群内部，新企业可以面临更多的市场机遇，获得更丰富的市场信息及人才支持，从而降低市场风险。集群内部分工的不断细化，也能衍生出更多的新生企业。最后，产业集群内相关生产企业、科研机构、商会、协会、中介机构等，能产生专业知识、生产技能、市场信息等方面的累积效应。同时，生产企业面临的同行竞争的压力也让集群内的企业时刻保持创新的动力，降低学习成本，促进企业创新。

虽然河南省目前已形成了以农产品加工为主导的六大特色食品产业集群，但规模优势突出、聚集效益明显、颇具竞争力的食品产业园区还比较少。据前瞻产业园提供的数据，江苏省建设现代农业产业园160个，山东省109个，河北省95个，广东省86个，四川省74个，安徽省57个，河南省从数量上来看，位居第9位。表5-6为河南省主要的现代农业产业园与食品加工产业集聚区，从产业集聚区的规模（表4-1、表5-6）和产业集聚的数量来看，河南省还有较大提升空间。

表5-6　河南省主要的食品加工产业集聚区

序号	名称	市县	面积（亩）	企业数（个）
1	豫东国际食品城	商丘市梁园区	115.75	50
2	永达食品产业园	鹤壁市淇滨区	430.08	22
3	兰营电商食品产业园	南阳市卧龙区	61.01	22
4	大农兰考食品工业园	开封市兰考县	154.27	20
5	河南帮太食品工业园	鹤壁市淇滨区	51.89	15
6	马寨食品工业园	郑州市二七区	94.54	13
7	郑州通利粮油食品产业园	郑州市新郑市	52.19	8
8	冠超食品科技园	郑州市新郑市	94.85	7
9	美食汇创业中心	郑州市金水区	4.01	7
10	冠超食品工业园	郑州市新郑市	142.41	3
11	红磨坊烘焙食品工业园	濮阳市华龙区	15.28	3

续表

序号	名称	市县	面积（亩）	企业数（个）
12	中国（新乡）食品产业园	新乡市新乡县	482.34	1
13	广州大酒店食品生产基地	郑州市惠济区	62.19	1
14	薛店食品工业园	郑州市新郑市	56.68	1
15	闽商食品科技产业园	开封市祥符区	218.92	—
16	长江智慧内黄豆制品产业园	安阳市内黄县	211.21	—
17	中润食品产业园	南阳市淅川县	173.13	—
18	七点半食品工业园	濮阳市清丰县	43.89	—
19	新乡冠生园食品工业园区	新乡市延津县	31.58	—
20	诸葛国家农业综合开发高新科技园	洛阳市洛龙区	—	273
21	辰希缘都市农业科技园	濮阳市清丰县	—	39
22	河南南阳国家农业科技园区	南阳市卧龙区	—	20
23	汝州市农业科技示范园	平顶山市汝州市	—	17
24	河南省农业高新科技园有限公司	郑州市中牟县	97	11
25	太康县农业科技产业园	周口市太康县	—	10
26	国家现代农业示范区	新乡市新乡县	—	9
27	濮阳市世锦现代农业科技示范园区	濮阳市华龙区	215.03	4
28	河南省农业科技园区	郑州市惠济区	504.93	2
29	未来生态农业科技示范园	商丘市睢阳区	130.02	—
30	禾润农业科技园	郑州市登封市	107.53	—

三、"四链融合"程度不高，产业关联效应弱

在党的二十大报告中，习近平总书记提出："推动创新链产业链资金链人才链深度融合。"推动"四链融合"能为产业开辟发展新领域新赛道、不断塑造发展新动能提供了新的思路和路径选择。创新链将基础研究到产业化的各个创新环节连接起来，产业链将产品研发、生产和服务以及各个环节连接起来，资金链和人才链将不同环节的资金和人才要素连接起来，形成彼此关联的"毛细血管"，引导生产要素合理流动。推动"四链融合"，目的是突破创新、产业、资金和人才链条在各环节的堵点、卡点、断点，有效提升资源配置效率和质量，形成更加高效、稳定的要素供给能力，实现更加畅通无阻的

经济循环。河南省现代食品产业"四联融合"程度还不高，存在要素链不能完全满足产业链需求；供应链融合延伸不充分，数字化智能化不足；创新链产业链融合有待进一步深化等问题。

（一）要素链不能完全满足产业链需求

1. 农产品资源利用不充分

穆勒在研究价格问题时曾提及原材料对企业选址的影响，随后区位因素被原料丰度的概念所取代。在区位经济理论中，一方面，接近原材料丰度较高的区域可以降低原材料的运输成本，进而降低企业生产成本，提高企业利润率；另一方面，原材料丰度较高的区域可以降低意外风险企业生产活动带来的影响，提高企业生产经营的连续性。因此，原材料可得性是企业实现战略目标的最根本保障，其重要性犹如粮食对一国战略安全的重要性，虽然在原材料正常供应时难以发现其重要性，但在原材料供应出现短缺时，位于原材料丰度较高的企业有可能就是存活下来的最后一批企业。原材料可得性主要衡量企业获得中间投入品的便利程度和获得成本。

目前经济发达国家的农产品加工度在70%以上，增值部分一般都是原值的3~5倍，而河南的农产品加工业仍存在精深加工程度较低、处于产品的初级加工阶段，产品附加值比较低，粮食制品大部分以小麦为原料，肉制品主要以生猪为原料，粮食中的大豆、花生、玉米、红薯和肉类中的牛、羊、家禽以及蔬菜类农产品都没有很好地利用和开发。例如，新郑市梨河镇虽然盛产草莓，但并没有草莓深加工的饮料、果酱类企业；薛店镇有天康宏展冷鲜肉企业，但却没有肉脯等肉制品深加工企业；新乡市虽然有延津小麦、原阳大米等10余种地理标志农产品，但原材料精深加工产品不多，产品附加值不高。

2. 各层次人才缺口大

现代食品产业的发展离不开高端创新人才、高素质技术专业人才、产业技能人才、企业家和管理人才。在对现代食品企业调研中发现，超过半数的企业面临缺乏人才的困境。河南省现代食品专业人才培养院校如图5-2所示，据两所理工科院校2022年高校毕业生的地域分布统计，虽然留豫比例有所提升，但仍未超过1/2。一方面，随着河南省现代食品产业劳动力优势弱化，技术优势还没有全面形成，生产技术距离数字化、智能化还比较远，高技能人才、技术人员和熟练技工缺口大，支撑保障能力弱。另一方面，河南省现代食品企业大多位于县城，受大城市虹吸效应影响，企业招人难，留人更难，高层次人才缺乏已经成为企业发展中的最大障碍。另外，产业链条上的生性服务业也受人才制约，河南省广告文案策划、直播电商团队、包装设计、法律咨询等配套企业的引进和培育不足。

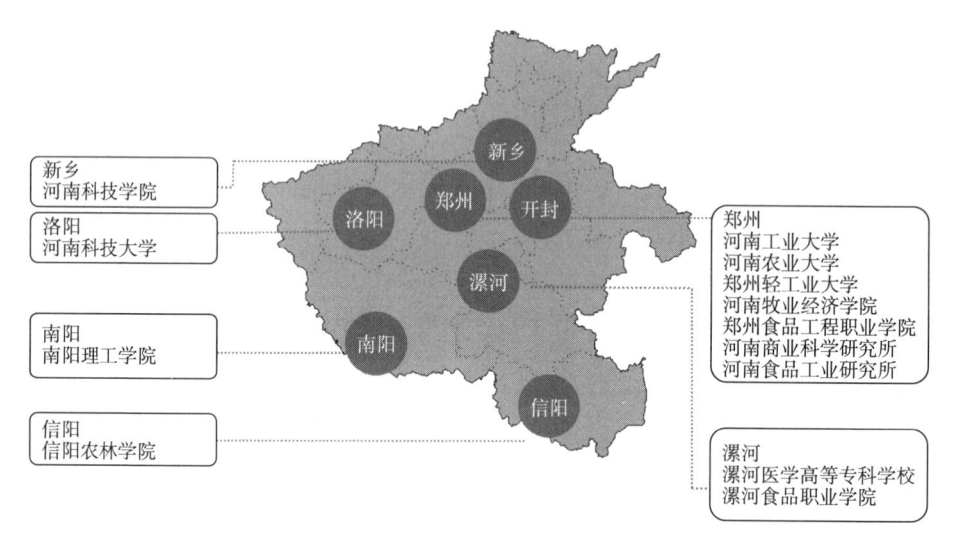

图 5-2 河南省现代食品人才培养院校分布图

3. 食品标准体系尚不完善

我国食品安全标准与发达国家和国际食品法典标准尚有差距，存在食品安全标准基础研究滞后、制定程序烦琐、传播速度慢、施行周期长，以及部分农兽药残留等相关标准缺失、检验方法不配套等问题。特别地，根据《食品安全法》规定，在对原分散在各部门的食品标准体系整合修订为食品安全国家标准体系过程中，多基于卫生项目指标，而遗失了大量质量项目，这对于食品产业加强质量控制、监管部门开展质量执法造成了一定影响。2020年8月30日，湖北省食品药品监督管理局发布食品安全监督抽检信息公告，卫龙辣条违法添加山梨酸及其钾盐、脱氢乙酸及其钠盐。在缺乏行业标准时，产品生产应遵循地方标准，而湖北省和河南省调味面制品的地方标准不同造成检测结果不同，按照河南省地方标准，卫龙辣条不存在食品安全问题。河南省另一个休闲茶饮领军品牌蜜雪冰城多次被曝检出人工色素、甜味剂、防腐剂以及营养指标不达标，严重影响产品口碑，但目前我国还没有相应的现制现售饮品的行业标准，虽然蜜雪冰城产品的原材料完全符合国家、行业及地方标准，但仍受到公众食品安全质疑。因此，部分现代食品行业标准的缺失已给河南省休闲食品带来安全隐患，使口碑受到影响。

(二) 供应链融合延伸不充分，数字化智能化不足

第一，食品供应链条融合延伸不充分。相比发达国家集中生产和有序流通的食品产业链条，我国食品产业呈现供需两头大、中间流通散的格局。需求决定供给，在消费升级和产业转型过程中，食品数量充足、质量安全、营养健康的多层次消费需求与产业基础系统性薄弱的不协调性凸显。食品工业与农业、农民的利益连接机制仍有待创新和巩固，与第三产业及商品流通环节的战略性融合仍然薄弱。如线上销售、网络订餐发展迅猛，但食品供应方缺乏审核能力和过程监督，在为消费者提供方便快捷服务的同时，也增加了低质食品或问题食品风险。

第二，上下游厂商缺乏实时协同机制。"从一产到三产，从田间到舌尖，食品行业产业链条非常长。"目前河南省现代食品企业供应链管控较弱，上下游厂商之间缺乏实时协同机制，存在生产协同难的问题，采购、制造、质检、仓储、物流之间协同联动有待强化。同时，产品质量存在隐患，全产业链质量溯源能力不足。

第三，供应链数字化智能化不足。受限于企业规模，大多数企业的技术和装备水平还未实现自动化和标准化，更没有能力去构建数字化和智能化的供应链。但数字化和智能化的供应链能构建原料供应、生产加工、产品储存、运输、配送销售到消费的完整产业链条，释放原材料资源禀赋，纵深推进食品行业数字化转型，率先打破河南省休闲食品行业大而不强、多而不优的局面，从而成为推动河南现代食品工业产业升级的重要支撑。

(三) 创新链产业链融合有待进一步深化

要促进创新链产业链深度融合，就必须构建创新链产业链深度融合新机制。目前，河南现代食品产业链与创新链的融合仍有待进一步深化。

第一，学科发展与产业集群对接不紧密。目前，高校和企业的合作大多以"点对点"的方式进行，主要是学校个别教师对企业进行技术服务，难以发挥群体优势和产生重大成果。如何围绕重大技术问题，整合学校和产业资源，形成具有竞争优势的休闲食品研究学科或团队，集中对接休闲食品产业群，形成具有核心竞争优势的技术群，带动学科发展，仍未形成有效路径。

第二，学科人才培养服务产业意识不足。学科建设围绕区域经济社会发展需要的意识不强，没有科学研判新一轮科技革命与产业变革对休闲食品产业发展的需求，无法精确分析学科专业与产业链、创新链的对应关系和供需

要求，从而充分发挥高等学校学科、专业特色和优势。学科需要面向休闲食品产业整合学科专业教学资源，推进新兴专业建设和传统专业改造升级，切实服务区域新旧产业和发展动能转换，支撑现代食品产业高质量发展。

第三，学科科学研究滞后产业发展。河南省休闲食品产业界中不乏大量优秀的技术精英，他们对新技术的理解和研究可能并不逊色于大学教授，而且其研究领域的实战性与大学有互补的一面。因此，除了让广大科技人员走出去，学校还要坚持引进来，把现代食品产业界的著名专家、研究人员、高级管理人员等聘请到学校担任兼职，让他们走上讲台、实验室，把产业研究的前沿问题、影响行业发展的关键技术难题以及科研项目直接带进学校。同时科研项目紧密联系产业，可以了解市场对创新技术，研究成果更易于转化。

第四，产学研一体化融合不足。河南省现代食品产业产学研一体化融合不足，存在着合作层次不高、深度不够、行为短期、效率偏低等问题；普遍缺乏专业的技术转移管理团队与专业管理人员；技术发明人员和参与知识转移的人员积极性不够。大学、科研院所专利技术水平较低，专利产业化率低；体制机制不健全，未能形成适合河南省实际需求的产学研一体化融合。

（四）企业融资困难，发展资金短缺

食品加工业在发展中也面临着许多约束问题，其中资金短缺是制约发展的重要原因之一。相比较其他行业而言，食品加工企业对资金的需求具有季节性强、时效急、额度大等显著性特点，尤其是随着市场需求越来越旺盛，推动企业加快技术改造和产业升级，食品加工企业标准化生产、市场化经营和规模化发展的格局正在逐渐形成，因此对资金的需求更加强烈。根据河南省食品加工业的发展状况来看，其存在一些问题，如直接融资企业能力不足，投资渠道不开阔，取得社会资金的渠道少，政府设立的投资融资体制不完善，部门之间协调性差，政府单位、部门在资源调配上效率分离，联动性不强，缺乏流动性和集中性。目前，河南省食品加工业的投资融资模式主要是以政府的政策引导为主，各个相关部门给予配合，融资、管理、建设没有充分体现权责一致，既不利于调动部门积极性也不利于提高资金的使用效率。加上许多行政部门单位，存在各自的利益，管理职能比较分散，项目运作市场化投资融资责任主体不清晰，模式难以形成合力，导致公共资源的浪费。这些因素会影响购买加工所需原料的购买力度，或无力支付工程款，阻碍基础配套设施的建设，影响加工的速度，拉低后劲不足，甚至制约发展商机和经济效益，一定程度上对加工企业造成负面影响。因此，加工业需要较长时间的企业融资来解决可能面临的一系列资金问题。

四、产品同质化、细分程度低，消费者获得感有待增强

（一）食品企业大部分为小企业、小作坊，产品同质化严重

截至2020年底，河南省共有食品生产企业10864家，食品小作坊登记10629家，但规上企业在其中占比不到1/3，仅有3200余家，仅有1家企业营收超过500亿元，也仅有30余家企业营收超过10亿元。2021年，河南省食品行业十强企业中，营收超百亿元的仅有牧原（832.75亿元）和双汇（667.97亿元）两家。大量食品加工小作坊、小企业的存在，凸显了河南食品工业经营方式粗放。

大部分食品企业规模较小，一方面，很难办理担保和抵押，也很难通过银行渠道获取创新资金，而企业本身能用于自主创新的资金又少之又少。另一方面，中小企业的企业家自主创新意识淡薄，缺乏可持续发展观念，很少愿意在创新方面花本钱、花精力。除此之外，由于大部分现代食品企业的工厂位于县城，因此十分缺乏从事食品研发的技术人才。目前，很多企业开始走"产学研"相结合道路，但真正落实到位还需一定时间。众多因素造成了大部分休闲食品企业没有研发能力或研发能力极低。因为企业研发能力不足，造成产品并没有太多本质的区别，投资少、缺少创新、门槛低等因素导致河南省休闲食品的同质化严重。中小型企业大都跟在大企业之后，只要知名企业推出新的产品，他们往往能在最短的时间内推出同类产品，这加剧了产品同质化现象的出现，进而导致恶性循环，对于企业发展极为不利。

（二）龙头企业产品细分程度低，差异化仍有待提升

以辣味休闲食品领军企业卫龙为例。对于辣条高度依赖的卫龙虽然进行了一系列产品多元化的探索，但并没有通过产品结构多元化实现真正的多元化增长。基于卫龙天猫旗舰店的销售数据统计，累计销量前五的产品中有四款都是辣条，另一款为和辣条形态接近的魔芋条，单个SKU销售数量在100万~170万；而销量最高的非辣条产品拉面丸子鹏华零食销量仅40多万，果蔬脆等相对健康定位的零食销售多在几千。从卫龙的2022年财务年报也能看出，辣条收入占据半壁江山。然而，辣条产品赛道的竞争越发激烈，低门槛和高利润的辣条成为近年来良品铺子、三只松鼠和盐津铺子等新零食品牌的

产品品类扩张对象。三只松鼠于2017年正式推出约辣系列，7个月时间内完成480万份的销售额；至2020年，三只松鼠销售额已经冲至行业第三，仅次于卫龙和玉峰。盐津铺子也在2018年上线辣条产品，2019年辣条产品营业额已经飙升至4941.36万元。目前，卫龙还处于行业领跑地位，但对于辣条这种缺乏技术壁垒的产品，卫龙的领跑优势还能持续多久，显然并不乐观。

五、科技和文化赋能不足，产品特色和品牌效应不明显

（一）科技赋能不足，食品产业转型升级慢

随着人民生活水平提高和消费升级，营养食品、功能食品、休闲食品、保健食品等逐渐成为市场消费热点。食品大省都在加大研发、增强创新力、抢占新赛道、寻找突破口，把小产品做成大产业支撑食品产业转型升级，如广东的预制菜、山东淄博的"烧烤"、福建的精制茶、四川的川菜川茶等。相比之下，河南食品产业创新能力的不足，影响着新赛道转换。

第一，自主创新能力不强。由第四章河南省现代食品产业与8个食品产业大省的比较分析中可以看出，河南省创新投入总量不足与结构失衡并存，创新效率不高，创新产出较少。研发投入的不足导致大部分食品企业设备更新滞后，创新能力薄弱，新产品研发不足，缺乏自主知识产权，局限于低端产品生产、委托贴牌生产，仍处于依赖价格、规模、劳动要素投入的低层次竞争阶段，转型升级难。一些现代食品企业自身没有研发能力，需要从深圳、广州等地购买新产品、新配方，形成长期依赖外地少数企业的发展路径，导致自身生存能力弱、竞争力不强。

第二，新技术应用滞后。面对快速的需求变化和激烈的市场竞争，科技成为食品行业新赛道出现的重要推手，如冷萃速溶、冻干、液氮保鲜、INF侵入式杀菌等新技术的应用推动了一批细分产品的快速成长。在新技术的创新应用方面，河南食品企业与山东、广东等省存在较大差距。如医美和食品作为新消费赛道的两大风口，新产品诞生离不开玻尿酸、赤藓糖醇两大原料，而目前这两类原料都主要产自山东，其中全球73%的玻尿酸来自山东五家生物公司，全球57%的赤藓糖醇来自山东三家厂商，山东利用技术创新迅速占领了新赛道供应链关键环节。

第三，抢占新赛道的主动性不够强。河南省多数食品企业是中小微型私营企业，小农意识严重，普遍抱有"小富即安，小进即满"的心态，这极大

地制约了企业的发展。有的墨守成规，只满足于现有的小范围内生产经营，眼界低，不去改进产品，不愿开拓新市场，对优势赛道、特色赛道、细分赛道聚焦挖潜远远不够。如想你免洗枣、仲景香菇酱、卫龙辣条等引领整个行业发展的爆款品类，少之又少。

（二）文化赋能不足，产品特色和品牌效应不明显

文化资源与产品的有机结合，前者能为后者提供高附加值。河南地大物博，历史源远流长，文化底蕴深厚，如皇帝文化、曹魏文化、豫剧文化、茶文化、少林文化等。河南省食品产业具有丰富的原材料基地，如豫北优质专用小麦，豫西、豫西南、豫南山区优质林果，正阳、民权、内黄优质花生，卢氏、西峡、泌阳食用菌，临颍、淅川、柘城优质辣椒，内乡、汝州生猪养殖，泌阳、唐河、郏县肉牛养殖等特色优质农产品等。河南还有武陟油茶、民权麻花、安阳皮渣等非遗和"老字号"食品。尽管河南省有着丰富的文化元素和原材料优势，但文化赋能产品还有较大提升空间。

以河南省膨化食品龙头企业米多奇为例，虽然其馍片、雪饼、香米饼已经成为行业内的标杆产品，比较受消费者欢迎，但从价格上来看，米多奇香米饼和雪饼的价格与旺旺仙贝相比，被消费者调侃为旺旺的"平替"。从促销上来看，米多奇主打的是家庭装或大包装。米多奇的营销渠道分为线下和线上，但无论是线下赛道还是线上赛道，米多奇的价格都不高，主打低成本策略，其产品矩阵中缺少文化赋能的高价值单品。

（三）质量控制体系不健全，品牌效应相对较弱

品质是根基、品牌是效益，两者互动效应的发挥是优势食品产业发展的关键。供给侧结构性改革、消费结构持续升级加速了新技术、新产品、新模式不断涌现，但由此带来的食品安全问题依旧严峻，食品净化面临新难题。面对新旧问题交织的食品安全形势，河南食品产业仍存在质量控制体系不健全、品牌效应相对较弱等问题。

一是食品小微企业和小作坊质量控制体系不够完善。小微企业和小作坊多采用个人化或家族式管理，生产条件相对简陋、工艺简单、产品技术含量低、原料进厂把关不严、没有专业检验设备和人员来保证质量，管理制度及质量安全体系不完善，容易重效益、重产量、轻安全、轻环保，质量安全隐患多，容易产生"劣币驱逐良币"效应，甚至妨碍整个行业的发展。二是食品安全保障体系不够健全。目前的食品安全保障体系建设还不够健全，存在

监管责任分散，安全标准体系、检验检测体系和产品溯源体系不健全，智能化水平低等问题，尚未建立严格的农产品加工质量监管体系，无法全面监控农产品、食品生产供应全过程。三是河南食品产业品牌建设比较滞后。河南省食品产业还存在着品牌少、业内知名度不高等问题。河南省1590家饮料企业中，除康师傅、统一、可口可乐、百事可乐、养元饮品等外来品牌以及焦作明仁、济源中沃等本土品牌外，绝大多数为偏安一隅的中小企业，有影响力的品牌屈指可数。同时，面对新消费崛起，年轻一代成为新消费主力，新茶饮、低度酒、代餐等品类品牌不断出新，外省良品铺子、元气森林、茶颜悦色、百草味等新品牌强势崛起，一大批掌握"流量密码"、与潮流契合的新品爆款不断抢占青少年消费市场。河南省尽管涌现出卫龙辣条、蜜雪冰城、九多肉多等新兴品牌，但整体上没有跟上新消费趋势，老品牌年轻化不足，新品牌成长性不够。

六、龙头企业转型升级缓慢，中小微企业发展韧性不足

与山东、四川等省份相比，河南省食品产业龙头企业的体量不够大，中小微企业发展缺乏韧性，面临较大的转型升级压力。

第一，龙头企业体量偏小。2021年，河南省食品行业十强企业中，营收超百亿元的仅有牧原（832.75亿元）和双汇（667.97亿元）2家，其余均在20亿~70亿元；而山东十强企业全部为营收百亿级以上企业，四川十强企业中营收千亿级以上2家、百亿至千亿级企业5家。

第二，一些龙头企业遭遇经营困境。受宏观经济形势、金融机构"去杠杆"及自身因素影响，2018年起，食品企业出现经营困境，"龙头斩"现象频现，雏鹰、大用、众品、华英、伊赛等先后走上破产重组路，科迪乳业、阳光油脂、君源农业、阿姆斯果汁等纷纷陷入债务困境，加速了河南省食品行业优势的衰减。

第三，小微企业发展韧性不足。河南省80%以上的食品企业均为小微型，"多、小、弱、散"的问题比较突出。大多小微企业发展方式粗放，生产水平低下，资源有效利用能力偏低，能源消耗和投入偏高，创新能力不足，利润比较薄，抗风险能力弱，市场竞争力不强，发展韧性差。

第四，拓展更广阔市场的难度大。食品行业进入门槛不高，市场竞争日益激烈，且很多细分行业已有国内外巨头占据，河南省龙头企业拓展更广阔市场的难度较大。例如，各地均有当地特色的酱料产品，仲景食品的竞争对

手包括利和萃取、老干妈、晨光生物、海天味业等诸多龙头企业，行业竞争加剧导致原材料和营销等成本持续上涨，同时仲景食品香菇酱市场占有率很高，已经进入了天花板阶段，而鲜辣酱、牛肉酱、香菇辣酱、六菌汤等新品的市场认可度不足，尚未给公司贡献太大的营收。

七、缺乏开放思维、管理粗放，国际竞争力和抗风险能力薄弱

随着经济全球化不断推进，全球食品供应链正经历深度融合，食品产业领域技术、资金、人才等方面的合作日趋广泛，而河南食品产业总体上开放度不够、国际竞争力还比较薄弱。

第一，国内发达地区市场开拓不力。河南一些食品企业在本地具有较大优势，但由于市场开拓意识不足、区域外市场了解少、市场开发成本高、相关平台的支持少等原因，区域外市场开拓能力不强，在长三角、珠三角等发达地区食品消费市场占有率比较低。而广东、福建等企业往往能够通过"抱团闯市场""组团出海"等方式快速占领区域外市场；广东东莞、江门等地100多家规上食品企业中，外商投资占比较高，有利于国内外市场的开拓；四川制定专门政策支持"四川造"食品的市场拓展。

第二，出口竞争力弱。2021年河南省食品产业出口交货值为75.34亿元，仅占食品产业销售总值的1.2%；其中具有规模优势的农副食品加工业、食品制造业、酒饮料精制茶制造业出口占比分别是1.4%、1.6%和0.3%，远低于规模以上工业10.6%的水平。2021年河南省与RCEP成员国间的食品进出口占进出口总额的比重仅为2.5%，河南食品产业优势未能充分发挥。

第三，利用外资少。2020年，河南省食品产业资本构成中，港澳台资本与外商资本合计42.6亿元，仅占实收资本比例3.4%；而广东、江苏、吉林的占比超过30%，山东、福建、湖北的占比超过10%。

第四，食品产业内循环和外循环都明显不顺畅。发展循环经济最重要的一点就是各类产业的一体化和求取社会整体效益，要求实现平衡与和谐。一般地说，循环经济包括外循环和内循环。其中，外循环的顺畅主要是指本产业与其他产业及与社会环境的一致性，内循环的顺畅主要是指本产业内各个链条的衔接一致性，而外循环的顺畅主要是通过内循环顺畅来实现的。例如，食品原料生产产生的大量秸秆没有通过加工转化为高档饲料、有机肥料、药品及其他工业原料，而是被随地抛弃或被焚烧，浪费了大量资源，污染了空气，甚至为病虫害提供了条件。就河南食品产业来说，目前全省虽然开始重

视循环经济，也采取了一些措施，但不够有力，还没有成为全行业、全产业、全体生产者和管理者的自觉行动。特别是短期行为往往使经营者不顾全大局，破坏了整体循环的效果。所以，无论是从内循环还是外循环，河南省都还远没有达到顺畅的程度。

第二节　河南省现代食品产业发展的制约因素

一、科技创新投入在地区层面存在很大差异

研发是企业创新的重要途径，也是企业未来发展的动力。研发过程需要大量的资金、人力和物力。长期研发投入不足将会造成以下影响。一是产品技术落后。随着市场需求的变化，竞争对手可能会推出新的产品或技术，这意味着企业需要不断进行技术升级和改进，更新产品和服务。研发投入不足的企业往往无法跟上市场变化，产品技术落后，继而无法适应消费者需求。二是缺乏新产品和服务。研发是创新的来源，缺乏研发投入，企业难以推出新产品和服务。这使企业无法满足客户的多样化需求，导致市场份额下降。三是研发队伍流失。研发队伍是企业研发的核心，是企业技术创新的驱动力，并且需要长期培养和经验积累。如果企业研发投入不足，很容易导致研发项目无法得到充分支持，从而流失人才。因此，科技创新投入是现代食品产业发展的重要影响因素。

第四章中采用规模以上食品企业内部研发经费支出（简称研发经费）、研发人员和研发强度三个指标对河南省的创新投入与其余9个食品大省做了横向对比。从研发经费支出来看，河南省排第六位，与山东和湖南存在较大差距，且现代食品产业内部四个行业研发经费投入分布不均；从研发人员情况来看，河南省排第三位，与山东和湖南存在较大差距，且现代食品产业内部四个行业研发人员分布不均；从研发强度来看，河南省排位第五位，与山东和湖南存在较大差距，且现代食品产业内部四个行业研发经费投入分布不均。整体来看，河南省在与其余食品大省横向比较中，科技创新投入仍有较大提升空间。

从河南省内部来看，以河南省各地市R&D经费投入及R&D经费投入强度两个指标，分析2021年和2022年河南各地市总体创新投入情况，具体数值如表5-7所示。

表 5-7　2021 年和 2022 年河南各地区 R&D 经费情况

地区	2021 年 R&D 经费（亿元）	2021 年 R&D 经费投入强度（%）	2022 年 R&D 经费（亿元）	2022 年 R&D 经费投入强度（%）
全省	1143.26	1.86	1018.84	1.73
郑州市	344.72	2.67	310.44	2.45
开封市	29.34	1.10	26.10	1.02
洛阳市	168.09	2.96	153.91	2.83
平顶山市	58.39	2.06	48.37	1.80
安阳市	44.65	1.78	36.93	1.52
鹤壁市	13.87	1.25	11.68	1.10
新乡市	88.87	2.57	79.17	2.45
焦作市	50.62	2.27	34.01	1.59
濮阳市	22.54	1.19	19.57	1.10
许昌市	52.78	1.41	59.80	1.64
漯河市	31.50	1.74	22.21	1.29
三门峡市	34.51	2.06	31.36	1.98
南阳市	78.85	1.73	67.83	1.56
商丘市	34.15	1.05	31.59	1.02
信阳市	20.97	0.66	23.47	0.77
周口市	20.95	0.58	14.85	0.42
驻马店市	31.88	0.98	32.09	1.04
济源示范区	16.60	2.06	15.47	2.03

数据来源：河南省研究与试验发展（R&D）经费投入统计公报。

从表 5-7 可以看出，2022 年 R&D 经费投入和 R&D 经费投入强度均比 2021 年有所下降，但两年内全省 R&D 经费投入均在 1000 亿元以上，投入强度均超过 1.70%。各地市的经费投入最多的地市为郑州市，最少为周口市，前者 2021 年的经费投入为 344.72 亿元，2022 年经费投入为 310.44 亿元；后者 2021 年的经费投入为 20.95 亿元，2022 年经费投入为 14.85 亿元；前者经费投入是后者的 20 倍多。各地市的经费投入强度最大的地市为洛阳市，最小为周口市，前者 2021 年的经费投入强度为 2.96%，2022 年经费投入强度为

2.83%；后者 2021 年的经费投入强度为 0.58%，2022 年经费投入强度为 0.42%；前者经费投入强度是后者的 5 倍多。可见，各地市在科技创新投入层面存在较大差异，大城市往往获得更多科技创新投入。

二、融资、用地等政策保障不足

（一）用地政策保障不足

近年来，河南省农业现代化发展迅速，传统农业正在向现代农业转变，特别是近年来农村土地承包经营权流转进程加快，农业生产经营规模不断扩大，新建设施农业项目越来越多，对规模化用地需求越来越多。但根据党中央国务院关于制止耕地"非农化"防止耕地"非粮化"的决策部署，2021 年11 月，自然资源部、农业农村部、国家林业和草原局印发了《关于严格耕地用途管制有关问题的通知》（自然资发〔2021〕166 号）。结合河南省实际，2022 年 5 月，河南省自然资源厅联合省农业农村厅、省林业局、省发展和改革委出台了《关于严格耕地用途管制落实耕地"进出平衡"的实施意见》（豫自然资发〔2022〕25 号），对设施农用地使用永久基本农田及一般耕地进一步收紧。其明确新增畜禽养殖设施、水产养殖设施和破坏耕作层的种植业设施严禁占用永久基本农田；确需使用一般耕地的，必须符合相关标准，经县级人民政府批准并落实耕地"进出平衡"；不涉及使用耕地的，应在县级自然资源主管部门备案后方可实施。

在河南农业强省调研中发现，除宝丰县龙王沟乡村振兴示范区王堂村外，其他调研村庄范围内永久基本农田比例均达 93% 以上，仅剩不多的一般耕地也多因布局不当难以利用，即使有新增建设用地指标也落不了地。一是无一般耕地可用。社旗县桥头镇小河流村筹划了艾草加工项目，方城县广阳镇后寨村筹划了羊肚菌大棚项目，但因永久基本农田围村，村庄既无新增建设用地安排，也无一般耕地可用，项目无法落地；西平县蔡寨乡冯老庄村耕地全部是永久基本农田，筹划养殖项目无地可落。二是仅有的一般耕地难以利用。社旗县大冯营下徐村、禹州市火龙镇刘沟村利用本村存量建设用地进行产业布局，因碎小地块、村民意愿、政策要求等方面的制约，无法使项目及时落地。三是筹划的项目与目前的用地政策相悖。社旗县大冯营镇张腰庄村拟安排除农产品初加工以外的工业项目，预计项目经济效益较好，但与农村原则上不安排新增工业用地政策相违背。

（二）融资保障政策不足

河南省政府接连发布企业融资政策，如《关于进一步加快推进河南企业利用债券市场融资的意见》《河南省促进中小企业发展条例（草案）》等，支持中小企业公共服务和融资服务体系建设，优化企业环境，向中小微企业倾斜。但在休闲食品产业链调研中，基于安阳、航空港区、鹤壁、济源、焦作、开封、洛阳、漯河、南阳、三门峡、商丘、新乡、信阳、许昌、周口共15个地市百余家休闲食品企业的反馈，接近20%的企业仍然面临融资难的困难。大多数的中小微企业仍依赖于传统的银行贷款渠道进行融资。然而由于银行贷款门槛高、审批严格，许多中小企业往往无法获得足够的资金支持。中小微企业在股票、债券等直接融资方式上的渠道有限，无法满足其多样化的融资需求。另外，由于中小微企业的信用等级相对较低，银行在对其进行贷款时通常会采取更严格的审核标准和更高的利率，中小微企业的担保费、评估费、审计费等融资成本居高不下。

三、消费迭代升级缓慢不利于河南省食品消费市场提质扩容

就现实情况来看，目前河南消费市场恢复基础尚需巩固，社会消费品零售总额增速仍没有恢复到疫情前水平，整体增速在六个经济大省中处于末位，消费市场全面复苏仍面临较大压力。

第一，消费结构升级缓慢。当前我国经济恢复的基础尚不牢固，需求收缩、供给冲击、预期转弱三重压力仍然较大，其中内需不振是制约我国经济发展的突出问题。河南因为地理位置、产业结构等多方面因素，受冲击和宏观形势影响较大，经济恢复和全面复苏压力较大。尽管我国消费市场总体呈现恢复态势，但消费结构升级面临放缓的压力。从14亿人消费结构升级的客观趋势看，2021年消费复苏未及预期，服务型消费缺口没有完全弥补，服务型消费供给面临多方掣肘，农村服务型消费升级相对滞后，经济波动也影响着消费结构升级。

第二，河南省消费水平提升缓慢。目前随着经济持续恢复，市场用工需求增加，就业形势出现好转，但是就业市场全面复苏和供求秩序稳定尚需要一个过程，重点群体尤其是青年群体就业难题仍然突出。就业关联效应下，河南居民可支配收入相对不高，某种程度上会减弱居民消费预期。表5-8汇总了近三年十个食品大省人均可支配收入和人均消费支出情况，可以看出，

江苏、广东、福建无论是人均可支配收入还是人均消费支出，都名列前茅；湖北、湖南、山东处于第二梯队；安徽、四川、河北和河南位于最后。特别是河南省，虽然人均可支配收入和人均消费支出均有提升，但仍排在十个省份的最后。

表5-8 近三年各省份居民人均可支配收入及消费支出   单位：元

地区	2019年 人均可支配收入	2019年 人均消费支出	2020年 人均可支配收入	2020年 人均消费支出	2021年 人均可支配收入	2021年 人均消费支出
全国	30732.8	21558.9	32188.8	21209.9	35128.1	24100.1
江苏	41399.7	26697.3	43390.4	26225.1	47498.3	31451.4
广东	39014.3	28994.7	41028.6	28491.9	44993.3	31589.3
福建	35616.1	25314.3	37202.4	25125.8	40659.3	28440.1
湖北	28319.5	21567.0	27880.6	19245.9	30829.3	23846.1
湖南	27679.7	20478.9	29379.9	20997.6	31992.7	22798.2
山东	31597.0	20427.5	32885.7	20940.1	35705.1	22820.9
安徽	26415.1	19137.4	28103.2	18877.3	30904.3	21910.9
四川	24703.1	19338.3	26522.1	19783.4	29080.1	21518.0
河北	25664.7	17987.2	27135.9	18037.0	29383.0	19953.6
河南	23902.7	16331.8	24810.1	16142.6	26811.2	18391.3

第三，新消费潜能仍有待释放。新消费是指由数字技术等新技术、线上线下融合等新商业模式及社交网络等新消费关系所驱动的新消费行为，既包括零售、医疗等传统消费产业数字化转型催生的新消费模式，也包括新餐饮、新文创等新消费品牌的诞生，以及首店经济、夜经济等新消费场景拓展。目前，河南在新消费业态的培育上还处于起步阶段，打造消费新产品、新模式，推广消费新业态、新平台都需要时间，新消费潜能仍有待进一步挖掘和释放。

第四，社会消费倾向出现转变。疫情对居民消费习惯、消费文化、消费心理形成了深层次影响，而且这种影响具有一定的滞后性、延续性。社会消费尤其是青年人消费理念和消费倾向有了新的变化。年轻人是消费主力军和新消费引领者，而面对目前严峻的宏观形势，年轻人生存和发展压力加大，从而转向追求简约、更加理性的"反向消费"方式，这也必将对未来消费市场产生相应影响。

四、食品产业高端人才吸引力仍待增强

在第四章的分析中指出,河南省食品产业研发人员数量在 5 个食品大省中排名第 3,但 2021 年以规模以上食品企业单位研发经费新产品销售收入和单位研发人员新产品销售收入衡量的创新绩效却均低于全国平均水平,并与湖北、山东、湖南,甚至河北存在比较大的差距,说明河南食品产业研发效率较低,食品产业高端人才吸引力有待增强。

第一,食品产业高端人才流失严重。根据相关数据,河南省食品产业中,近五年内流失大量的食品产业高端人才,这些人才主要流向了沿海发达地区。这些流失的人才中,具有硕士及以上学历的人数占比超过 60%,具有高级职称的人数占比超过 40%。这些人才的流失对于河南省食品产业的发展来说,无疑是一个巨大的损失。

第二,食品产业结构不合理。根据河南省统计局的数据,河南省食品产业结构中,传统食品加工产业的比重较高,而高端、高附加值的食品产业比重较低。这导致高端人才在河南省食品产业中难以发挥更大的作用,从而降低了河南省食品产业对高端人才的吸引力。

第三,食品产业缺乏创新环境和激励机制。根据河南省科技厅的数据,河南省食品产业的专利申请数量和批准数量均相对较低,这表明河南省食品产业在创新方面存在不足。同时,根据河南省食品工业协会的报告,河南省食品产业中的激励机制相对较为单一,主要依靠薪酬和福利来吸引和留住人才,缺乏更为有效的激励机制。

五、存在融入全球食品产业链的双重挤压问题

河南省食品产业面临着来自国内市场和国际市场的双重竞争压力。

第一,国内食品市场竞争激烈。据各省市统计年鉴,河南省现代食品规模及增速由 2006 年的全国第二滑落到 2021 年的全国第六,国内食品产业市场竞争越发激烈。河南省食品企业数量众多,但规模普遍较小,市场份额分散,这导致河南省的食品品牌数量虽然众多,但知名度和美誉度相对较低。相比国内其他地区的食品品牌,河南省虽然拥有双汇、牧原、好想你、卫龙等一系列品牌,但大多数食品企业品牌影响力明显不足,区域品牌影响力还有待提升。河南省食品企业还存在技术创新能力不足的问题。虽然河南省的

食品产业在技术创新方面取得了一定的进展，但与国内其他地区相比，河南省的食品产业在技术创新方面的投入和能力仍有待提高，食品产业在产品质量和附加值方面相对较低。

第二，随着国内市场逐渐开放，越来越多的国际食品品牌进入中国市场，这使得河南省的食品产业不仅需要面对来自国内同行的竞争，还需要与国际品牌竞争。根据百事可乐公司财报显示，2022年百事公司的营收为863.92亿美元（约合人民币5970亿元），同比增长8.7%。根据卡夫亨氏公司财报显示，2022年卡夫亨氏销售额同比增长1.7%，内生性增长9.8%，达265亿美元，剔除收购和汇率影响后的经营销售额同比增长9.8%。竞争越来越激烈。

第三，在国际市场上，河南省的食品产业需要与各国实力雄厚的食品企业竞争。据中国海关统计数据在线查询平台的数据，河南省2020年农产品和食品出口额为70.52亿元，2021年农产品和食品出口额为77亿元，处于最后一个梯队；而第一梯队的广东2020年农产品和食品出口额为1669.78亿元，2021年农产品和食品出口额为1867.82亿元；两者相差24倍有余。由此可见，河南省食品产业国际竞争力仍有待提升。

第六章
河南省现代食品产业发展战略、路径与政策

现代食品产业作为国民经济的重要支柱，涉及农业、加工业、物流等多个领域，与人民的生活息息相关。河南省作为中国的主要粮食生产省份，其食品产业在全国具有重要地位，产业规模位于全国前五。然而，面对经济全球化和市场竞争的加剧，河南现代食品产业面临产业增长乏力，行业结构待优化，产业分局分散优势不突出，科技和文化赋能不足，产品特色和品牌效应不明显等问题，亟须制定科学的发展战略、规划合理的路径并实施有效的政策来推动产业的升级和发展。这一章将基于河南现代食品产业的现状和问题，面向国内外现代食品市场的需求和趋势，结合河南现代食品产业发展的优势和潜力，给出河南现代食品产业的发展目标、路径与政策，提出切实可行的解决方案和发展建议。

第一节 河南省现代食品产业发展的目标与定位

一、河南省现代食品产业发展指导思想

以习近平新时代中国特色社会主义思想为指导，全面贯彻落实党的二十大精神，锚定"两个确保"，深入实施"十大战略"，顺应新消费升级趋势，融入新发展格局，坚持科技引领，强化创新驱动，发挥资源禀赋，聚焦优势领域，优化产业布局，延长产业链条，坚持做大规模、做优产品、做强品牌，着力锻长板、补短板、抢先机，做优粮食制品，做强肉类制品，做精油脂制品，做特果蔬制品，振兴酒业和乳业，支持烟草制品业，大力发展预制菜，培育新兴食品产业，打造一批具有全国影响力的现代食品产业基地，提升现代食品产业核心竞争力，推动现代食品产业高质量发展。

二、河南省现代食品产业发展目标

基于河南省现代食品产业发展指导思想，结合河南省现代食品产业发展现状与竞争格局，下面提出 2025 年短期发展总体目标与细分目标，给出 2035 年中期目标及 2050 年远景目标。

（一）2025 年短期发展目标

1. 总体目标

到 2025 年末，河南省现代食品产业产值、规模、市场占有率、品牌影响力和从业人员数量等方面稳居全国前列，产业链规模达到万亿元。现代食品产业规模化、智能化、融合化、绿色化、国际化水平明显提升，供给质量和效率显著提高。产业布局更加科学合理，创新驱动能力显著增强，品牌价值更加凸显，产业链条更加融合，产业体系更加完善，产业发展更加生态。

产业规模快速增长。巩固传统优势品类领先地位，大力发展新兴品类，抢占未来品类前沿赛道。

市场主体不断壮大。培育一批行业领先、带动力强的现代食品龙头企业，支持中小微企业"上规"和向"专精特新"发展，超前布局未来赛道企业。

产业集群能级增强。充分发挥区域特色资源和历史文化资源等比较优势，推动现代食品产业集群发展。

产业链条更加完善。围绕现代食品产业集群和龙头企业、重大项目，进一步完善现代食品产业链。加快上游加工专用原辅料基地建设，发展技术服务、信息服务、现代物流、电子商务、检验检测、现代金融等配套服务业，提升专业研发、综合利用、装备、包装、设计、检测等产业的本地配套能力。

创新能力显著提升。建设高水平的现代食品科研平台，引育技术和管理高端人才，形成完善的科技成果产出、转化机制，攻克现代食品生产关键核心技术，科技成果转化率、专利拥有量、技术合同成交等指标实现跨越式提升。

"三化"改造加速推进。加快推进现代食品产业链智能化、绿色化、融合化全链式改造提升。以新一代信息技术与先进制造业深度融合为主线，以智能制造为主攻方向，分级分类推动产业链、龙头骨干企业、中小企业"智改数转"。加快现代食品产业链绿色低碳转型，加快布局绿色工厂、绿色园区、绿色供应链管理企业。

品牌影响力日益彰显。引导企业运用"互联网+品牌建设"新思维，打造全媒体传播矩阵，推动老字号和非遗现代食品转型升级，提高现代食品品牌知名度和影响力，选树在国内外市场具有较高影响力的"美豫名品"。

2. 细分目标

积极发展冷链食品、休闲食品和特色功能食品，大力发展预制菜，做优粮食制品、做强肉类制品、做精油脂制品、做特果蔬制品、振兴烟酒业、乳业；实施冷链食品、休闲食品、特色功能食品、预制菜、数字赋能、品牌设计等升级行动。到2025年末，传统优势产业规模效益不断提升，预制菜等新消费品成为重要增长点，三产融合度不断优化，食品产业规模化、智能化、集约化、生态化、国际化水平明显提升，建成具有世界影响力的万亿级现代食品集群。

做优粮食制品。打造小麦、玉米、水稻、红薯产业链，到2025年，规模以上粮食及粮食制品企业营业收入达到3300亿元。

做强肉类制品。打造生猪、肉牛、肉羊、肉禽、蛋鸡、渔业产业链，到2025年，规模以上肉及肉制品企业营业收入达到2200亿元。

做精油脂制品。打造花生、大豆、芝麻产业链，到2025年，规模以上油脂及油脂制品企业营业收入达到450亿元。

做特果蔬制品。到2025年，规模以上果蔬及果蔬制品企业营业收入达到700亿元。

振兴酒业。到2025年，规模以上酒业企业营业收入达到260亿元。

振兴乳业。打造乳业产业链，到2025年，规模以上乳与乳制品企业营业收入达到220亿元。

支持烟草制品业。加大烟粮融合发展，提升烟草产业链转型发展，到2025年，营业收入达到700亿元。

大力发展预制菜。全省规上预制菜企业主营业务收入突破1000亿元；全省规上预制菜企业超过200家，其中营收10亿元以上企业超过30家，培育预制菜上市企业5家以上。

培育新兴食品产业。培育药食同源产品、特殊功能产品、新概念健康食品、植物基食品等一批新兴食品产业。

建设绿色食品原料标准化生产基地。建设一批全国绿色食品原料标准化生产基地，省级农产品质量安全县实现全覆盖。

（二）2035年中期发展目标

以食品产业规模化、数字化、智能化、集约化、绿色化、融合化、国际化为发展方向,健全产业政策法规和标准体系,完善多层次多类型食品人才培养体系,显著增强高端产品供给能力、自主创新能力、质量安全水平和品牌效益,大幅提升重点优势行业的产业规模及"四链同构"、产业生态和文化建设水平,打造食品前沿技术、核心产品、新兴产业的策源地,形成"传统+新兴+未来食品"三大战略性支柱产业一体化发展新格局,向全社会普及绿色健康食品消费生活方式,食品产业营收规模跃升到2.5万亿元,基本实现绿色食品业强省目标。

(三) 2050年发展目标

展望2050年,河南省坚持走好中国式现代化道路,以促进食品产业创新发展为主题,建成世界一流的食品人才培养和科技创新体系,食品产业普遍实现食品组织企业化、工人知识化、生产智能化、管理科学化、结构合理化、功能多样化、产品优质化、产业集约化、发展持续化。建成具有世界一流竞争力的现代食品产业集群,全面实现绿色食品业强省目标。

三、河南省现代食品产业发展定位

依据河南省现代食品产业发展基础及目标,确定高端化、特色化和融合化产业发展定位。

(一) 产业高端化发展

一是现代食品产业向多元化方向发展。结合生物技术、营养科学、信息技术等领域的理念、方法和技术,推动食品产业向高附加值、高技术含量的方向转变。二是产业迎合消费者营养与健康的需求。以消费者需求为导向,更加注重产品的营养、健康、安全等方面,同时提供多样化的食品选择,满足不同消费者的需求。三是产业协同创新。现代食品产业融合了农业、食品加工业、物流等多个领域,通过技术、信息、资源等方面的共享,实现产业协同创新,提升整个食品产业的竞争力和创新能力。四是产业智能化和数字化。现代食品产业逐渐引入智能化和数字化技术,达成需求预测、数据分析和精准营销,实现生产过程的自动化、信息化和智能化。五是产业绿色化。现代食品产业注重环保和可持续发展,采用环保材料和节能技术进行生产和包装,减少对环境的影响。同时,提倡绿色消费和循环经济,推动食品产业的可持续发展。

(二) 产业特色化发展

一是发挥农业优势，打造产业集群。依托河南省的农产品资源禀赋、便利的交通优势与悠久的历史文化，挖掘非遗和"老字号"食品，大力培育传统优势食品和地方特色食品产业。以特色食品龙头企业为牵引，聚焦食品供应链，抢占休闲食品、预制菜、酸辣粉、冷链食品等细分领域。以休闲食品、冷链食品、预制菜为抓手，通过培育一流的"链主"企业，打造具有竞争力的食品产业集群等多种方式，实现食品产业的特色发展与优势再造。二是文化赋能食品产业。河南省拥有丰富的食品文化和历史，可以深入挖掘这些资源，通过传承和创新，打造具有文化内涵和独特魅力的食品品牌。例如，可以借助传统食品制作技艺和民间故事等，推出具有文化特色的产品和服务。三是提高产品质量，确保产品的安全。加强地域品牌和企业品牌的建设，提高品牌的知名度和美誉度，形成区域现代食品品牌。

(三) 产业融合化发展

在河南食品产业已形成的门类齐全、产业链较为完整的现代食品产业体系基础上，实现全产业链整合与协同。一是产业链的纵向融合。从原料采购到食品加工、销售等环节，各环节之间紧密衔接，实现资源的优化配置和高效利用。二是产业链的横向融合。食品产业通过与生物技术、信息技术、物流等领域合作，引入新技术、新模式和新业态，推动产业的创新和发展。三是产业集群化发展。以龙头企业为核心，聚集优秀的上下游企业和服务机构，通过协同创新和资源共享，打造一批产业集群。四是产业国际化拓展。现代食品产业不断拓展国际市场，通过开展国际合作和交流，引进国际先进技术和管理模式，推动产业的国际化发展。

第二节 河南省现代食品产业发展路径构建

一、优化产业布局

充分发挥河南农业基础、交通运输、自然环境和文化资源优势，以满足新消费需求、融入新发展格局为目标，以创新驱动发展为动力，以服务上下游需求为核心，以链接中游产业为纽带，以做大做强传统优势产业、做精做细新兴成长产业、改造提升非遗和"老字号"食品、布局未来食品新赛道为主攻方向,辐射带动全省食品产业科学布局,建设全国食品重要的原辅料供应基地、生产基地、交易基地、人才培养基地和研发基地。

(一) 建设全国食品高品质原辅料供应基地

以区域特色农产品资源为基础,坚持"政府推动、产业化经营、相对集中连片、适度规模发展"的原则,重点布局豫北优质专用小麦,豫西、豫西南、豫南山区优质林果,正阳、民权、内黄优质花生,卢氏、西峡、泌阳食用菌,临颍、淅川、柘城优质辣椒,内乡、汝州生猪养殖,泌阳、唐河、郏县肉牛养殖等特色优质农产品原料种植养殖基地,加大育种创新攻关力度,加快推出高产稳产、优质绿色的新品种,加强经营管理和技术指导,全面执行绿色食品标准化生产和全过程质量控制,为食品加工企业提供绿色优质原料。同时,积极推进焦作和驻马店调味料、漯河植物提取物等食品辅料生产企业扩规模、增品种、提品质,建成全国食品高品质原辅料供应基地。

(二) 建设全国食品重要生产基地

围绕河南省预制菜食品、冷链食品、休闲食品和特色功能食品,坚持龙头领舞、产业链动、集群发展。建设预制菜生产基地。支持信阳实施"三二一"模式,通过做大做强"三产"信阳菜连锁模式,带动"二产"加工和"一产"原材料的供给。支持新乡原阳继续加大"二产"预制菜加工,内培外引,完善预制菜产业链;支持长垣通过当地知名厨师及在外餐饮企业的开设,启动公用共享长垣预制菜品牌+名厨招牌菜,在当地工业化转化,借助特殊销售渠道实现长垣预制菜产业发展。支持洛阳汝阳聚焦红薯和香菇种植优势,建设生态预制菜产业园,开发生态预制菜。休闲食品产业重点布局郑州以好想你为龙头的果蔬休闲食品、新乡以米多奇为龙头的焙烤食品、焦作以大咖国际为龙头的休闲茶饮、漯河以卫龙为龙头的调味面制品和以双汇为龙头的休闲肉制品等5大集群;在新兴成长产业重点布局周口糖果休闲食品,开封、驻马店和平顶山坚果炒货休闲食品,许昌和周口豆类休闲食品等6大集群;在非遗和"老字号"休闲食品领域,重点扶持武陟油茶、民权麻花、安阳皮渣等老字号企业工业化改造升级;在郑州、洛阳、漯河、南阳等地重点布局植物提取物、植物基食品、生物合成食品、精准营养重组等未来休闲食品新赛道。

(三) 建设全国食品主要交易基地

依托河南交通枢纽和开放通道优势,推动产业金融、现代物流、直播电商等生产性服务业集聚发展，打造多层次、多品类、多模式的全国现代食品交易基地；大力推广郑州糖酒食品交易会、中国（漯河）食品博览会等平台，打造成为有世界影响力的现代食品推介活动；重点建设郑州百荣世贸商城等大型现代食品批发市场，扶持郑州红枣、许昌蜂业、漯河休闲食品等电商集群。支持郑州以惠济区为核心，打造国际食品（预制菜）贸易港，依托中原四季物流港的贸易和冷链优势，建立预制菜贸易中心和创新加工中心，通过贸易港建设，带动预制菜产业发展。

（四）建设全国食品人才重要培养基地

依托郑州轻工业大学、河南农业大学和河南工业大学等在全国食品领域有一定影响力的高校，深化产教融合，统筹布局食品相关的学科群或专业群，推动多学科深度融合发展，培养现代食品高端人才。依托河南省食品类高职院校，如漯河食品职业技术学院、郑州食品工程职业学院，加强现代食品产业技能人才的培养，把河南省建成全国现代食品人才重要培养基地。

（五）建设全国食品先进技术重要研发基地

依托中原食品实验室、牧原实验室等科研机构，郑州轻工业大学、河南农业大学、河南工业大学等高校和各行业细分领域龙头企业，搭建产学研一体化创新应用平台。在中原食品实验室、牧原实验室等科研机构重点加强现代食品产业应用基础研究；在郑州轻工业大学、河南农业大学、河南工业大学等院校重点加强产业关键技术研究；在龙头企业重点进行产业化应用示范，构建产学研用协同创新体系，开发一批先进技术，形成一批创新成果。目标成为我国现代食品领域重要研发基地、创新高地和先进技术重要输出地。

二、畅通城乡要素流动，促进全产业链发展

针对河南食品企业优质原材料本地化占比较低等问题，需要增进河南优质农产品供给，推动"食农融合"和"跨域跨链融合"发展，提升产业集聚效能。

第一，支持河南省食品龙头企业在省内布局建设绿色优质农产品生产基地，夯实"食农融合"之基。充分发挥农业大省资源优势，在适度规模经营基础上，引导绿色食品企业与家庭农场、农业合作社、农业公司等新型经营主体建立规范稳定的合作关系，按绿色食品企业品控标准规模化生产优质小

麦、花生、草畜、林果、蔬菜、茶叶、食用菌和中药材等农产品，实现河南绿色食品企业优质原材料本地化，增强绿色优质农产品对绿色食品产业的适配性和支撑度，把农田、养殖场打造为绿色食品产业的"第一车间"，把食品产业链向农业农村延伸，有效推进"食农融合"发展。

第二，构建"一产接二连三"融合发展模式。第一产业做优、做强，发挥河南小麦，水稻等特色种植面积大、产量高的资源优势，积极推广先进技术，组织好企业，农户之间的利益关系，以价值链筑牢利益链，共建共享新局面。

第三，构建"二产接一连三"融合模式。食品工业优势再造带动三产大融合，"农头工尾"做强食品工业，实施农产品加工业提升行动，推动冷链食品、休闲食品、特色功能食品等加快升级，打造优势特色产业链，形成特色产业集群。探索"四链同构"的河南实践路径，加大粮油品牌培育力度，打造河南粮油公共品牌，打造全国重要的现代食品生产基地，抢抓特色食品业优势再造和换道领跑的机遇。

第四，提升重点地区产业集聚效能。聚焦漯河、驻马店、南阳、新乡等食品产业优势区，在建设用地、重大项目、平台建设、信贷担保等方面给予优惠政策支持，择优引进农产品预处理、冷链物流、包装印刷、电子商务等企业，全面提升产业集聚效能。

三、加大行业科技创新投入，加快企业竞争力提升

(一) 实施食品产品科技创新工程

第一，构建多元化科技创新体系。推动政府、企业、高校、研究机构、金融、科技中介等主体构建"政产学研金介"六位一体的食品科技创新协作新体系，高水平建设中原食品实验室、食品生产与安全河南省协同创新中心等一批食品产业基础和应用研究平台或创新中心，争取在国家级平台构建上取得新突破。

第二，重点攻克全产业链共性关键技术。聚焦河南省肉制品、速冻食品、休闲食品、乳制品、米面食品等优势主导产业重大需求，在加工制造、机械装备、食品安全、冷链物流、营养健康等主要领域，启动一批重大专项，攻克一批冷链物流、智慧保鲜、新型酶制剂开发、食品新资源挖掘、食品资源梯次高值利用、食品安全主动防控、食品危害物监测与评估等产业链共性关

键技术和产业化技术，提升农产品精深加工技术水平，实现农业产业链延伸和价值链提升。

第三，重视集成技术和未来前沿技术研究。积极推进新一代数字信息、区块链、人工智能、颠覆性生物技术（食品细胞工厂、食品增材制造、食品组学、食品合成生物学、食品感知学）、新型绿色制造（非热加工、新型杀菌、高效分离、多物理场加工等）、智慧监管等在食品产业的集成应用研究，加大预制菜、应急食品、功能性食品及特殊膳食用食品（婴、幼、孕、老年等特殊群体的营养健康产品）研发，提升食品产业绿色化、智能化、高端化、特色化水平，超前布局未来食品产业。

（二）推动传统优势食品行业提质增效

河南传统优势食品行业还蕴含着巨大的增长空间，要通过相关部门和地区的统筹协调，对每个细分行业发展的全链条摸排梳理，了解市场需求、原材料供应、科技创新、企业管理、安全生产、人才支撑、政策资源约束、社会化服务等方面情况，找准产业链关键和薄弱环节，并通过顶层设计、政策创新等针对性的措施，补足发展短板，推动持续的产品创新，促进消费市场的提质扩容，引领带动产业转型升级。目标到2025年实现传统优势食品产业规模不断壮大，发展质量和效益不断提升，供应链保障能力明显改善，一二三产融合水平持续优化。

第一，做优粮食制品。发挥粮食产业规模优势，推进优质小麦、玉米、水稻、红薯等生产基地建设和粮食制品精深加工，壮大小麦、玉米、水稻、红薯等细分产业链。同时，基于营养基因组学等现代生物医药技术发掘功能因子，研究开发不同生理时期人群的特定主食营养配方和功能食品，构建小麦、玉米全价高值化利用与功能性食品产业链体系，抢占全国粮食产业发展新高地，引领全国粮食产业高质量发展。目标到2025年实现规模以上粮食及粮食制品企业营业收入达到3300亿元。

第二，做强肉类制品。加快猪、牛、羊、鸡、鸭、鱼等畜禽良种"育繁推"试点示范，重点保护、开发和利用南阳黄牛、郏县红牛、泌阳夏南牛等地方良种资源，建设豫东、豫北及"三山一滩"（大别山、伏牛山、太行山、黄河滩区）肉羊优势区，发展羊肉精深加工，培育具有较强市场影响力的羊肉品牌。重点支持牧原、双汇等企业强强联合，深化战略合作，提升屠宰现代化水平，推进肉品冷链化运输、冷鲜化上市，打造千亿级企业龙头企业，持续巩固河南肉制品产业规模优势和产业基础优势。目标到2025年实现规模以上肉及肉制品企业营业收入达到2200亿元。

第三，做精油脂制品。加快发展绿色、高油等花生、大豆和芝麻生产基地，加大与鲁花、华豫、亮健等国内外知名油脂加工企业合作，开展油脂油料精深加工，开发油料蛋白、生物活性物质等高端油制品产品，鼓励发展葵花籽油、核桃油等新型健康特色小品种食用油，争夺高端和新型油品市场，到2025年，规模以上油脂及油脂制品企业营业收入达到450亿元。

第四，做特果蔬制品。加强对果蔬品营养、保健、调理等功能用途的研究，推动果蔬产品在婴幼儿食品、营养保健食品、医食同源食品等领域的开发应用，创制系列营养健康果蔬休闲食品，开发以绿色果蔬品为原料的方便食品、调味品、保健品、日化品等。目标到2025年实现规模以上果蔬及果蔬制品企业营业收入达到700亿元。

第五，振兴乳业。加快建设一流种源、饲草料、奶源基地，支持大型乳品企业国际化发展和中小乳品企业差异化发展，支持伊利、蒙牛等国内乳业龙头企业在河南投资建厂；做好质量、做强品牌，加强乳品全程监管，提升消费者的信任度和美誉度。目标到2025年实现规模以上乳与乳制品企业营业收入达到220亿元。

(三) 加快企业竞争力的提升

第一，推动食品龙头企业升级换代。以目前已经形成的规模化、品牌化龙头企业为基础，立足国际市场，重新确立龙头企业标杆，以培育一大批具有引领性、带动性的千亿级百亿级头部企业、领军企业为目标，制定培育龙头企业计划，围绕细分行业领域遴选一批龙头企业，如思念、卫龙、三全、蜜雪冰城、好想你等，引导要素资源向龙头企业聚集。培育发展一批已初具规模、地方特色突出的食品产业园区，推进建设一批特色小镇，如原阳预制菜园区、临颍休闲食品园区、通许酸辣粉园区等。同时引进一批集群效应明显的大项目和"链主"企业，实现龙头企业升级换代，带动食品产业集群高质量发展。

第二，力促小微食品企业和食品小作坊规范提升。围绕细分食品行业，完善行业质量安全标准，并加强食品领域污染治理和质量安全监管，构建"良币驱逐劣币"的市场环境，倒逼小微企业提档升级，按照"有进有出"的原则对企业进行动态调整，促进小微企业"上规"和向"专精特新"发展，引导小作坊由"小散低"向"精特美"转变。

（四）实施豫酒、豫烟振兴行动

针对豫酒、豫烟竞争力不足、市场占有率不高等问题，需要加快豫酒、豫烟振兴，打造河南食品产业重要增长点目标到2025年豫酒、豫烟营收额超过1000亿元。

第一，豫酒振兴行动。围绕杜康、仰韶、皇沟、寿酒、宝丰、贾湖等重要豫酒企业，在加大省财政支持基础上，明确各相关地市政府扶持本地豫酒企业快速发展的主要责任，加大豫酒发展扶持力度，实现2025年豫酒营收额倍增目标。积极推进豫酒企业、高校及科研院所产学研协同创新，加强工艺升级、标准建设、基地建设、质量建设，树立豫酒品质标杆，不断提升豫酒品质形象。推动"豫酒+农业""豫酒+文化""豫酒+旅游""豫酒+数字"融合发展，强化豫酒文化传承、打造豫酒文化多元展示窗口，建设一批富有地域文化内涵、人文魅力、生态宜人的特色酒庄、酒镇、酒肆、豫酒博物馆、酒旅精品线等，与消费者形成高频互动，以品鉴和场景体验提升消费者对品质的认可，显著提升品牌与产业形象，实现豫酒品牌影响力和价值力新提升。

第二，豫烟振兴行动。建议政府加强对全省烟草产业链转型发展的组织领导，强化各类政策支持。以深入推进烟粮融合为纽带，以稳定现有市场为基础，以品牌培育为核心，以优化产品结构为载体，以发展一二类高档卷烟为抓手，创新推广豫烟系列特色产品。围绕原料生产、复烤加工、特色工艺、香精香料、卷烟产销、烟机制造、烟草科研、教育培训等全产业链条加大科技创新，推进营销模式改革，提升工商协同能力，把"黄金叶"品牌打造成为中式卷烟醇香品类、浓香特色代表品牌，持续提升市场竞争力目标力争到2035年把河南省烟草行业打造成千亿级产业，发挥好烟草产业在促进农业高质高效、农村宜居宜业、农民富裕富足中的重要作用。

（五）抢占食品产业发展新赛道

在食品新消费时代，河南要立足自身优势，聚焦新兴品类，强化顶层设计，加大科技研发，打造创新策源地，抢占食品新赛道。

第一，立足自身优势和潜在需求，找准细分品类。食品新赛道包括休闲食品、预制菜、功能食品、植物基食品、未来食品等多个品类，盲目跟流会陷入恶性竞争，要结合地方特色和企业优势，调研分析不同消费群体潜在需求，找准细分品类，做精做深，才能做到"基业长青"。

第二，大力支持预制菜发展。要做强做优做大预制菜重点产品、重点企业、重点园区。重点支持"信阳菜"标准化、基地化、品牌化、信息化发展，构建信阳菜等预制菜文化研究、标准制定、产业培育、品牌推广和市场服务体系五大体系。推广"原料基地+中央厨房+物流配送"等产业模式，支持新乡原阳、濮阳南乐、周口鹿邑等地建设全国重要的预制菜生产基地，在全国叫响预制菜的"豫制菜"品牌。目标到2025年实现预制菜营收额超过1000亿元。

第三，加大科技研发和标准研制，打造新赛道创新策源地。新赛道食品对产品内涵、品质、功能等具有很高的要求，要加大新赛道食品的科技研发和标准研制，成为行业领跑者；还要广泛动员食品企业、高校科研院所积极参与创新体系构建，加大对基础理论、战略方向、前沿技术、商业模式等方面研究，开展搭建预制菜平台、举办预制菜博览会和论坛等活动，打造预制菜等创新策源地。

四、发展"数字食品"等新模式新业态，适应消费者多元化需求

食品行业作为国民经济重要支柱产业和民生保障的基础产业，正步入以营养健康为标签的高质量发展阶段，食品消费正由生存型消费向健康型、享受型消费转变，由吃饱、吃好向保障食品安全、健康、满足食品消费多样化转变。在数字化社会的大背景下，食品行业正在向数字化食品的新业态转变。基于食品营养数字化、人体健康数字化、加工制造数字化前提下的全数字化链条制造出的数字化食品，为食品产业的转移/更新/革命带来了新机遇。

要发展"数字食品"等新模式新业态。利用物联网、云计算、人工智能、区块链技术等数字化技术对食品原料物性、营养特性、人群营养特征等信息数据化和整合分析，继而与食品生物合成、食品重组、增材制造、智能化加工、智慧化物流、智慧化包装等高新技术深度融合，生产具有精准化创制典型特征的数字化食品。在需求端，通过建立人体营养需求与复杂食品体系中原料组分、结构、品质与加工工艺参量之间相互关联的数据分析体系，以个性化需求、符合健康和安全需求为主要目标。基于食品营养数字化、人体健康数字化、加工制造数字化前提下，全数字化链条的数据处理、分析、决策，以及将加工过程的热量、动量、能量平衡等参数，与食品感官、质地和理化特性相互连通，实现食品产业链的全元素的连接与整合，来达到数字化食品的设计。在生产端，在数字化食品的加工制造过程中，人工智能等信息化技

术的使用还使得数字化食品的工业生产中例行或管理任务实现自动化，通过实时对生产线各个环节、各个设备运行中的设备参数、工艺、中间产品特征数据进行采集，实现多维度的动态数据分析，实现对生产过程工艺优化、质量管控、设备管理与维护等功能。基于食品合成生物学、食品重组科学、增材制造、智能化加工包装技术与信息技术的深度融合，根据产品的定制化需求，基于上述对生产过程、供应链和产品运行、用户使用过程中的海量数据分析，通过虚拟产线模型分析，根据订单情况快速进行产品设计、调动物料供应、安排产线生产，实现食品的定制化制造。

五、提升品牌效应，开拓国内外市场

（一）实施"增品种、提品质、创品牌"专项行动

树立品牌意识，制定品牌发展规划，建立健全质量管理体系。一是树立一批产业集群区域品牌试点。依托现有省级以上食品产业集群和产业园区，开展区域品牌培育试点，如新郑大枣、温县山药、西峡香菇、驻马店芝麻、开封大蒜等。以区域发展为依托，以政府、农业行业组织、龙头企业和农户为建设主体，集中区域优势资源，凸显品牌独特性，全方位提升品牌宣传深度和广度，提高品牌知名度，实现品牌快速推广。到2025年，争取8个集群进入国家产业集群区域品牌培育试点区，培育10个新型食品产业示范基地。二是选树一批"名品、名企、名家"。鼓励企业运用"互联网+品牌建设"新思维，增加服务环节投入，建立完善品牌培育管理体系，加速培养引进品牌管理人才，为有效培育企业品牌提供专业人才支撑，提高企业品牌培育能力，定期发布《河南特色优质食品目录》。到2025年，选树一批在国内外食品领域具有较高影响力的"名企、名家、名品"。三是引导食品企业诚信经营，提升消费者科学素养。加强行业自律，推进诚信管理体系建设，及时公布不合格产品和消费警示，积极开展食品安全与科普教育，引导消费者科学、理性、绿色、健康消费，提高全社会科学膳食水平。

（二）品牌分类施策，加快转型升级步伐

第一，在促进食品新势力品牌发展方面，积极发挥研发设计、产品包装、展示交易、直播电商、社交种草等多平台传播优势。做好支持和引导工作，在资金支持、商标保护、专利注册等方面为新锐品牌提供便捷服务。

第二，推动老品牌复兴，实施老品牌"年轻化"，拥抱年轻消费群体，积极推进与高校院所的研发合作，并借助数字化销售模式和社媒推广模式，在产品创新、消费者创新、渠道创新以及营销和供应链创新等方面发挥重要作用。为了解决老企业融资难、融资贵的问题，探索设立品牌发展基金，引入专业品牌运营商，通过多种市场化方式，引金融"活水"增企业活力，盘活老字号品牌，增强企业经营原动力。

第三，适应新消费。渠道为王，拓宽线上线下组合式立体营销。推动品牌与抖音、小红书、哔哩哔哩等线上平台合作。拓宽"社媒种草+平台背书+直播带货+电商转化"的新型组合式营销渠道。培育河南地方特色食品产业，以特色化、品牌化发展路径，升级现有产品，增加产品附加值，突出差异化属性，形成可持续发展新业态。擦亮特色食品老品牌，在全国范围内打响知名度，提升产品影响力，扩大消费群体与消费场景再造，促进地方特色食品融入全国统一市场。

（三）充分挖掘国内国际食品消费市场潜力

要实现河南食品产业的持续发展，需要在全球范围内提升食品企业的竞争力，并紧跟国内国际双循环相互促进的新发展格局，为河南食品企业及买家提供最具价值的贸易投资平台，实现更加顺畅地"买全球、卖全球"。

第一，加速开拓国内外市场。国内重点瞄准京津冀、长三角、珠三角等沿海发达地区的城市群，国外重点瞄准欧美、日本、韩国、东盟等国家，研发具有市场潜力的中高端食品，并通过制定"一地一策"市场开拓计划，搭建交流平台，开展专题招商推介，广泛宣传倡导豫食文化，鼓励企业以"抱团闯市场""组团出海"等方式拓展国内外市场。

第二，用好开放平台优势，深度融入全球食品产业链。对标国际巨头食品企业，充分利用郑州四条"丝绸之路"、跨境电商、自贸区等开放和国际枢纽优势，重点面向"一带一路"沿线、RCEP成员国，鼓励有实力的食品企业在国内外建立食品生产经营基地、技术研发中心，通过兼并重组、合资、上市等融资合作方式，整合要素资源，深度融入全球食品产业链。

第三，积极推广新业态新模式。推进"互联网+"与食品产业链融合，培育食品产业的工业互联网平台，加快食品企业"上云上平台"，促进产业链向高端化、数字化发展。大力发展网络营销，实现制造需求和制造资源无缝对接。结合特色农产品原料种植养殖基地，发展共享农庄、农耕体验、乡村民宿、食品工业旅游精品路线等业态。积极将食品消费元素嵌入潮流夜市、后备箱集市、社区民生夜市、音乐角市集等新消费场景，广聚人气，力促食品消费。

(四) 培育现代食品大单品

在释放消费潜力、推进消费升级的背景下，积极引导企业立足区域资源禀赋与自身优势，深刻洞察和准确理解顾客需求，深耕细分赛道，选择受众率高、用户体量大、黏性强的产品进行创新。通过标准化、批量化生产保证产品品质稳定。在突出新品内涵和卖点的基础上，优化线上线下渠道布局，有效整合和精准配置资源，通过深度营销成功打造现代食品大单品。以大单品的规模效益和品牌效益带动企业发展和品牌提升，循序渐进做大做强。

第三节 河南省现代食品产业发展政策

为推动河南省现代食品产业的持续、健康、快速发展，应制定支持和保障优化产业结构、提升产品质量、加强科技创新、促进产业集聚的政策措施，为河南食品产业的转型升级和高质量发展奠定坚实基础。

一、强化规划引领和顶层设计，统筹财税、金融等扶持政策

(一) 强化规划引领和顶层设计

山东、四川等省份食品产业高质量发展过程中始终坚持规划先行，谋定而后动。山东省在"十四五"之初就编制了《山东省食品产业"十四五"发展规划》，出台了《关于加快食品产业高质量发展的若干措施》《食品产业打造领航型企业优化提升重点产业链实施方案》等可操作性实施方案，对肉类、食用植物油、酒类等优势细分产业发展精准绘制了路线图。四川省重视消费品产业发展战略研究，提出川茶、川水等细分行业发展目标、重点任务和对策措施，制定了《四川白酒"十朵小金花"及品牌企业三年培育计划》《四川白酒品质提升工程实施方案》《推动全省肉制品产业加快发展的措施》等实施方案。

河南省应加强规划引领和顶层设计，创新体制机制，全面推动食品产业高质量发展。一是建议政府出台中长期专项规划。鉴于食品制造是河南省重要支柱产业，转型升级的任务艰巨繁重，建议省政府出台食品产业高质量发

展专项规划,逐层分解万亿级食品产业建设任务,超前部署食品产业战略方向和重大任务,在龙头企业培育、技术创新、品牌提升等方面加大政策扶持力度,推动河南省食品产业迈上新台阶。二是强化"链长制"等跨域跨链协作机制。发挥好省市县产业链长制的统筹协调优势,加强发改、工信、农业农村、科技、财政、商务、自然资源、市场监管等部门的沟通协作,充分调动行业协会、高等院校、科研机构、消费者组织、新闻媒体等各方积极性,探索建立信息共享、资源共享、渠道共享等协同机制。

（二）完善金融服务体系

与其他行业相比,食品企业普遍存在资产规模小、资信度低、抵御市场风险能力弱等情况,而食品企业的资金需求具有季节性强、时效急、额度大等特征,受自身抵押物少、银行贷款条件高等限制,食品企业融资比较困难,导致企业在原材料采购、技术改造、研发创新、扩大投资等方面面临困境。同时,受政策条款限制和企业控制内部风险的需要,政策性金融对于体量小、处于成长期的项目投资过于谨慎,食品企业难以获得有效的资金支持。河南省要充分发挥商业银行、担保公司、农业保险、投资集团等金融机构的作用,完善食品产业金融服务体系,加强产融合作。

第一,创新融资手段、拓宽融资渠道。引导商业银行、农业银行、农信社等金融机构,针对食品行业特点开发出"量体裁衣"式的金融产品。例如,鼓励金融机构向食品企业提供以品牌为基础的商标权、专利权等质押贷款,或开辟短期贷款绿色通道,保障食品企业短期和季节性资金需求。

第二,搭建担保平台。发挥农业信贷担保作用,支持省农业信贷担保公司创新业务合作模式,围绕绿色食品加工业开发担保产品,比如在担保人或担保物选取上,因地因企制宜,采取一企一策、一时一策,比如支持流转土地经营权作为食品企业的贷款抵押物。

第三,推动农业保险转型升级。用足用好特色农产品保险以奖代补政策,围绕构建多元化食物供给体系,持续推进农业保险扩面、增品、提标,加强对粮油糖肉蛋奶鱼果菜茶等多元食品供给全链条的风险保障。

第四,强化投资集团的平台功能。积极发挥河南农业投资集团的投融资平台和对外农业合作承载平台等多维平台作用,有效连接农户、农业合作社、加工企业和电商平台,拓展延伸产业链条,打造全国一流的农食品产融集团。

（三）加大政策支持力度

现代食品产业的发展离不开政策的支持。如2019—2021年河北省工信厅联合省发展改革委开展了对君乐宝君恒婴幼儿配方乳粉等5个项目的扶持，资金高达2.4亿元。石家庄市2022年设立了总规模50亿元的现代食品产业发展子基金。为支持现代食品产业发展，2023年河南省设立了总额30亿元的食品产业集群培育基金，首期资助10亿元，但这一支持强度远远落后于江苏、广东、山东、河北等省份。河南省要在认真落实国家和地方相关优惠政策基础上，研究制定推动食品产业高质量发展的具体政策，加大政策扶持力度，推进政策及时落地见效。

第一，持续加大食品领域财政投入。持续增加食品领域教育、科技创新等方面的财政经费，支持河南高校食品学科加快发展，引导食品企业加大研发投入和深化技术改造，力争2025年规上食品企业研发经费投入强度达到制造业平均水平。要创新财政扶持方式，如对企业的直接补贴可以转化为效率更高、效果更好的贴息贷款。

第二，设立超百亿元规模的食品产业发展基金。以财政资本金为基础，引导天使基金、风险投资基金等社会资本形成规模超百亿元的食品产业发展基金，加大对新龙头企业、高新技术企业和"专精特新"中小微企业的扶持，重点资助新技改、新基建、新技术、新模式、新业态等食品项目。

第三，完善绩效管理机制，推进政策有效落地。围绕建设万亿级现代食品产业目标，基于各市县食品产业发展的基础和条件，明确各市县现代食品产业发展规划、阶段性任务和政府责任，科学制定食品产业高质量发展考核指标体系，定期对各地区食品产业发展的整体绩效进行评估，倒逼各地区提高政策执行效能。

（四）加大产业用地保障

用地条件是食品企业项目建设、生产经营和扩大投资的基础。由于农村土地流转率低、集体建设用地少而散等问题，食品企业存在用地难、用地贵、用地繁等现象，这不利于食品产业及"农食融合"发展。例如，受用地限制，一些食品企业选址远离原材料所在地，一些企业在延伸产业链、扩大经营范围和规模等过程中难以流转靠近原厂址的土地，在流转土地中还存在土地租金上涨、易与周边农民产生矛盾等现象。

河南省要指导地方政府用好用活产业用地支持政策，积极盘活农村存量建设用地，最大程度保障食品企业生产建设用地供给。一是用好用活设施农业用地。对农产品加工企业所用生产设施、附属设施和配套设施用地，符合国家有关规定的，列入设施农业用地管理。二是落实好新增建设用地倾斜政策。省级制订土地利用年度计划时，安排至少5%的新增建设用地指标保障乡村重点产业和项目用地，重点向食品产业项目倾斜。三是盘活存量建设用地。通过城乡建设用地增减挂钩周转指标，优先支持食品企业开展生产经营。鼓励农村集体经济组织依法使用集体建设用地自办或以土地使用权入股、联营等方式与食品企业共同发展农产品加工、农产品冷链物流等产业。

二、力促居民消费结构升级，激发食品消费市场新增长点

（一）促进居民消费结构升级

释放消费新动能，培育壮大新型消费，顺应消费升级趋势，鼓励消费新模式、新业态的发展，促进线上线下消费融合发展。运用新一代信息技术催生新业态新模式，实现线上线下多元业态深度融合，赋能食品产业生态发展；加强各地传统饮食文化和加工工艺传承，加大"原汁原味"特色休闲食品供应；挖掘地方特色食品的健康养生、休闲观光、生态保护和文化传承元素，积极将食品消费元素嵌入夜间经济、特色餐饮集聚区、大型商业综合体等消费场景和载体，引导食品产业与康养、旅游、娱乐等产业融合发展。分批次培育形成一批具有较强代表性的新型消费示范城市和领先企业，大力推动绿色消费，鼓励绿色消费引导绿色生产，倡导绿色低碳消费理念，形成绿色消费结构，提升居民对绿色低碳产品和服务的购买意愿。

改善农村交通和通信网络，提高农村地区的交通便利度和信息传递速度，方便农村居民购物和消费。加快农村电力、供水、供气等基础设施的建设，解决农村生活用水、用电等问题，提高农村居民的生活品质。扩大农村消费，大力提升电商、快递进农村综合水平和农产品流通现代化水平，健全县乡村三级电子商务服务体系和快递物流配送体系。完善农村商业网点布局，支持城市流通渠道、品牌、平台企业等下沉农村市场，丰富农村地区的消费供给，同时引导农特产品进入城市商超、便利店、社区商店等销售专柜。健全农村商品物流配送体系，推动公益性农贸市场、公共加工配送中心、共享性检验检疫中心等建设和改造提升，支持企业规范建设冷链仓储物流系统。进一步完善农村末端配送网络，支持社区智能配送柜等现代仓储物流设施在农村地区的推广，以智能终端打通农村商品流通"最后一公里"，从而提升农村商品供给效率。

（二）激发食品消费市场新增长点

拓展互联网销售渠道。通过与电商平台合作，推广线上销售，打造网店、微店等线上销售新渠道，吸引更多消费者进行在线购买。利用社交媒体等网络平台，进行线上促销和优惠活动，扩大品牌知名度和销售额。打造社区团购模式，以社区为单位，开展团购活动，通过微信群、小程序等社交媒体平台，将消费者聚集在一起，以较低的价格购买高品质的商品。

大数据分析精准营销。通过收集和分析消费者数据，了解消费者的购买习惯和需求，为消费者提供更加精准的个性化推荐服务。利用大数据技术对市场进行深度调研和分析，制定更加科学合理的营销策略。跨界合作创新业务模式，与教育、旅游、医疗等行业进行合作，创新业务模式和合作方式，打造更加多样化的消费场景和业务模式，吸引更多消费者进行消费。

提升供应链效率降低成本，通过优化供应链管理，提高采购、仓储、物流等方面的效率，降低运营成本，为消费者提供更加优质、实惠的商品和服务。同时，也可以与供应商建立长期稳定的合作关系，保证商品质量和供应稳定性。强化用户体验和服务质量，在新型消费市场中，用户体验和服务质量是关键。可以通过优化产品和服务设计，提高消费者体验和服务质量。同时，建立健全的售后服务体系，及时解决消费者的问题和反馈，增强消费者的信任感和忠诚度。加强宣传和推广工作，通过广告、宣传片、社交媒体等多种方式，加强品牌宣传和推广工作，提高品牌知名度和美誉度。同时，可以利用 KOL、网红等资源进行合作推广，扩大品牌影响力和市场占有率。

三、提升产业配套服务，营造优良产业发展环境

第一，加快市场主体培育。深化市场主体登记制度改革，降低市场准入成本，不断优化环境、创造条件，充分激发人民群众创业创新的活力和热情，推动新的市场主体快速增长；常态化开展助企服务，综合施策、精准发力，持续降低生产经营成本，切实解决企业发展中遇到的困难和问题，助推现有市场主体发展壮大；全面推行法治监管、智慧监管和信用监管，支持诚信守法企业做强做大。

第二，加强产业招商。持续完善食品产业链图谱和招商路线图，细化招商目标企业清单，依托中国（郑州）产业转移发展对接活动、中国河南国际投资贸易洽谈会等线上线下招商平台，开展精准靶向招商；支持各地聚焦食

品传统优势产业、新兴成长产业和未来新赛道领域，依托龙头企业开展产业链上下游招商，有针对性引进一批高关联配套企业、下游企业、服务企业和重大项目，加快构造完整的产业链条。

第三，筑牢质量安全防线。严格落实"四个最严"要求，强化食品安全全链条风险管控。对食品原材料组织开展农药兽药残留、使用违禁药物、生物毒素超标等专项整治行动，从源头上保障食品质量安全；充分运用"互联网+"智慧监管手段，建立健全产业链全过程质量安全追溯体系，督促企业落实食品安全主体责任，严防严控食品安全风险；完善行刑衔接机制，严厉打击食品安全违法犯罪行为。

第四，强化产品标准引领。以加快标准河南建设"十大工程"为契机，支持省食品工业协会、食品重点企业等单位参与制定国家、行业或团体标准，构建安全营养为导向的多梯次、多维度、高质量的食品标准体系；高质量创建一批食品领域标准化示范项目，充分发挥项目以点带面、示范引领作用，促进标准有效实施。

第五，加强知识产权保护。全力推动食品领域知识产权严保护、大保护、快保护、同保护工作。扎实推进地理标志产业高质量发展行动计划，抓好地理标志保护示范区建设。提升食品企业在专利创造、转化、运用等方面的积极性，做好对企业知识产权质押融资的帮扶，协助企业开展知识产权贯标和维权工作。严查商标侵权、假冒专利、地理标志侵权及其他不正当竞争违法行为。

第六，提升行业数据服务能力。进一步明确食品行业界定和细分行业分类标准，从细分行业、多样化指标、多元化主体等方面收集食品领域统计数据；对食品产业重点园区、重点企业、重点项目进行动态数据监测，定期形成统计分析报告；利用大数据技术，做好食品产业数据开发和利用，为食品产业科学决策提供数据基础。

第七，持续优化营商环境。深化"放管服"和商事制度改革，加快转变政府职能，加强机制创新和制度创新，推动简政放权和流程再造，大幅减少和规范涉企收费及审批评估事项。加强集群公共服务体系建设，围绕技术改造、研发覆盖、升规入统、上市培育、数字赋能、扩大投资、产业招商、管理创新等方面，构建企业全生命周期服务机制。

四、促进现代食品行业人才体系建设

第一，加大高端创新人才引育力度。按照"中原英才计划"，依托中国·

河南招才引智创新发展大会等平台，坚持需求导向、实效导向，实施顶尖人才"一事一议"，推进食品领域人才引育创新，打造一流领军人才和高水平创新团队。加强企业院士工作站、博士后工作站和创新实践基地建设。支持研发实力强、承担重大科研攻关项目的企业设立院士工作站、博士后工作站，支持技术开发条件较好的园区或有较强技术实力的企业设立创新实践基地，支持有需求的企业依托重大科技任务和创新平台招引博士后科研人员，促进更多高层次青年人才向企业流动。

第二，加强高素质技术专业人才和产业技能人才培养。鼓励支持郑州轻工业大学、河南农业大学、河南工业大学等高校优化相关学科专业布局，围绕食品行业转型升级需求，加大食品"双师双能型"师资队伍建设，优化食品学科人才培养方案，扩大食品本硕博各层次专业人才培养规模。依托漯河食品职业学院、郑州食品工程职业学院等职业院校，增设食品相关专业，开展订单式培养、套餐式培训；健全企业职工全员培训制度，建立"校中厂""厂中校"双向培养机制，大力开展岗前培训、岗位技能提升和企业新型学徒制培训。

第三，加强企业家和管理人才队伍建设。在全社会弘扬企业家精神，提高企业家社会地位和政治待遇，保护关爱企业家，激发企业家活力和动力，培育建立一支与食品强省相匹配的企业家队伍。建设食品产业企业管理人才培训基地，开展企业管理人才常态化培训，培养适应新发展格局、具有全球视野和战略思维、管理创新能力、社会责任感、德才兼备的优秀企业管理人才。

第四，打造"产才"融合模式，优化人才引进机制和环境，打造人才"生态圈"。搭建人才服务平台，加快培养一批懂技术、善经营、会创新的"新农人"，结合食品产业的农业科研、生产、管理、营销全面融合发展的现代农业人才需求，聚焦乡村振兴、产业短板等问题，对接农业全产业链发展构建创新型现代农业人才培养体系，培养一大批创新型技术技能人才，提升产业自我发展能力，为区域农业经济发展提供了强大的智力和人才支撑，以人才汇聚促进农业全产业链延伸。

第七章
河南省现代食品产业科技创新现状与发展策略

随着中国食品产业的快速发展，河南省作为农业大省，食品产业也呈现出了良好的发展趋势，河南省食品产业科技创新研究结构日趋多元化、经费和人员不断增加、成果数量不断增长、创新体系日益完善，但在发展过程中也存在一定的问题。本章节梳理全球食品产业科技创新发展趋势，总结河南省食品产业科技创新现状，分析存在的问题，给出科技创新发展策略。

第一节 全球食品产业科技创新发展趋势

全球食品产业正积极迎接科技创新的浪潮，数字化智能制造、生物技术应用、大数据分析等成为推动食品产业升级的引擎。新兴技术赋能食品安全监测、智能农业、可持续生产等领域，将有助于提升生产效率、降低生产成本、满足消费者个性化需求，全球食品科技创新致力于打造更健康、更环保、更创新的食品未来，引领全球食品产业的可持续发展。全球食品产业科技创新发展趋势可总结为食品合成生物学制造技术、食品智能制造、食品增材制造技术、分子食品、食品新型制造技术融合发展趋势等几个方面。

一、食品合成生物学制造技术发展应用

食品合成生物学，是借助合成生物学的许多方法和技术，构建细胞工厂、发展食品制造的细胞定制技术，包括开发食品新资源，制造和合成以往没有的、以为不能快速生产的食品组分或配料，以及实现传统食品加工的流程重构、单元替代和过程强化。食品合成生物学的发展趋势为通过学科交叉，开发以多种原料合成食品组分或配料。合成生物为食品生产带来新方法，主要包括替代蛋白、植物基食品、食品添加剂、新食品原料、功能食品原料等几个方面（表7-1）。

表 7-1 合成生物厂在食品领域应用

类别	释义	应用举例
替代蛋白	以食品技术替代动物蛋白来源的蛋白质	细胞培养肉 微生物发酵蛋白：酵母蛋白 人造奶：乳清蛋白、酪蛋白 肌红蛋白 鱼肉
植物基食品	以植物原料或其加工品为蛋白质、脂肪等来源，添加或不添加其他配料，经一定工艺制成的，产品基料不含任何动物源性成分且具有类似某种动物来源食品的形态、风味、质构等一种或多种特征的食品	植物肉 植物奶 植物蛋 植物饮品
食品添加剂	改善食品品质的化学合成或天然物质	甜味剂：赤藓糖醇、甜菊糖苷、阿洛酮糖 甜味蛋白：索马甜、巴西甜蛋白 营养强化剂：母乳寡糖 色素：β-胡萝卜素、花青素 维生素：维生素 E 香精香料：香兰素 其他：抗氧化剂、防腐剂
新食品原料	无传统食用习惯的新研制食品原料	透明质酸、拟微球藻、莱茵衣藻
功能食品原料	营养或调节生理活动的食品成分	人参皂苷、胶原蛋白、四氢嘧啶、麦角硫因

（一）替代蛋白

替代蛋白是指以食品技术替代动物蛋白来源的蛋白质，主要包括乳蛋白、卵蛋白和微生物蛋白三种。替代蛋白作为未来食品的重要标志，研究替代蛋白最重要的意义在于——从蛋白数量上做到能够保障国家食品安全，从蛋白质量上做到能够满足人民美好生活的需求。获取替代蛋白的途径主要有三个方面：一是从植物中提取蛋白，可以有效提高资源利用率和环境效益；二是从微生物中提取蛋白，可以有效降低 CO_2 排放量；三是从动物中提取蛋白，可以有效减轻环境污染，避免激素和抗生素滥用。与传统肉类生产相比，以细胞工厂生产的替代蛋白可以有效降低因养殖业周期波动带来的不确定性。

1. 乳蛋白

乳蛋白是人造奶的关键成分，主要由酪蛋白和乳清蛋白组成，分别约占蛋白总量的80%和20%。当前技术已实现利用毕赤酵母、大肠杆菌等微生物来合成乳蛋白。目前，人造奶研究正处于生产工艺突破和产品商业化的初创阶段，在乳蛋白重要组分的高效合成以及人造奶制品生产工艺等方面存在亟待突破的技术瓶颈。

2. 卵蛋白

卵蛋白是一种用途广泛的蛋白产品，鸡蛋中的卵蛋白是优质蛋白和重要的食品蛋白资源。当前已实现以大肠杆菌作为表达宿主细胞合成和分泌完整的鸡卵清蛋白，已有相关企业开展在多种微生物中生产和研发。鸡蛋中的卵蛋白作为最通用的成分之一，同时也是制作大众市场产品必不可少的成分。

3. 微生物蛋白

微生物也可作为蛋白质来源，作为主要替代蛋白产品，以真菌蛋白为主，产品以品质改善和蛋白补充原料供应为短期内的产品形态。微生物菌体蛋白主要有镰孢霉的真菌蛋白和酿酒酵母的酵母蛋白，平均蛋白质含量是肉类的2~2.5倍，是大豆的1.7倍，是新型蛋白的获取来源，当前已有以酵母为原料的蛋白粉保健品。微生物菌体来源的蛋白具有生长参数稳定、培养基物质高效利用、不需要杀虫剂或抗生素等优势，微生物生物质比动植物更有经济价值。使用微生物蛋白对部分预制肉制品（如鸡块、肉饼等）进行替代，可以减少烹饪损失，提升口感。

4. 代表企业分析（表7-2）

表7-2 替代蛋白领域代表企业分析

名称	技术布局	产业进展	产品模式	竞争优势	融资情况
安琪酵母	酵母及其深加工。安琪纽特子品牌以酵母及发酵技术为核心、以营养素为主导，从事包括酵母源功能食品原料的开发	已上市产品包括：酵母蛋白粉、益生菌、酵母锌、酵母硒、酵母多糖	创新产品、原料供应	酵母生物技术领先优势	已上市
态创生物	实现多种物质量产的合成生物制造平台，2022年在售物质达30余种，覆盖医疗、食品、美妆和大宗材料	食品线具有肽类、维生素、糖类等10余大类物质，可提供配方服务。其中，蛋白类在库产品有奶粉蛋白、甜味蛋白、植物蛋白、胶原蛋白、弹性蛋白等	原料供应、平台服务	量产技术与自主生产	2022年获得过亿美元A+轮融资

续表

名称	技术布局	产业进展	产品模式	竞争优势	融资情况
Planted	产品采用大豆、豌豆、大麦等植物原料，通过创新的湿式挤压技术，制成类似鸡肉、牛肉、鱼肉等不同种类的植物肉	已在瑞士和德国的超市、餐厅和在线平台上销售，与瑞士最大的零售商Migros、最大的外卖平台EAT.ch、最大的航空公司瑞士国际航空合作	创新产品、企业合作	产品种类丰富、创新性强	2022年9月B轮融资7000万瑞郎

（二）植物基食品

植物基食品指以植物原料（包括藻类和真菌类）或其制品为蛋白质、脂肪等来源，添加或不添加其他配料，加工制成的具有类似动物食品的质构、风味、形态等品质特征的食品，植物基食品主要包括植物肉、植物奶、植物蛋。近年来，植物基食品行业快速发展，预计到2030年全球植物基食品市场规模将达到1620亿美元。目前，全球对植物基食品的研究论文和专利也迅速增强，如2000年以植物基食品为主题的论文国际刊物论文只有11篇，2021年则达到了2230篇。可见，植物基食品将成为未来食品产业发展的主流方向。

1. **植物肉**

植物肉通常由植物来源的蛋白质、油脂、淀粉、风味物质、着色剂等共同组成。目前已有多家公司生产植物肉产品，国外采用大豆蛋白质为主要原料，加入椰子油和葵花籽油，添加酵母提取物作为风味物质以及甲基纤维素和植物淀粉作为黏合剂，获得了植物猪肉产品；另有以豌豆、绿豆和大米蛋白结合作为原料，加入菜籽油和椰子油，使用马铃薯淀粉和甲基纤维素改善质地、提升口感，使用甜菜汁和苹果提取物作为着色剂，同时添加钙、铁、盐和氯化钾进行营养强化，获得了颜色和味道与肉一样的肉饼。国内将多级挤压蛋白重组技术、蛋白与多糖定向组装技术、多级生物酶耦合技术等结合，获得新素食"猪五花肉"。

2. **植物奶**

植物奶是植物原料在水中分解并进一步均质化而获得的液体，其颗粒大小分布在 $5\sim20\mu m$，有与牛奶相似的外观和质地。植物奶可直接饮用，也可在奶茶、咖啡、冰激凌等产品的生产中替代牛乳。植物奶原料来源包括豆类、谷物、坚果、种子等。传统植物奶中以原料充足且蛋白质含量高的大豆为原料生产的豆奶占据较高份额，但是豆奶存在豆腥味、蛋氨酸限制等问题。鹰嘴豆奶作为植物奶的一种，相比豆奶在营养和感官品质方面均有优势，成为豆奶替代品。谷物中的燕麦含有丰富的膳食纤维，其主要成分为β-葡聚糖，有降低胆固醇、降血脂、调节血糖和提高免疫力的作用。近年来，燕麦奶占据了植物奶市场第二大份额。

3. 植物蛋

植物蛋是指以植物为原料制作，模仿动物蛋类的口感和味道的植物制品，其特点为不含胆固醇和低饱和脂肪酸。植物蛋的常见原料包括大豆、豌豆、绿豆等。获取植物蛋的途径主要有三个方面。一是以绿豆为原料，经过提取及离心技术得到绿豆分离蛋白，并通过进一步处理使分离蛋白能维持原有性质和功能，然后加入油、盐调味及姜黄粉调色可用于生产植物蛋。二是通过使用豌豆蛋白、豌豆淀粉和亚麻籽来生产植物蛋。三是通过使用植物的纤维素和木质素为原料生产植物蛋。植物蛋的原料选择表现出多样性，但目前对于植物蛋加工工艺的研究较少。

4. 代表企业分析（表7-3）

表7-3 植物基领域代表企业分析

名称	技术布局	产业进展	产品模式	竞争优势	融资情况
星期零 STARFIELD	通过萃取天然植物和分子感官科学技术的持续突破	合作了100多个品牌，产品覆盖5500家门店，植物蛋白食品研发应用成品方案超过300款	创新产品、企业合作	拥有自主研发能力及生产基地的植物蛋白企业	2022年，完成1亿美元B轮融资
Beyond Meat	直接从植物中制造肉类	类胡萝卜素、高值脂肪酸和蛋白质中试基地已建成	创新产品	提供革命性植物肉类产品组合	已上市
OATLY	燕麦奶产品采用专利酶技术将燕麦变成营养液食品，富含膳食纤维、植物蛋白、不饱和脂肪等营养成分，能够增加饱腹感	在瑞典植物奶市场占据了超过40%的市场份额。在中国市场已与超过1000家咖啡馆合作	创新产品、企业合作	燕麦植物蛋白	已上市

(三) 食品添加剂

食品添加剂是指改善食品品质和色、香、味，以及防腐和工艺需要而添加进入食品的物质，主要包括甜味剂（赤藓糖醇、甜菊糖苷、阿洛酮糖）、甜味蛋白（索马甜、巴西甜蛋白）、营养强化剂（母乳低聚糖 HMOs）、色素（β-胡萝卜素、花青素）、维生素、香精香料、抗氧化剂、防腐剂等。当前采用合成生物学手段生产食品添加剂技术在于低成本替代天然提取、高效生产稀缺产品、开发新型产品。合成生物技术的机会在于高附加值原料，如新型甜味剂、营养强化剂、功能性饮料等，适合较小批量生产，市场规模也在快速扩大。

1. 甜味剂

甜味剂有甜菊糖苷、赤藓糖醇、阿洛酮糖、甜味蛋白等。甜菊糖苷共有60余种，当前以生物合成替代天然提取是重要的手段；赤藓糖醇是目前使用的多元醇甜味剂中能量最低的一种，肠道耐受性好；阿洛酮糖安全性已经得到美国食品药品监督管理局（FDA）等认可，生产细胞构建是实现阿洛酮糖产业化的重要基础；甜味蛋白具有高甜度系数、低口感影响等特点，部分甜味蛋白还具有增味作用。在政策倡导和大众健康意识提高的影响下，减糖逐渐成为研发和产业的重要目标，在减糖需求的强劲带动下，新型甜味剂市场规模将会不断扩大。

2. 母乳低聚糖

母乳低聚糖（HMOs）是母乳中继乳糖、脂肪之后的第三大固体成分，在婴儿抵御胃肠道病原微生物感染和维持胃肠道微生态平衡方面具有非常重要的作用。当下 HMOs 是母乳与婴儿配方奶粉之间最大的差异成分之一，全球越来越多的监管机构批准将 HMOs 纳入婴儿奶粉配方。当前 HMOs 生物合成法已初步具备生产的能力，大肠杆菌、酵母菌、乳酸菌和芽孢杆菌等均可作为生产菌株，缺陷是目前工业上还不能模拟天然母乳中 HMOs 的多样性。

3. 天然色素

天然色素是由天然资源获得的食用色素，主要从动物和植物组织及微生物（培养）中提取的色素，其中植物性着色剂占多数。天然色素不仅有给食品着色的作用，而且，相当部分天然色素具有生理活性。天然色素作为健康与安全的成分，目前尚缺乏色素人工合成的有效替代产品，不断受到各方面的重视，主要因为大多数天然色素化学性质不稳定，会受到 pH、光照、温度和金属离子等因素的很大影响，这给食品工业带来了巨大的挑战和机会。

4. 代表企业分析（表7-4）

表7-4 食品添加剂领域代表企业分析

名称	技术布局	产业进展	产品模式	竞争优势	融资情况
华熙生物	已建设完成功能糖、功能蛋白及氨基酸、天然产物、蛋白高效表达、酶工程改造技术平台	透明质酸龙头企业，依克多因、γ-氨基丁酸等已经投产，2022年发布胶原蛋白原料产品	原料供应、创新产品	透明质酸市场份额第一，具有规模优势	已上市
嘉必优	正在加快HMOs、结构脂OPO、虾青素、番茄红素、γ-PGA、α-熊果苷等新产品的研发工作	2′-FL已完成中试，3′-SL正在进行试前准备，虾青素已具备产业化基础	原料供应	技术优势打造合成生物全新产品线	已上市
弈柯莱	加大健康食品领域的布局，实现了阿洛酮糖、甜菊糖苷、人乳寡糖等项目的核心技术突破，即将进入产业化阶段	营养健康类NMN原料、R-3-羟基丁酸乙酯已实现产业化	原料供应、创新产品	生物资源工程库和产业化能力	2021年完成D轮和IPO轮融资4.9亿元

（四）合成生物学在食品领域的应用

合成生物学是21世纪生物学领域新兴的一门学科，深度融合了分子和细胞生物学、工程学、生物化学和信息技术等多种新技术，通过工程化的方法编码基因、改造生物，重构并新建更加符合产业化的新型生物系统，集可持续、低成本、高效率等诸多优势于一体，被认为是第三次生物科技革命。随着越来越多的企业加码、投资机构布局，合成生物学应用场景也逐渐多元化，涵盖医疗健康、食品、日化美妆等诸多领域。市场化产品已落地，基于合成生物学技术的食品原料创新也步入新阶段。具体应用主要分为以下四个方面。

第一，改善食品营养与风味。通过利用合成生物学的策略改造益生菌，以帮助人体对抗致病菌、调节免疫系统，并维持营养物质代谢的平衡。随着人们对健康的关注不断增加，合成生物学技术将在改善食品的营养价值、提升口感体验以及确保食品安全性方面发挥更加重要的作用，满足市场对食品的日益增长的健康需求。综合而言，合成生物学将在食品工业中展现广阔的应用前景，为人们提供更为健康和安全的食品选择。

第二，食物废物的高效处理。合成生物学技术的应用提供了一种全新的解决途径，通过合成生物学技术，可以定向设计和改造微生物，使其具备将食品废物转化为无害物质或可用能源的能力。这种转化过程可以产生有机肥料、甲烷、乙醇等可再生能源，从而实现对食品废物的高效回收和再利用。这不仅有助于减少填埋和焚烧对环境的不良影响，还能够为社会提供经济可行的能源来源。综合而言，合成生物学技术在食品废物处理领域的应用不仅为解决全球粮食浪费问题提供了新的思路，同时也为环境保护和可持续资源利用带来了创新性的解决方案。

第三，可降解食品包装材料。目前食品包装材料主要使用的为一次性难降解高分子材料，如聚苯乙烯、聚丙烯和聚氯乙烯等，这带来了严重的环境污染问题。合成生物学通过合成生物学技术，可以设计微生物来合成可降解的生物材料，从而解决传统塑料所带来的环境问题。合成生物学技术的应用不仅突破了传统材料合成技术的局限，更提高了材料的质量，并初步实现了可再生功能，这种可降解生物材料的开发和应用有望在一定程度上减轻塑料污染的影响。综合而言，通过合成生物学技术，人们有望生产更环保、可降解的包装材料，为解决塑料污染问题提供一种可行的可持续发展途径。

第四，食品质量监控新技术。传统的检测微生物污染的方法包括高效液相色谱法、气相色谱法等，尽管这些方法有较好的灵敏度和可重复性，但成本高、环境要求严格，因此不适合用于现场快速检测产品质量。合成生物学方法有助于新型高效生物传感器的研发，可以通过检测微生物的存在和数量，迅速识别潜在的食品安全问题，从而实现及时干预和控制。与传统方法相比，开发了一种高灵敏度、快速检测、操作简便且能够连续动态监测的方法，在生产源头和生产过程中对食品质量进行快速检测。

二、食品智能制造广泛应用

智能制造（Intelligent Manufacturing，IM）指由智能机器和人类专家共同组成的人机一体化智能系统，其在制造过程中能够进行诸如分析、推理、判断、构思和决策等智能活动。这一概念是随着"工业4.0"理念的提出而逐渐崭露头角的。在"工业4.0"的框架下，各国纷纷提出"再工业化"国家战略，其核心是通过建立一个高度灵活的、个性化的、数字化的产品与服务的生产模式，重点发展以智能制造技术为核心的先进制造业。

（一）智能制造技术在食品工业中的体现

在食品产业中，以智能制造为代表的先进食品制造技术正逐渐成为未来的发展方向提高生产效率、优化生产流程，并实现资源的合理利用。

1. 自动化和机器智能

智能制造引入自动化技术和机器智能，提高生产线的智能化水平，减少人为操作，降低劳动力成本，并提高生产线的安全性。

2. 先进的生产工艺

利用智能制造技术，食品制造业可以采用先进的生产工艺，包括高效地加工、包装和质量控制技术，以确保产品的高质量和安全。

3. 可持续发展

智能制造有助于实现食品生产的可持续发展，通过精细管理资源、减少废物和能源的浪费，降低对环境的不良影响。

综合而言，以智能制造为代表的先进食品制造技术将推动食品产业朝着更高效、更智能、更可持续的方向发展，为满足未来社会对食品需求提供更好的解决方案。

（二）食品智能制造技术改进后实现优化

食品智能制造是围绕智能制造的感知、决策、控制及执行一体化特征，结合食品制造的特点和技术瓶颈，以食品制造数据为中心，通过工艺设计、生产智能管控、制造装备智能等方面的研究与应用，全面突破食品智能制造技术，实现全面信息化管控、高度自动化作业和智能化决策（图7-1）。通过智能制造组织改进的食品生产，可以实现信息流、能量流和物质流的优化，这一趋势主要涵盖了五个方面。

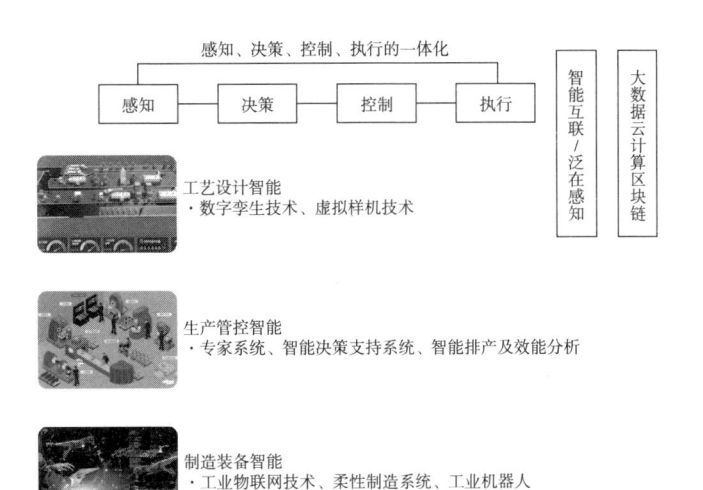

图 7-1　食品智能制造技术体系

1. 高度灵活的生产模式

智能制造使得食品生产过程更加灵活，能够根据市场需求进行快速调整和定制，实现个性化生产。

2. 数字化生产

智能制造将食品生产数字化，通过大数据分析和实时监控。

3. 信息流优化

这包括在线检测、工业互联、数据集成、数字模型、优化设定和精准控制等方面。通过实现质量全流程管控和一体化计划调度，信息流的优化将提高生产过程的可追溯性、透明性和实时性。

4. 能量流优化

这包括余热余能高效回收利用、多能源介质之间高效转化、物质能量协同优化等方面。通过有效地管理和利用能源，实现能量流的优化，有助于提高生产过程的能源利用效率，降低能源成本。

5. 物质流优化

这包括食品加工工序及全流程物流网络的优化等。通过优化生产工序和物流网络，可以实现更有效地物质利用，减少废物产生，提高生产的可持续性。

综合而言，通过引入智能制造技术，食品产业可以更好地应对市场需求的变化，提高生产效率，降低生产成本，并在保证食品质量和安全的同时，实现可持续发展的目标。这种综合的智能制造方法为食品产业的未来发展提供了全新的方向。

(三) 食品智能制造技术应用

食品智能制造应用正引领食品产业变革。通过整合信息技术,实现生产全程数字化监控,提高生产效率、降低成本。智能制造不仅实现了自动化生产,还加强了质量管理、溯源追踪,确保食品安全。先进的感知技术、大数据分析为生产决策提供科学支持,推动了个性化定制食品的发展。食品智能制造技术在预制菜、饮料、特色食品以及方便食品等方面均有应用,不断促进了产业的发展,帮助产业贴合社会发展大趋势,为产业升级注入活力,为消费者提供更安全、更健康、更个性化的食品选择(表7-5)。

表7-5 食品智能制造技术应用

类型	技术布局	产业进展
预制菜	AI遇上预制菜,越来越多的企业转向机器人研发和应用,产品涵盖酒店自助终端、配送服务机器人等品类,在机器人自主移动算法、多任务并发调度、云端"智能化"管理等技术上不断突破	格兰仕预制菜微波炉、美的智能家电与预制菜结合的智慧厨房
饮料	以关键制造环节智能化为核心,在人工智能、视觉检测、绿色低碳等领域开展技术攻关,攻克一批行业共性技术难题,形成一批可复制推广的技术成果,聚焦工业自动化、机器视觉、数据建模、碳中和与绿色制造四大方向,以提质增效,降本降耗为核心目标,赋能技术研发	百威智能创造创新研究中心
特色食品	原料自动化加工系统深度融合、信息共享,达到生产调度路径自动规划、生产过程自动控制、运行状态自动监测、任务完成情况自动反馈	中国船舶七二二所、乌江涪陵榨菜绿色智能化生产基地
方便食品	高速包装、高速叠袋	一体式铝散热器、全自动袋面装箱机、新式智能捆扎机

(四) 智能制造在食品生产质量管理中的应用

对于食品生产企业而言,如何顺应时代发展的潮流,借助工业、互联网科技的力量,实现食品质量管理,是一个至关重要的问题。传统的食品生产质量管理存在一系列难点,包括供应链管理困难、生产过程质量监督困难、品质追溯困难和质量改进困难等。智能制造技术在食品生产质量管理中的应用主要有数字化供应链管理、智能生产过程质量监控系统、质量精准追溯和产品质量优化四个方面。各国政府也已意识到制造业数字化、智能化转型升级的重要性，相继出台了一系列政策措施，以推动制造业的数字化、智能化转型。食品生产企业可以充分利用这些政策和支持，加速推进智能制造的应用，提升自身的竞争力和可持续发展能力。具体应用主要分为以下四个方面。

1. 数字化供应链管理

利用信息技术和物联网技术，建立数字化的供应链管理系统，同时引入协作机器人和人机协同工作系统，实现供应商选择、原料采购、生产计划等环节的数字化管理，提高供应链的透明度和效率。为了满足公司不断变化地销售需求、确保原料供应品质和完善公司供应链管理制度，公司应当建设采购商城；建立供应商甄选、评审准入、合同订单管理、绩效评价等相关制度；搭建相应的供应链协同平台；不断完善并建立优质的供应资源。供应链管理可以从供应商甄选与评审准入、供应商管理与供应商绩效考核三个方面进行数字化管理，进而实现优化生产流程、提高生产效率、减轻工人的体力劳动、确保生产的质量和安全。

2. 智能生产过程质量监控系统

生产过程中的质量管理起到了决定性作用，直接影响了最终产品质量的好坏，通过引入智能传感器、大数据分析等技术，建立智能生产监控系统，实时监测生产过程，可以及时发现和纠正潜在的质量问题。生产过程的质量管理过程可以从物料的领用发放控制和在线质量检测两个方面进行智能系统的建立，进而实现智能监控，提高产品的一致性和稳定性。

3. 质量精准追溯

建立全程食品追溯系统，利用区块链等技术确保产品信息的真实性、可追溯性。这有助于提高产品的安全性，并符合消费者对产品质量和安全性的关切。另外引入人工智能和机器学习技术，实现智能质量检测，通过图像识别、语音分析等方法，提高对产品质量的检测准确性，减少人为因素的干扰，实现智能质量检测。质量精准追溯分为物料信息追溯、生产过程信息追溯、检测数据追溯和仓储物流追溯四个方面。质量精准追溯产品质量信息监测范围包括原辅料数据、半成品数据、成品数据、生产环节数据、产品检测数据、原料仓管理数据以及成品仓管理数据。通过 MES 系统下发至对应产品 PLC，生产开始后，即可自动采集相关原材料、半成品及产成品的批号和产日期等信息，形成电子批生产记录，最终实现物料和成品的质量信息追溯。

4. 产品质量优化

利用数据分析和人工智能技术，对质量管理数据进行深度分析，识别潜在的改进点。通过数据驱动的方式，实现持续地质量改进。主要实施措施为建立信息化平台对客户需求信息进行系统管理；建立大数据平台对大数据进行价值挖掘；建立 PLM 系统对产品研发和质量改善进行系统化管理；广泛应用仿真技术，开展可制造性设计；建立产品质量知识库，为产品质量改善提供经验积累。

三、食品增材制造技术逐渐兴起

增材制造（Additive Manufacturing，AM），技术是采用材料逐渐累加的方法制造实体零件的技术，相对于传统的材料去除切削加工技术，是一种"自上而下"的制造方法。近二十年来 AM 技术取得了快速发展，也被称为"快速原型制造""3D 打印""实体自由制造"。

（一）增材制造在食品领域的一些应用

增材制造（AM），也被称为固体自由形状制造（SFF），是满足这些需求的一种方法，其中包括 57 种涉及通过逐层材料沉积来构建物理部件或结构的技术，通常称为"3D 打印"。增材制造技术在食品领域应用主要有五个方面。

1. 定制化食品设计

通过增材制造，食品生产商可以实现对食品的定制设计，以满足特殊人群的个性化需求。老年人、儿童和运动员可能有特殊的健康和营养需求，增材制造可以帮助调整食品的成分和形状。

2. 精准的添加剂和维生素投放

增材制造可以精确控制添加剂和维生素的投放位置和量，确保它们在食品中均匀分布。这有助于提高食品的质量和口感，并确保特殊成分的准确投放。

3. 提高食品的保存期限

通过增材制造，可以设计具有更长保质期的食品结构。这对于满足特殊人群需求的食品，尤其是老年人和儿童，具有重要的意义。

4. 创新食品形态

增材制造允许创造出独特的食品形态，这不仅可以吸引消费者，还可以提供更为方便的食品形式，适合不同人群的食用需求。

5. 提高生产效率

通过3D打印等增材制造技术，可以实现快速、灵活的生产，适应小批量、高定制度的食品生产需求，提高生产效率和响应速度。

（二）增材制造技术设计食品材料的优势

增材制造（AM）技术也被称为三维（3D）打印，在食品领域具有巨大的潜力。这项技术能够制造具有复杂几何形状、精细纹理和定制营养成分的3D结构，因此正在推动食品工业的重大创新。有着可打印性、适用性和后处理三大特性。

1. 可打印性（Printability）

这是指食品材料是否适合用于3D打印。考虑到食品的物理性质和流变性，研究人员需要确定哪种材料可以在3D打印过程中被有效地堆叠和构建。这包括液体食品材料的选择和适应性。

2. 适用性（Applicability）

这涉及3D打印技术在设计食品结构时的实际应用。研究人员需要思考如何调整3D打印机的操作系统以适应不同的食品材料，以及如何确保所设计的食品在物理化学性质变化较大的情况下依然能够成功打印。

3. 后处理（Post-processing）

3D打印完成后，可能需要进行一些后处理步骤，以确保所制造的食品符合质量和卫生标准。这可能涉及清洁、冷却、涂层等步骤，以提高食品的口感和储存稳定性。

（三）增材制造技术现状

3D食品打印是将三维建模、机电控制、食品科学等诸多跨学科知识融于一体而形成的一种新型高科技应用技术。3D食品打印可以节省从原料到成品各环节所需要的时间，减少资源消耗，降低生产成本；能够打印出所需尺寸、感官、营养特性的食品，提供了食品的新型制作方式；可以改良食品营养结构，根据个人身体状况科学地定制健康食谱，给众多的患者、老人、儿童带来了便利。3D食品打印作为一种新兴的"增材制造"技术，具有方便、快捷、精度高等优点，满足了人们对个性化、功能性食品的要求，现已广泛应用于食品行业。

在康奈尔大学的研究中，研究人员使用了开源设计的3D打印机，该打印机基于挤出过程，能够使用液体食品材料生产形式。随后的研究致力于适应

AM 技术到食品结构的设计，但由于食品材料的复杂性，增材制造在这一领域的应用仍然面临一些挑战。3D 打印技术工艺主要有熔融沉积成型（FDM）、光固化立体成型（SLA）、选择性烧结成型（SLS）及层片叠加（LOM），在 3D 食品打印中 FDM 应用最为广泛。FDM 的原理是将固体原料加热熔融挤出后，冷却重新凝固，层层堆积成型。FDM 挤出效率高、设备简单、原料利用充分，适用于巧克力、糖果等食品的打印。3D 食品打印的过程是利用计算机三维建模的手段对所打印食品进行平面分解、程序设计，然后由 3D 食品打印机按照设置的运动方式将食品原料挤出，最终实现逐层打印、堆叠成型。每一层打印的过程对应打印食品的一个横截面，每个横截面需要单独计算处理，计算机根据处理结果设置喷头运动方式，并向机器发出指示命令，喷头按照计算机的指示运动，均匀挤出物料，最终打印出有特殊味道、形状、质地和营养成分的食品。

3D 食品打印的优点是操作简便、食品原料搭配灵活、创作空间高。食品成品外观多样、健康营养，方便了特殊人群的生活需要。但目前 3D 食品打印机仅能灵活运用在单一原材料的食品加工中，对于复杂的食品加工还需要深入研究。新兴的 3D 食品没有被广大消费者所认可，而且食品打印机价格较贵不利于普及，这些都是限制 3D 食品打印发展的因素。随着科技的进步，3D 食品打印技术会日渐成熟，有利于早日实现食品打印的商业化。作为一种新兴科技，3D 打印应用于食品加工，有利于促进食品工艺的发展、推动现代食品工业改革。3D 食品打印技术正处于蓬勃发展的时期，必定给人们带来更多福利。

综合而言，增材制造为食品行业带来了许多创新和优势，使得食品生产更加灵活、定制化，更好地满足了特殊人群的需求。随着技术的进一步发展，增材制造在食品领域的应用前景将继续扩大。

四、分子食品技术逐渐兴起

分子食品是指根据人体需求，以一种或多种可食植物源性功能因子为主要原料，按相关的标准和规定要求进行设计，采用科学定量拼配技术，并经一系列食品工程技术手段和工艺处理加工，定量拼配而成的食品。分子食品能够确知功能因子的结构及其含量，并确保功能因子在食品中保持应有稳定的形态。

(一）最理想的食品——分子食品

分子食品可具有与原料无关的味道，如用素食制成的"熏肉蛋"，味道与真正的熏肉蛋毫无二致。其技术就在于科学家分析提炼了真正的熏肉蛋中使人产生味觉的分子，并设法生产出来，形成了"分子食品"，再加入素食中，进而使得分子食品具有与原料无关的味道。但更重要的是，分子食品将对人类的饮食方式和结构带来变化，提供给人类有效、准确、适宜的营养，使人类生命活动进入新的发展阶段，对人体发育过程带来根本性的改变，并起到增进人体健康，减少疾病的作用。同时，分子食品不是简单的营养补充剂，是根据人体营养、化学反应平衡所需，合理配方，进而促进或保持人体各项化学反应的正常进行，保持机体稳衡状态。

（二）分子食品的存在形式与应用

分子食品的存在形式，已不再是我们现在一日三餐进食的食物，而是以最方便被人体吸收的形式存在，如纳米级微胶囊等。随着科学技术的不断发展，还将有新的形式不断出现，将给人类的饮食方式和结构带来巨大变化。分子食品目前虽还未有确切的定义，但它是生命技术与生物技术的最前沿分支，它依托着分子生物学、生物化学、生物物理化学、应用微生物学、化学工程、物理学、发酵工程、医学、应用计算机工程等最前沿学科技术的发展，综合这些学科的发展而运用于人类健康，提供给人类有效、准确、适宜的营养。

采用分子食品技术，将使农业和以农业产品为原料的食品加工业发生巨大改变。

五、食品新型制造技术的融合发展趋势

与其他技术一样，现代食品新型制造技术也随着科学的进步而不断发展，且日益成熟。同时，各个现代食品新型制造技术相互集成组合来使用，使得系统产生更佳的经济效益。合成生物学与食品制造技术相结合，实现了传统食品加工的流程重构、单元替代以及过程强化，为食品生产带来了新方法；智能制造与食品制造技术的交叉融合，是未来食品制造的必然发展趋势，将推动食品产业朝着更高效、更智能、更可持续的方向发展；增材制造技术与食品制造技术相结合，推动了食品工业的重大创新，使得食品制造有了更多

可能性；分子技术与食品制造技术相结融合，得到了人类最理想食品，使人类对食品有了最美好期望。总的来说，现代食品新型制造技术潜力巨大，应用前景将会十分乐观。未来食品制造技术的融合发展路径被概括为3T融合，即BT生物技术、IT信息技术、FT食品技术的融合，实现高技术产业。未来食品的核心内容包括替代蛋白、植物基食品、食品感知、精准营养、智能制造等方面。发展的关键目标是实现更安全、更营养、更美味、更可持续的食品。

综合而言，未来食品制造技术的发展将突出创新，包括食品营养健康、食品物性科学、食品危害物发现与控制、绿色制造技术、食品加工智能化装备、食品全链条技术的融合等方面的创新。这些创新将推动食品产业朝着更健康、更可持续的方向发展。

第二节 河南省食品产业科技创新现状与问题

食品产业是河南省五大主导产业之一。2006年至今，河南省充分发挥粮食生产核心区优势，骨干食品企业实力不断增强，已形成产业链较为完整的现代化食品产业体系，并成为全国重要的食品生产和加工基地。然而，在河南食品工业综合实力持续增强的同时，也存在企业科技创新的主体地位尚需提升、总体科技创新效率不高、新型研发机构运行机制尚待健全、科教融会程度与创新型人才不足等现实问题。基于河南食品工业现状，河南省应瞄准世界食品工业发展前沿，紧跟当前消费趋势，努力推进技术创新，在助力河南食品工业转型升级的基础上，引领河南食品工业高质量发展。

一、河南省食品产业科技创新现状

随着我国人均收入的提高，居民食品消费总量稳步扩大，食品消费结构逐步升级，发展食品工业具有较大的市场空间。河南省是全国最大的粮食生产基地，粮食产量占全国的1/10，具备发展食品工业的独特区域资源优势。经过多年着力发展，在中原经济区域形成了较强的食品工业基础，尤其是"十一五"时期以来，河南的食品工业发展更是呈现出蓬勃发展的良好局面。河南作为中国的重要农业大省之一，在食品产业科技创新方面取得了显著的成就。近年来，河南省食品产业在科技创新领域取得了积极进展，不断推动着该省的食品产业向更高质量、更智能化的方向迈进。

（一）研发结构主体日趋多元化，整体科技创新能力提升

研发机构情况直接关系着科技创新与产业发展。河南省食品产业研发结构主体呈现多元化趋势：目前河南省有三个研究所专业从事食品研发、成果转化、检测和标准制定；近两年食品工业领域新建两所省实验室；有多所本科高校、食品职业学校开设食品相关课程，从事食品研究和人才培养；有肉类、红枣、奶制品、粮食、冷饮以及调味面制品行业的食品工业企业。研究所、实验室、高校和企业为河南省食品科技创新和产业升级提供了坚实支撑，投入大量资源吸引和培养科技人才，推动了科技创新成果转化为生产力，提升了河南省的整体竞争力。

1. 建有多个实验室与研究所

食品研究所和实验室对河南省食品工业的研发、检测以及标准制定等方面有巨大贡献。河南省食品工业科学研究所为河南省食品、发酵行业唯一的省级专业科研所，拥有三个开发中心、两个检测测试中心以及先进的进口设备，固定资产两千多万；河南省商业科学研究所成立于20世纪70年代，是河南省较早从事食品行业科研的研究所之一，拥有三个实验室，总资产一千多万元；河南省农科院农副产品加工研究所为河南省较早从事农副产品产后加工处理和贮藏保鲜技术研究的专业研究机构之一，拥有五个研究室，总获得资助五千多万元；中原实验室成立于2022年9月，是漯河市举全市之力打造的"一号创新工程"，拥有四个研发检测平台以及多种大型仪器设备，拥有一万多平米研发大楼、八千平米中试基地以及一万平米孵化中心；牧原实验室成立于2023年7月，由西湖牧原合成生物研究院、西湖大学牵头，由河南省科学院、河南农业大学等单位参与建设。综合而言，河南省近几年不断建立新的食品类省实验室和省部级科研平台，在不断进行食品科技创新的同时，也极大地推动了河南省食品产业的发展（表7-6）。

2. 高校科研水平日益提升

高校为河南省食品产业培养和吸引具有创新能力的科技人才的同时，也承担着食品研发、成果转化、检测和标准制定等方面的重要任务。河南工业大学的粮油食品学院开设有三个食品类专业，现已成为国内粮油食品领域规模最大、专业设置最完整且具有鲜明专业特色和雄厚科技实力的学院。现有高等人才百余名，拥有多个国家级实验室、研究中心、技术中心、研究所和

表 7-6 河南省食品产业研究所与省实验室情况

名称	技术布局	人才情况	项目成果	研究中心	资产情况	成立时间
河南省食品工业科学研究所	河南省食品、发酵行业唯一的以科学试验、技术开发为主要任务的省级专业科研所，集食品科研、质量检测和信息中心于一身的省级专业科研机构	现有职工60多人，科技人员占70%以上，其中具备高级职称的15人（有3人享受国家政府特殊津贴），工程师26人	完成重大科研项目100余项，其中有80多个项目通过部、省级鉴定，获国家、部、省级奖励成果60多项。大部分科研成果已投入生产，创造了可观的经济效益，为我国食品和发酵工业的发展作出了重要贡献	现设有白酒技术开发中心、果酒饮料开发中心、食品技术开发中心、食品分析检测试中心、国家轻工业食品质量监督检测郑州站（省级指定检测点）	拥有固定资产2000多万元，有性能先进的进口科研设备、检测仪器和完善的科研手段	1986年
河南省商业科学研究所	河南省较早从事食品行业科研开发的省级科研院所之一。将食品安全确立为研究所的主要发展方向，目前已成功集研究、检测、认证、标准制定、风险评估等为一体的食品安全研究创新平台	全所现有职工31人，技术人员25人，其中高级技术人员9人，中级技术人员10人，工程师以上职称的工程技术人员占技术人员总数的60%以上	先后承担并完成了省、部级各类科研课题80余项，获得各级科研成果45项，获国家发明专利8项，实用新型专利18项	设有食品化学研究室、食品生物研究室、食品工艺研究室、交流培训部等业务部门	总资产1990万元，固定资产1291万元	1978年

续表

名称	技术布局	人才情况	项目成果	研究中心	资产情况	成立时间
河南省农科院农副产品加工研究所	河南省农业科研系统中较早的从事农产品副加工处理和贮藏保鲜技术研究的专业研究机构之一	目前在岗人员73人，在岗科研人员59人，其中河南省人民政府特聘研究员1人，中原科技创新领军人才1人，研究员6人，副研究员8人，博士8人，硕士39人，中高级科研人员比例70%	承担国家自然科学基金、国家重点研发计划、国家现代农业产业技术体系特聘科学家、农业部行业专项、国家农业科技成果转化、河南省重大专项等各类项目110项	现有油料加工研究室、保鲜与加工研究室、粮食加工研究室、特色农产品加工研究室、农产品产地减损技术及装备研究室和技术转移中心等科技创新及成果转化团队	获得资助经费5155万	1996年
中原食品实验室	漯河市委、市政府举全市之力打造的"一号创新工程"	先后聘任中国工程院院士、中国农业大学教授任发政担任实验室主任，组建了由11名院士、29名国家杰青或长江学者领衔的24支科创团队，建立了300人左右的专职科研岗位，凝聚省内6所高校、省外9所高校和科研院所的相关科研力量	突破了16项关键技术，发布了36项代表性成果，创新活力加速释放，实现了"运营即见效"目标。目前实验室已搭建了"1+6+N"（1个中心实验室+6个研究基地+N家科技成果转化基地）的产学研共建组织架构，构建了"实验室+研究生院+孵化器+中试基地+产业基地+产业园区"的"六位一体"全链条科研转化体系	现已建有生物与细胞平台、食品安全与检测平台、食品加工与技术平台、营养与健康评估平台，拥有激光共聚焦显微镜、气相飞行时间质谱、液相飞行时间质谱、原子吸收光谱仪等大型仪器设备	实验室拥有12000平方米研发大楼，8000平方米中试基地，10000平方米孵化中心	2022年

续表

名称	技术布局	人才情况	项目成果	研究中心	资产情况	成立时间
牧原实验室	已在粮食安全、生物降解材料、营养健康及可持续农业发展等国家重大关键需求方面进行了布局	由西湖牧原合成生物研究院、西湖大学牵头，由河南省科学院、河南农业大学等单位参与建设	主要从事粮食安全、生物降解材料、营养健康及可持续农业发展等方面研究	—	—	2023 年

人才实验培养区，承担多个国家级、省级项目且成果显著，年均科研经费两千余万；郑州轻工业大学的食品与生物工程学院开设有3个食品类专业，现有教职工一百余名，拥有多个教育部重点实验室，河南省实验室、省协同创新中心等省部级科研平台；河南农业大学的食品科学技术学院开设有四个食品类专业，现有教职工97人，拥有多个省重点实验室、研究中心和研究室，科研经费两千余万元；河南科技大学的食品与生物工程学院、应用工程学院开设有三个食品类专业，现有教职工百余名，拥有国家级教学示范中心、省级研究中心和实验室；漯河职业技术学院食品工程系开设有六个食品类专业，国家级食品/生物实训基地1个、漯河市食品产业服务平台1个、实验实训中心4个、校外实习基地13个、订单培养单位8个，系部教师共发表教育教学科研论文246篇。综合而言，河南省开设食品类专业的高校在以培养食品类专业人才为主要任务的同时，也推动了河南省食品产业科技创新进展（表7-7）。

3. 企业自主创新能力不断提升，产业技术转型升级

河南目前拥有2万多家食品企业，产品门类齐备，产业基础雄厚，在冷冻食品、休闲食品、方便食品、肉制品等领域拥有众多一线品牌。2021年河南省食品工业规上工业企业研究与试验发展经费总投入45.23亿元，总营收为6626.39亿元；2022年河南省食品工业规上工业企业研究与试验发展经费（R&D）总投入50.6亿元，总营收为7359.23亿元；投入增长为11.87%，营收增长为11.06%。可以看出在不断加大经费投入的同时，河南食品产业企业总营收也在不断增大。河南食品产业企业逐渐发展起来，到目前为止，发展比较明显的有：河南双汇投资发展有限公司，猪肉制品全国排名第一，旗下有多家子公司，拥有国家级技术中心、国家认可实验室和博士后工作站，做出了千种产品群，拥有资产200多亿元；同样具有代表性的还有好想你健康食品股份有限公司，为农业产业化国家重点龙头企业，拥有红枣行业唯一的国家级企业技术中心的，在中国多地建立生产基地，拥有多家子公司并拥有两所大学，拥有资产50多亿元。河南食品产业其他行业具有代表性的企业有河南花花牛乳业集团股份有限公司、漯河市南街村贸易有限公司、河南省天冰冷饮有限公司和卫龙食品有限公司，近几年在技术、人力和规模上均有突破性的进展。综合而言，河南省食品产业企业在经历多年加大经费投入进行技术改造后，企业的自主创新能力都得到了一定的提升（表7-8）。

表7-7 河南省食品产业高校情况

名称	院系	专业	师资力量	研究机构	成果
河南工业大学	粮油食品学院	食品科学与工程、食品质量与安全、粮食工程	现有教授36名，副教授和高级实验（工程）师32名，具有博士学位教师118名，博士生导师26名，硕士生导师59名，双聘院士1名，国家特聘教授3名，国家百千万人才2名，享受国务院政府特殊津贴专家8名，河南省教学名师1人，河南省跨世纪学术和科技带头人4名，省部级优秀专家4名	建有小麦与玉米深加工国家工程实验室、粮食储运国家工程实验室，粮食储藏与安全教育部工程研究中心、国家大豆改良中心精深加工研究所、河南省谷物资源转化与利用重点实验室、河南省高等学校"粮油精深加工和质控制"重点学科开放实验和成果高等学校"粮油精深加工和质控制"重点学科开放实验和国家粮食物资储备局粮油食品类工程技术中心等研究机构。拥有国家级粮油科学工程应用型人才培养模式创新实验区、河南省食品科学实验教学示范中心、河南省级教学团队（粮油科学与工程、谷物科学）等	先后获得国家科技进步奖7项，其中一等奖1项，二等奖6项；国家教学成果奖1项，主持、参与制定或修订国际、国家和行业标准100余项；获省级以上科研成果奖励50余条项，出版学术著作、教材50余部。担任国家自然科学基金等国家级科研项目15项以上，年均科研经费2000万元以上

第七章 河南省现代食品产业科技创新现状与发展策略

续表

名称	院系	专业	师资力量	研究机构	成果
郑州轻工业大学	食品与生物工程学院	食品科学与工程、食品质量与安全、食品营养与健康	现有教职工130余人，其中具有博士学位教师90余人，具有高级职称教师70余人，拥有院士、中原学者、省特聘教授、省学术技术带头人、省杰出人才、省教学名师等30余人	拥有教育部重点实验室（立项建设）1个，河南省实验室1个，其他省部级科研平台6个，创新战略联盟6个	承担各类科研项目80余项，其中"十三五"国家重点研发计划、国家自然科学基金等国家级项目32项，河南省重大科技专项国家烟草行业重大科研项目15项，国家烟草行业重大科研项目6项，到账科研经费6000余万元；到账技术开发费二等奖1项，省部级科技奖励10项，科技成果转化实现经济效益数亿元；发表学术论文300余篇，SCI和EI收录90余篇
河南农业大学	食品科学技术学院	食品科学与工程、食品质量与安全、食品营养与检验教育、食品营养与健康	现有教职工97人，教授和副教授39人，国家产业技术体系岗位科学家1人，河南省学术技术带头人1人，河南省政府特殊津贴专家2人，河南省教育厅学术技术带头人5人，省高校青年骨干教师5人，省高层次人才5人	河南省肉制品加工与质量安全控制重点实验室、河南省高校肉品加工与质量安全控制工程技术研究中心、河南农业大学农产品加工与质量检测控制工程技术研究中心、红枣产品研发中心、畜产品加工研究室、农产品品质控制与资源利用实验室、农产品深加工研究室、食品营养与质量研究室、食品安全分析技术研究室、果蔬加工贮藏研究室	目前承担国家级、省部级科研、教研项目100多项，经费2000余万元，主编、参编国家规划教材18部、60余部。通过省级科技成果鉴定成果4项，获河南省科技进步二等奖4项，三等奖3项，获批国家专利36项，在核心期刊上第一作者或通讯作者发表论文1000余篇，其中SCI、EI收录100余篇

· 193 ·

续表

名称	院系	专业	师资力量	研究机构	成果
河南科技大学	食品与生物工程学院、应用工程学院	食品科学与工程、食品质量与安全、乳品工程	现有教职工106人，其中河南省特聘教授1家1人，教授28人，副教授32人，博士生导师14人，硕士生导师52人，具有博士学位教师82人，具有1年以上海外留学经历教师占37%	有1个国家级食品加工与安全实验教学示范中心，1个河南省食品原料工程技术研究中心，1个农产品干燥装备河南省工程技术研究中心，1个禽疫病诊断与食品安全河南省工程实验室，1个河南省农产品深加工技术高校重点学科开放实验室，3个洛阳市工程技术研究中心（乳品工程技术研究中心、天然产物提取分离技术研究中心和微生物发酵工程技术研究中心）	承担项目90余项，科技进步奖16项，在国内外学术刊物上发表论文600余篇，被SCI、EI收录180余篇，出版学术著作38部，教材28本，获发明专利120余项
漯河职业技术学院	食品工程系	中西面点工艺、食品药品监督管理、食品智能加工技术、食品检验检测技术、食品营养与健康、食品质量与安全	有专任教师37人，其中教授3人，副教授14人，副高级以上职称人数占比超过45%，拥有省级教学名师2人，省级学术、技术带头人5人，市级科技创新带头人4人，市级专业技术拔尖人才4人	国家级食品/生物实训基地1个，漯河市食品产业服务平台1个，实验实训中心4个，校外实习基地13个，订单培养单位8个	系部教师共发表教育教学科研论文246篇，其中期刊上、核心期刊151篇发表市（厅）级以上奖励、34篇发表市（厅）级以上，主持市（厅）级科研立项44项，其中23项荣获市（厅）级以上奖励；主编教材19部，参编教材73部

· 194 ·

第七章 河南省现代食品产业科技创新现状与发展策略

表 7-8 河南省食品产业企业情况

名称	技术布局	产业进展	创建时间
河南双汇投资发展有限公司	是中国最大的肉类加工基地,集团以屠宰和肉制品加工业为主要产业,旗下涵盖养殖业、饲料业、屠宰业、肉制品加工业、化工包装、彩色印刷、物流配送、商业外贸等配套产业群,是国家农业产业化重点龙头企业	年产肉类总量 300 万吨,猪肉制品市场占有率以屠宰和肉制品加工业全国排名第一,火腿肠制品市场占有率达 30% 以上。公司在全国 18 个省建设了加工基地;肉制品加工、生物工程、化工包装、双汇物流、双汇药业、双汇软件等。拥有下子公司有:肉制品加工、国家级技术中心,国家认可实验室和博士后工作站,做出了 200 多种冷鲜肉、400 多种调理制品、600 多种肉制品的产品群	1958 年
牧原食品股份有限公司	集饲料加工、生猪育种、生猪养殖、屠宰加工为一体的猪肉产业链	年出栏生猪 6120.1 万头,养殖业务发展分布至 24 省(区) 103 市 217 县(区)。屠宰业务遍及全国 11 省 21 市 25 县,投产 10 个屠宰厂,屠宰量 736 万头,屠宰销售覆盖 22 省 77 市(区)。公司累计申请专利 1982 项。打通 17 种猪病净化路径,蓝耳、巴氏、波氏净化实现突破;涌现出育肥日增重 1033g 的标杆成绩、低蛋白日粮技术向全国推行,牧原豆粕用量占比降至 7.3%,实现豆粕减量 152.3 万吨,发挥沼肥的资源价值,服务农田 394.83 万亩,助农减投增收 295 元/亩。发布行业首份《绿色低碳行动报告》	1992 年
三全食品股份有限公司	牛排系列、手抓饼系列、肉卷系列、甜品汤圆、水饺、餐饮系列产品等	在全国内的市场占有率达到 20% 以上,连续多年居行业之首;公司产品目前已经达到 400 个品种。在全国设有 20 多个分、子公司,在郑州、成都、苏州、广州建有生产基地,拥有几十条现代化的速冻及常温生产线,几万吨低温冷库和遍布全国的销售网络,是全国最大的速冻食品生产企业	1992 年
思念食品有限公司	速冻食品、冰淇淋、方便食品、预包装食品、蒸煮制品生产、加工及销售等	国内大型专业速冻食品生产企业之一,公司的品牌影响力、生产能力、销售总量均位居全国同行业前列。公司被省政府确定为"河南省百户重点工业企业";被改委农村部、发改委农业等八部委评定为全国农业产业化优秀重点龙头企业。"思念"品牌为"驰名商标",思念牌的汤圆、水饺是"中国名牌"	1997 年

· 195 ·

续表

名称	技术布局	产业进展	创建时间
好想你健康食品股份有限公司	从事红枣、冻干产品、坚果、果干等健康食品的研发、采购、生产和销售。农业产业化国家重点龙头企业，拥有红枣行业唯一的国家级企业技术中心。	公司已建立河南新郑、杭州临江、河北沧州、若羌六个生产加工基地，下辖17家全资子公司，4家控股子公司，以及7家参股公司，拥有"红枣大学"和"百草味大学"两所大学	1992年
河南米多奇食品有限公司	公司现主要生产"米多奇"牌雪米饼、香米饼、馍片、肉松饼、派类蛋糕、巧趣角、香酥脆、绿豆沙拉等休闲系列食品，集"营养、美味、绿色、休闲"的产品特点于一身	公司拥有米多奇、聚增、聚旺三个生产公司及5个销售公司，年生产能力20万吨，占地面积40万平方米，拥有国内外先进的自动化生产线30多条，员工5000余人。公司主要生产烤香馍片、馍丁、米饼、蛋糕、石头饼等系列食品，产品畅销全国，并出口韩国、东南亚等国际市场	2000年
漯河市南街村贸易有限公司	以粮食深加工为主导方向，以生产多种方便食品为龙头，产业涉及食品、饮料、酒类、医药、包装、工艺品雕刻、旅游等，产品有15大类，近200个品种	集团公司下设方便食品公司、食品饮料公司、调味品公司、面粉厂、啤酒厂、制药厂、油墨厂、包装厂、印刷厂、高新农业科技园区等26家企业，拥有员工11000多人	2004年
大咖国际食品有限公司	专业从事固体饮料、风味饮料浓浆、调味奶浆、方便粥罐头、果酱等产品的研发、生产、销售和物流运输的现代化技术企业。	是一家专业从事全品类饮品原料研发、生产、销售为一体的现代化技术企业，服务多家茶饮、咖啡、餐饮头部品牌。现拥有河南、安徽、广西、海南四大生产基地，50条国际先进智能化产线，已投产部分现占地800余亩，年综合产能130余万吨，服务全球36000+门店	2012年

· 196 ·

第七章 河南省现代食品产业科技创新现状与发展策略

续表

名称	技术布局	产业进展	创建时间
王守义十三香调味品集团有限公司	规模化的香辛料调味品生产	公司产品有十三香调味品、鸡精调味料、麻辣鲜调味料、包子饺子调味料等30多个品种70多种规格，畅销全国30多个省市，部分产品销往新加坡、马来西亚、澳大利亚等国家和地区，深受消费者的信赖和喜爱，荣获了"全国质量管理先进企业"、"中国香辛料调味品品牌"、"农业产业化国家重点龙头企业"，以及"中华老字号"等荣誉	1984年
卫龙食品有限公司	主要经营有调味面制品类、豆制品类、魔芋制品类、素食类、肉制品类等休闲辣味食品，主导产品——"卫龙"和"亲嘴"系列休闲食品以其味美、质优，扎实赢得了广大客户的信赖	目前公司的产品已行销到全国30多个省，自治区直辖市，北到漠河，南到海南岛，西到乌鲁木齐，东到大上海，已具备了完善的市场网络和营销体系	1999年
莲花健康产业集团股份有限公司	调味品和健康食品研发、生产和销售	已形成以粮食酿造味精为代表的氨基酸调味品、以鸡精、鸡汁、鸡粉为代表的复合调味品，以火锅底料系列、自治区直辖市为代表的液态的新型复合调味品，以一级谷物酿造料酒、红烧酱鱼佐料系列、陈醋酿造香醋、粮食酿造料酒、面粉、谷朊粉、面包糠等健康食品构成的多元化产品体系。公司拥有30多家分公司，销售渠道覆盖全国70多个国家和地区	1983年
白象食品股份有限公司	生产销售优质面制品的综合性食品企业	先后在河南、河北、山东、四川、吉林、山西等10个省布局12个优质面制品生产基地，旗下设有分子公司20余个，拥有国际一流方便面生产线90余条，挂面等新产品80余个，研发方便面、近120万个销售终端，产品覆盖全国30个省市自治区，并远销海外	1997年

· 197 ·

（二）研发投入经费和人员投入持续提升

2017年河南省食品工业规上工业企业研究与试验发展（R&D）经费总支出为38.34亿元，2021年增长到45.74亿元，增长19.3%；2017年河南省食品工业规上工业企业研究与试验发展（R&D）人员投入为15402人，2021年增长到17016人，增长10.48%。由上述数据可知，河南省食品工业规上工业企业研究与试验发展（R&D）经费总支出不断增加，人才队伍不断壮大，不断促进着河南食品产业科技创新。

1. 研发经费投入情况呈现增长趋势

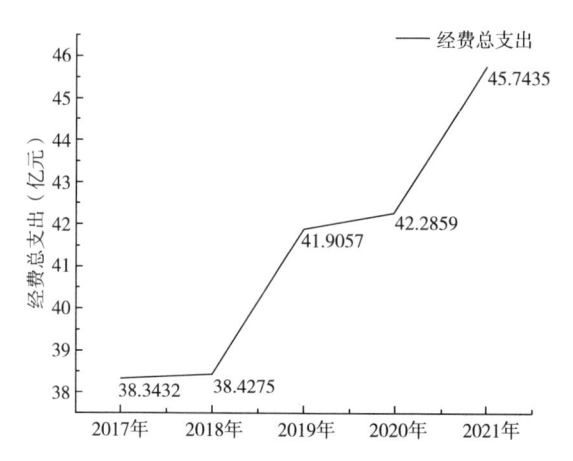

由图7-2可看出，2017~2021年，河南省食品工业规上工业企业研究与试验发展（R&D）经费总支出呈逐年增长趋势。河南省在不断地加大食品产业投入经费，使得食品工业企业的发展有强力的保障。

图7-2 2017~2021年河南省食品工业规上工业企业研究与试验发展（R&D）经费总支出趋势

数据来源：河南省统计年鉴

2. 科技人才情况总体呈现增长趋势

由图7-3可看出，2017~2021年，河南省食品工业规上工业企业研究与试验发展（R&D）人员投入除2020年外其余均呈逐年增长趋势，人力规模总体上依旧呈稳定增长趋势，人才队伍的情况直接关系着科技创新与产业发展。人才队伍不断壮大，已成为影响高科技创新水平的关键因素之一。

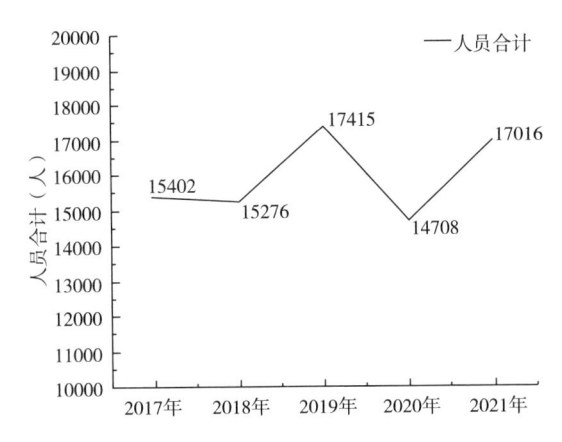

图 7-3　2017~2021 年河南省食品工业规上工业企业
研究与试验发展（R&D）人员投入趋势图
数据来源：河南省统计年鉴

（三）研究成果数量不断增长

在食品行业发展过程中，河南省相关企业与大专院校共同承担了国家"十一五""十二五"科技支撑项目，"十三五""十四五"重点研发项目，进行了联合攻关，形成了一批具有自主产权的品质保障技术。这些优势为河南省食品产业的强力发展和在全国乃至世界的重要地位奠定了坚实的基础。

研究成果指通过科学、学术研究等方式所获得的能够达成目标或得出结论的实质性成果。研究成果数量可以直接体现科技创新能力的强弱。河南省近些年来食品科技研发实力不断增强，基础研究水平显著提高，取得了一批绿色原料培育、营养健康食品加工、新型杀菌、食品生物工程、食品装备制造为代表的引领产业发展的创新成果，整体阶段呈增长趋势。河南省食品工业研究成果数量不断增长，也彰显出了河南省食品产业科技创新能力有所提升。

（四）科技创新体系日益完善

党的十九届五中全会强调，坚持创新在中国式现代化建设全局中的核心地位，把科技自立自强作为国家发展的战略支撑，并把完善科技创新体制机制作为坚持创新驱动发展、全面塑造发展新优势的重要内容。河南省通过加大研发经费的投入和加强人才队伍的建设，使得研发机构主体日趋多元化，成果数量也在不断增多，紧跟党的十九届五中全会精神，完善现代食品产业体系。

1. 科技创新生态不断完善

河南省委省政府提出要推动中原农谷与中原科技城、中原医学科学城，加快形成"三足鼎立"科技创新大格局。河南省科学院与中原科技城、国家技术转移郑州中心持续融合发展，加快环省科学院生态圈形成。开展中原农谷建设，"一核三区"装备制造产业规模达200亿元；重建省医学科学院与中原医学科学城深度融合。创新平台体系进一步完善，重组入列全国重点实验室13家、建设省实验室20家、产业研究院40家、中试基地36家。例如，2022年9月建立的中原实验室，2023年7月依托多所大学成立牧原实验室，2021年11月河南省政府首批命名成立的河南省食品加工中试基地。

2. 强化教育产业支撑

一是河南省教育厅制定《河南省本科高等学校深化产教融合促进高质量发展行动计划》，提出产学合作、育人为本，统筹协调、分类推进，服务需求、项目推动的原则；河南省人民政府办公厅发布《关于深化产教融合的实施意见》，进一步深化产教融合、校企合作，促进教育链、人才链与产业链、创新链有机衔接，全面提升人力资源质量。二是成立食品类院校，例如：2023年5月新建被称为建在工厂里的产教融合大学——郑州食品工程职业学院；河南农业职业学院当选为中国食品产教融合共同体副理事长单位；河南农业大学携手郑州统一企业，推进食品类专业产教融合；郑州轻工业大学食品与生物工程学院构建"四个三"模式，助推河南食品产业发展。

3. 加强科技创新人才队伍建设

河南省发布《河南省急需紧缺高端人才需求目录（第二版）》，进一步提升人才引进工作的精准化和科学化水平，其中食品类重点产业有食品科学与工程、食品安全、食品营养与健康，重点学科有食品科学与工程，重点方向有标准营养与健康食品、生命健康；加大高端创新人才引育力度，按照"中原英才计划"，依托中国·河南招才引智创新发展大会等平台，坚持需求导向、实效导向，实施顶尖人才"一事一议"，推进休闲食品领域人才引育创新，打造一流领军人才和高水平创新团队；支持研发实力强、承担重大科研攻关项目的企业设立院士工作站、博士后工作站，支持技术开发条件较好的园区或有较强技术实力的企业设立创新实践基地，支持有需求的企业依托重大科技任务和创新平台招引博士后科研人员，促进更多高层次青年人才向企业流动。

二、河南省食品产业科技创新的问题与短板

河南省食品产业发展至今，研发结构主体日趋多元化，同时加大经费与人员投入，最终研究成果数量增长，但是在科技创新体系日益完善的加持下，河南省食品产业科技创新方面仍存在许多问题。食品企业科技创新的主体地位尚需提升，食品产业总体科技创新效率不高，新型研发机构的运行机制尚待完善，食品产业科教融合程度与创新型人才不足，这些都是河南省食品产业科技创新方面亟待解决的问题与短板。

（一）企业科技创新的主体地位尚需提升

在党的二十大报告中，习近平总书记强调："加强企业主导的产学研深度融合，强化目标导向，提高科技成果转化和产业化水平。强化企业科技创新主体地位，发挥科技型骨干企业引领支撑作用，营造有利于科技型中小微企业成长的良好环境，推动创新链产业链资金链人才链深度融合。"这些重要论述明确了强化企业科技创新主体地位的战略意义，但目前河南省的企业科技创新的主体地位尚需提升，短板主要体现在以下三个方面。

1. 市场主体培育能力不足

其一，各类市场主体在发展过程当中，都可能遇到各种不可预料的风险，如在疫情期间，不少食品企业面对长时间的歇业情况，河南省政府虽然给予一定力度的资金与政策上的支持，帮助部分市场主体渡过难关，但并未能从根本上激发人民群众创业创新的活力以推动新的市场主体快速增长。其二，国内国际市场环境错综复杂，深层次结构性矛盾显现。受到大宗商品价格和物流费用不断上涨等多方面因素的影响，河南省的食品企业生产经营成本持续攀升。需求疲软、成本上升以及市场流动性减弱导致了应收账款增加，企业抗风险能力相对较弱，同时缺乏长期战略规划等问题叠加，使得食品企业面临资金紧张的局面，甚至许多中小微企业的融资需求都未能得到有效满足。因此，必须高度重视当前市场主体所面临的突出困难。其三，法治监管、智慧监管和信用监管的能力不足。现行的监管理念、监管方式以及资源配置尚未充分适应超大规模市场的监管需求；地方保护、行政干预以及市场分割等问题仍然存在；对市场主体，特别是中小微企业和个体工商户的保护规范仍有待完善，市场监管建设基础在基层，重点在基层，难点也在基层，必须进一步推动市场监管建设重心下移、力量下沉。

2. 企业科技创新政策支持幅度有限

其一，公共服务平台和中试基地建设相对不足。一方面，未能尽可能地满足公众、企业、非营利组织等各方，关于信息服务、培训、咨询、技术支持等需求。另一方面，没有用于验证新技术、新产品或新工艺的可行性和效果的基地以推动创新和促进产业升级。其二，营商环境仍需优化。在行政审批过程中应加强上下级部门协同，消除因政策产生的冲突矛盾，优化部门间的协同制衡机制，减少因机构间的职能交叉与重叠带来的制度性交易成本。其三，缺乏全过程企业上市推进机制。一方面，政府的政策支持较薄弱，企业上市各项奖励政策未能落实，且未能关注企业上市顾虑，调动和激发起企业上市的积极性和主动性。另一方面，企业上市涉及面广、政策性强、周期长、市场敏感度高，缺乏施行"绿色通道"制度和企业联系制度，对被市政府列为拟上市培育对象的企业都要落实部门和专人负责指导、协调，定期召开协调会解决各类难题。其四，适应性金融产品仍需完善，一些金融产品不够灵活、不够符合食品产业的特点，导致融资难；融资规模不足，某些贷款规模可能较小，不足以支持企业的创新、创业和发展；供应链融资不足，应收账款融资、预付账款融资、存货类融资和信用贷款融资等供应链融资的手段和规模可能不足，未能有效支持企业应对季节性和短期的资金需求；企业资金流动性压力较大，中小微食品企业的短期和季节性等资金需求未能被满足增大了企业资金流动性压力。

3. 头部企业科技创新引领作用不明显

其一，河南省大多数食品企业规模偏小、抗风险能力差、融资能力不强，在科技创新方面阻碍较大，同时有相当数量的食品龙头企业处于价格、规模、生产要素投入低层次竞争阶段，大中型龙头企业转型升级乏力、规模不足、产品附加值较低。其二，河南省食品产业龙头企业存在技术溢出、人才溢出现象，对中小型企业没有起到帮带作用，龙头企业掌握关键技术与人才对中小型企业缺乏引导作用。其三，河南省食品产业未能形成适合实际需求的产学研一体化融合。龙头企业未能与其他科技创新平台形成良好的协同共建共研关系。企业表面上开始走"产学研"相结合道路，但没有真正落实到位。目前，河南食品产业合作大多以"点对点"的方式进行，主要是学校个别教师对企业进行技术服务，难以发挥群体优势和产生重大成果。

（二）总体科技创新效率不高

当前，河南省食品产业发展虽已取得一定进步，但总体科技创新效率仍显不足，主要通过规模以上食品企业新产品销售收入、专利数量、有效发明专利数量，以及单位研发投入的新产品销售收入等指标来衡量其总体科技效率。其一，从规模以上食品企业新产品销售收入、专利数量、有效发明专利数量来看，2021年河南的这三项指标均高于全国平均水平。虽然河南食品产业专利申请数量高于河北和湖南，但河南食品产业新产品销售收入高于河北；河南食品产业专利申请数量与湖北、山东、湖南存在比较大的差距，同时河南有效发明专利数落后于山东。从食品行业内部来看，河南现代食品产业4个行业的新产品销售收入都低于湖北、山东和湖南，其中农副食品加工业占河南食品行业新产品销售收入的64.3%，高于全国平均水平（50.5%），其他三个行业的占比均低于全国平均水平，与创新投入的分布结构不相匹配，这说明河南现代食品行业的研发可能存在效率不高问题。其二，从规模以上食品企业单位研发经费新产品销售收入和单位研发投入的新产品销售收入这两个指标来看，2021年河南规模以上食品企业单位研发经费新产品销售收入为8.5元，单位研发人员新产品销售收入为226.1元，两个指标均低于全国平均水平，并与湖北、山东、湖南，甚至河北都存在比较大的差距，说明河南食品产业不仅研发经费和人员投入不足，研发效率更为低效，大量的研发投入未有效转化为新产品的销售收入。从食品行业内部来看河南现代食品产业4个行业创新效率都低于全国平均水平，其中尤其是酒、饮料、精制茶制造业、烟草制品业的创新效率尤为低下。

（三）新型研发机构运行机制尚待健全

1. 技术研究院运行机制不健全

其一，资源整合运用支持政策不足，政府对各创新主体创新资源的整合运用缺乏足够的政策支撑，导致产业技术研究院难以真正发挥创新协同效应。河南省对产研院缺乏完善的顶层设计和制度安排，目前的政策仍然以持续鼓励建设为主，在绩效考评方面比较宽松，在实际实践中，产研院水平参差不齐、小而散的问题突出，地方大规模重复建设造成资源浪费。其二，产研院对财政经费依赖严重，自我造血能力不足，大部分产研院组建都是由地方政府推动完成，政府投入的研发资金比例较高，且产研院普遍创收能力不足，很难实现收支平衡，主要依赖各类项目支持。其三，服务企业技术创新作用发挥不够，未能建立有效对接企业技术创新需求的机制，研发资金来源于企业、体现企业需求的项目占比较少。其四，绩效评价标准缺失，尚未形成科学合理的考核评价体系。绩效考核关系到产研院成果产出认定问题，同时也是产研院发起设立至独立运行阶段政府资金使用的重要依据。

2. 重点实验室面临困境

其一，主管部门合作不够紧密，建设规划需要统筹。重点实验室的宏观管理部门及主管部门较为单一，且不同类型实验室之间条块分割较为严重，缺少制度化、系统性的紧密联系，与其他政府部门及权力机关也缺少紧密联系。其二，财政投入相对不足，资金来源渠道较为单一。重点实验室建设财政投入规模较大，研发经费的持续增加促进了河南省基础研究水平的提升。但相对全国的国家实验室而言，河南省对重点实验室的财政投入还存在较大差距，财政投入较为不足，且资金来源渠道较为单一，主要来源于财政拨款、企业与社会馈赠，规模较小并且面临一定困境。其三，运行模式未形成联动体系，实验室之间缺乏互动与活力。河南省重点实验室在运行模式方面未形成联动体系，具体建设和日常运营方面规范化制度不够健全，成功经验未能得到普及和推广，导致当前河南省重点实验室在运行时缺少活力，在开展基础研究时不能充分发挥自身优势。其四，布局优势未能有效凸显，学术生长点较为模糊。目前河南省重点实验室新的基础研究方向和技术生长点未能不断涌现，与河南省地区经济社会发展没有良好的互动与联系。此外，重点实验室的研究方向较为模糊，实验室内部缺少多学科科研团队的协作，导致学科生长点并未涌现，部分实验室的研究方向并未集中于某些前沿问题和重大难题的攻关，导致实验室的优势与引领作用并不十分明显。

（四）科教融汇不充分与产教融合不深入

尽管河南省已积极推动学科专业结构调整，布局一批现代产业学院建设，但仍存在科教融汇不充分、产教合作不深入等问题。

一方面，"互联网+"时代知识的半衰期明显缩短，但高校的课程设置、教学内容的更新速度慢，落后于科技创新速度和市场变化节奏。另外，囿于企业目标与高校目标不一致，产教合作往往局限于框架协议的签订，并没有展开实质性合作，缺乏有效交流渠道，学生难以获得企业真实情境下专业能力与实践技能提升，毕业生对企业亟待解决的技术领域了解不多，导致人才培养与产业需求不相适应。

另一方面，从产业人才生态层面来看，其一，河南省食品产业人才与产业结构匹配度不高。不仅食品类高端技术专业人才短缺，产业链上下游的数据分析、工业设计和商业策划等专业服务人才也较为匮乏，导致产业链向设计端、营销端延伸受阻，价值链提升不明显。其二，人才引育主体"单一化"。河南省人才引育工作多依赖于政府主导、政策驱动，人才招聘渠道较为单一，熟人引荐的人才范围较窄，网络招聘人才筛选识别成本高，企业、猎头公司等市场主体发挥作用较少。其三，人才培养存在供给性缺失。大型企业通常会建设内部学习或培训中心，其培训内容多涉及前沿性业务知识，不愿意外传；中小企业因缺乏相关资源，内部培训局限于员工基本业务，获取更优质、更权威的培训渠道不足；市场化的培训资源鱼龙混杂，且与业务实践结合程度低。中小微企业更希望政府、行业协会或企业联盟能牵头成立业务培训平台，提供更多培训资源。

第三节 河南省食品产业科技创新发展策略

随着高新技术的发展，河南省食品工业化程度越来越高，要进一步构建现代化食品产业体系，向食品工业强省跨越，实现从"中国粮仓"到"世界餐桌"的转变，就要紧跟世界食品工业的发展趋势，针对食品产业科技创新发展中的问题，制定有效措施。一是强化企业科技创新主体地位。二是提升食品产业总体科技创新效率。三是建立健全新型研发机构运行机制。四是加大专业人才培养力度，促进科教融合程度。五是提高研究成果质量，突破技术关键节点。

一、强化企业科技创新主体地位

企业在市场竞争中能敏锐地把握市场需求和技术趋势，开展技术研发和创新活动，推出更具竞争力的产品和服务。企业需要与产业链上下游的企业进行协同创新，共同推进科技创新和产业升级。企业还是科技创新成果转化的主要力量，将科技成果转化为实际的产品和服务，实现经济效益和社会效益的双赢。因此，河南省应进一步强化企业科技创新的主体地位，解决产业发展的"真问题"，开发引领产业发展的"真技术"。

第一，加快市场主体培育。深化市场主体登记制度改革，降低市场准入成本，不断优化环境、创造条件，充分激发人民群众创业创新的活力和热情，推动新的市场主体快速增长；常态化开展助企服务，综合施策、精准发力，持续降低生产经营成本，切实解决企业发展中遇到的困难和问题，助推现有市场主体发展壮大；全面推行法治监管、智慧监管和信用监管，支持诚信守法企业做强做大。

第二，完善企业科技创新政策。进一步落实公共服务平台和中试基地建设，切实发挥平台的公共服务能力，为企业提供产品试验、技术转移、知识产权保护、人才培训等方面的支持。持续优化营商环境，为头雁企业和领军企业提供简化审批流程、提供"一站式"服务、推行电子政务等更加便捷、高效的服务，提高企业的运营效率。完善全过程企业上市推进机制，对符合条件的食品企业开展精准辅导，落实上市"绿色"通道制度，高效推动企业股改、上市；支持符合条件的食品企业发行公司信用类债券融资。引导银行业金融机构，针对食品产业特点开发出"量体裁衣"式的金融产品。扩大"科技贷""专精特新贷"等贷款规模，支持企业创新创业发展；积极发展应收账款融资、预付账款融资、存货类融资和信用贷款融资等供应链融资，重点保障中小微食品企业短期和季节性等资金需求，缓解企业资金流动性压力。

第三，发挥头部企业科技创新引领作用。充分发挥头部企业科技创新引领作用，通过不断加强自身的科技创新能力和构建良好的创新生态圈，推动整个行业的发展和进步。鼓励头雁企业、领军企业和龙头企业与重点实验室、产业技术研究院、科研院所、高校等共建协同创新中心，以行业关键共性技术和卡脖子技术为牵引，以科技攻关项目或企业出资形式进行攻克。研判行业发展趋势，积极布局未来产业，引领行业技术发展方向，通过技术创新和产业升级，推动整个行业的发展和进步。鼓励头部企业与产业链上下游的企业进行协同创新，构建创新生态圈，通过资源共享、优势互补，共同推进科技创新和产业升级。

二、提升总体科技创新效率

一是积极制定科技创新战略规划。围绕食品产业重大发展需求，开展行业战略研究，明晰行业发展政策，把握行业发展动向，引导头雁、领军及龙头企业根据自身发展战略和市场趋势，研究制订创新路线图，策划关键核心技术攻关的有效策略和路径，指导企业的科技创新活动，提高科技创新的针对性和效率，制定科技创新战略规划。二是推动产学研用深度融合。加强政府、产业、高校、科研机构、科技中介、金融机构及市场之间的合作与交流，充分利用政府、行业协会、专家学者等各方面的资源，推动产学研用深度融合。通过联合研发、成果转化、人才培养等方面的合作，实现优势互补，提高科技创新的效率和成果转化应用的效果。三是注重技术引进和消化吸收。鼓励食品企业关注国际食品科技发展趋势，积极引进国际国内先进技术，并对其进行消化吸收和再创新。通过引进先进技术，缩短研发周期，提高科技创新的效率和质量。四是优化科技创新管理机制，充分发挥"揭榜挂帅""包干制"等新模式优势。通过竞争和集中优势力量，以"揭榜挂帅"机制解决关键核心技术难题，实现重大科技创新突破。注重发挥项目承担方的主动性和创新性，以项目"包干制"模式快速响应产业技术需求。在河南省"三足鼎立"科技创新大格局下，提高食品产业总体科技创新效率，构建食品现代化产业体系。

三、建立健全新型研发机构运行机制

一是完善新型研发机构的支撑政策，真正发挥创新协同效应，加快推动科技成果转移转化和产业升级。江苏省政府办公厅在2015年印发了若干政策措施，有力促进了江苏产研院的改革发展。2023年，江苏省政府办公厅总结了江苏省产业技术研究院运行以来的经验，再次印发了《关于支持江苏省产业技术研究院改革发展若干政策措施》，包括科技成果的产权，收益与专项资金分配，经费使用，人才成长，税收等多个方面。此次修订在保留原政策行之有效的条款基础上，新增了5条经过实践检验的改革举措，比如提到了"支持省产研院建立完善管理运营团队绩效奖励机制，建立完善有利于促进省产研院深化改革的综合考评机制和鼓励创新、宽容失败的容错免责机制"。由此可见，有效的政策支撑了江苏打造具有全球影响力的产业科技创新中心。河南省也应该结合省情，参考江苏省产业技术研究院相关政策，尽快完善科技成果转移转化的管理机制，以制度创新释放技术创新带来的红利。

二是完善新型研发机构的绩效评价标准。上海首次出台针对新型研发机构的绩效考核办法《上海市研发机构绩效考核办法（试行）》。根据《办法》，上海对新型研发机构进行分类考核，根据不同功能定位设置不同的考核重点，旨在全面了解和评估新型研发机构的研发实力和服务能力，发现存在的问题和不足，为政府制定支持和引导政策提供依据。根据《办法》，绩效考核将采取分类评价的方式，围绕基础与应用基础研究、关键核心技术攻关、产业共性技术研发与服务等不同功能定位，分类设置评价指标与权重。对于主要从事基础与应用基础研究的新型研发机构，侧重评价解决重大科学问题的效能、成果的原创性和学术贡献、吸引社会力量投入情况、机构的国际影响力等。对于主要从事关键核心技术攻关、产业共性技术研发与服务的新型

研发机构，侧重评价承担战略使命任务、攻克关键核心技术难题、解决产业共性技术问题、成果转化与产业支撑情况等。广东省东莞市科学技术局从2022年开展了新型研发机构的绩效考核。河南省应根据河南省情，分类完善新型研发机构的绩效考核标准，采取"宽进严出"的原则，引导新型研发机构切实发挥推动科技成果转移转化和产业升级的作用。

四、进一步促进科教融汇、产教融合

一是建立产业需求驱动的创新人才协同培养模式。立足河南省4个食品重点产业链高质量发展需求，紧跟新技术的演化趋势，结合学校的办校定位，建立高校、企业、科研院所三方联动、三链融合、三位一体的人才培养模式，高质量研制人才培养方案，项目驱动反向设计课程体系，加强河南发展的省情、市情教育。与行业领先企业共建校企创新联合体，加强科研平台共享、市场主体连接等方面信息互联互通，构建与产业结构高度匹配、与市场需求精准耦合的现代高等教育体系结构，着力加强创新人才贯通培养协作。

二是依托河南省重点建设的实验室、产业技术研究院等高水平新型研发机构，用大平台、大项目、大团队吸引人才、培育人才，造就一批能够突破关键技术、发展高新技术产业、带动新兴学科的创新创业领军人物和科技创新团队。与此同时，支持河南省双一流大学和特色骨干型大学，与新型科研机构共建"集萃学院"。以学校现有人才培养体系为基础，以产业关键共性技术和企业的技术真需求为课题，以新型研发机构和核心企业合作伙伴为平台，建立联合研究生导师体系，促进高校、科研院所、企业的深度融合，培养适应和引领现代产业发展的应用型、复合型、创新型集萃研究生。将创新创业领军人物和科技创新团队的高端创新资源转化为本土新生可持续发展预备力量。

第八章
河南省现代食品产业风险与应对机制

食品产业由于与农业的关系密切，同时又连通物流、信息等服务业，原料采购、生产加工、流通等环节都可能受到自然风险、技术风险和市场风险等外部风险的影响。首先，为了提高河南现代食品产业的发展韧性，增强抵御风险的能力，本章内容综合分析自然风险、技术风险、市场风险等外部风险类型，阐述外部风险对河南绿色农业领域尤其是种植业及养殖业发展脆弱性的影响，由此提出保障河南绿色食品原材料稳定供应的应对思路；其次，运用生产加工质量稳定性理论，分析河南食品产业加工环节可能面临的风险类型，以及应对风险的对策；再次，运用风险评估模型，分析河南食品产业流通环节可能面临的风险类型，以及应对风险的对策；最后，在梳理当前河南食品安全监管体系的基础上，分析产业升级背景下河南食品安全监管可能面临的新问题与挑战，并提出完善河南食品安全监管体系的对策思路。

第一节 外部风险对绿色农业生产的影响及对策探究

一、外部风险冲击下河南农业领域的脆弱性分析

农业是社会生产和经济发展的基础，但其自身调控能力较弱，易受自然风险、市场风险以及资源减少的影响，在使用农业技术增加效益的同时也蕴含着风险。在各种外部风险冲击下，农业损失较高，而风险应对策略也不够健全，呈现出较强的脆弱性，具体表现以下几个方面：

（一）自然风险

河南省属于大陆性季风气候，四季分明，具有夏季炎热，冬季寒冷的气候特点。但是，近年来，气候变得越来越不稳定，具体表现为气候呈现明显的温暖化趋势、极端天气事件的频发以及病虫灾害出现的概率加大，将会对

农业产生不利影响。

首先,气候变暖使河南的气候呈现出明显的温暖化趋势。夏季高温天数增多,最高温度也有了明显的上升,河南的气候变得更加闷热,农产品的生长周期也随之改变,有些原本一年只收获一次的地区,慢慢地变成了一年收两次甚至三次。其次,气候变暖增加了极端气候事件的可能性。由于全球变暖导致水热资源的空间分布模式发生了变化,有些地方变得干燥,有些地方变得潮湿。这导致河南近年来出现了频繁的极端天气事件,其中以暴雨、干旱、寒潮的出现为代表。这些极端天气事件对农业领域产生了巨大的影响,造成粮食产量减少,农民收入减少。最后,气候变暖也容易引发病虫灾害。以前很多时候,害虫大都很难熬过冬天的严寒而被冻死,而近年来,随着全球气候变暖,极端天气频繁发生,破坏了区域水热平衡与季节性分布,使一些因低温而不能繁衍的害虫得以顺利越冬。同时,随着农药使用剂量的增大,病虫害对农药的抵抗性也随之提高,病虫害的危害也随之加剧。

(二) 市场风险

由于农业的价值最终需要在市场上体现,所以农业的发展不仅可能遭受自然风险冲击带来的生产性风险,也会在很大程度上受到市场环境的影响,承受着市场变化带来的经营性风险,突出表现为市场经济政策变化、消费需求变动引起的农产品价格波动幅度较大以及市场流通及时性得不到保证或市场信息传导机制不畅带来的信息不对称。

一方面,市场经济政策变化、消费需求变动导致农产品价格波动幅度较大。农产品价格由于集中供给和常年消费导致价格呈现出明显波动,有时在农产品大宗商品市场,由于投机资金的炒作还会出现价格的剧烈变化。如图8-1所示,近年来河南省农副产品价格在不断变化,波动幅度较大。根据凯恩斯主义的黏性价格理论,市场价格无法在短期内迅速调整使得实际产量低于均衡产量,此时存在产出缺口,致使供求双方均都可能产生损失。另一方面,市场信息不通畅、不对称导致信息滞后。这会使农户在市场信号引导下做出的生产经营决策不能适应市场的变化,使农业生产难以适应价格大幅波动,及时调整生产规模而带来风险。我国的农村贫困人口大多集中在偏远地区,对于农村贫困农户来说,那里交通设施不健全,通信网络建设跟不上,由此造成的市场信息不及时、产品物流不通畅,影响着农户生产经营活动,农产品积压、滞销的情况屡屡发生,直接影响农户增收和种田积极性。

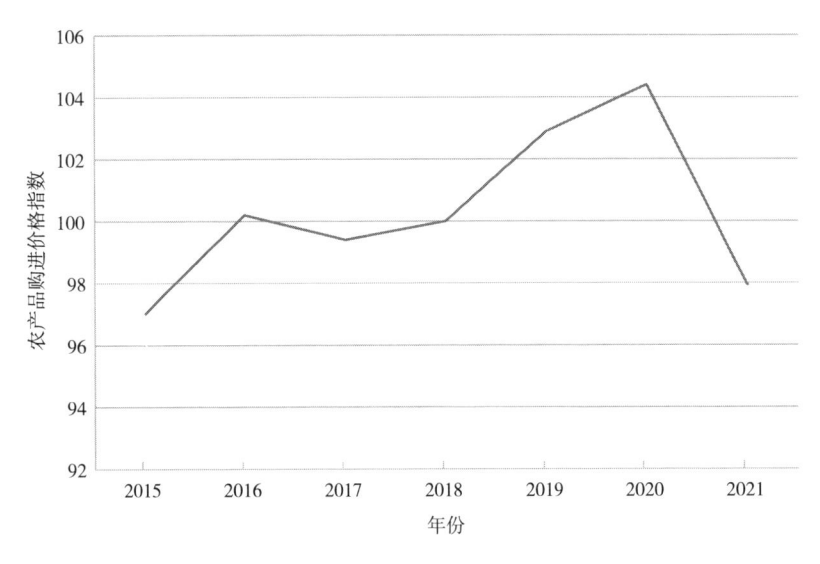

图 8-1　2015—2021 年河南农副产品价格购进指数（上年＝100）
数据来源：河南统计年鉴

（三）技术风险

随着科技的发展，河南农业领域广泛使用农业技术增加效益，但同时也隐含着风险，具体来说，分别是技术经济效益存在不确定性。选择技术时容易产生失误，以及运用技术时存在异化风险，这导致了生产效率的低下，农业产出的不稳定性和质量的不稳定性。

首先，技术经济效益存在不确定性。采用农业技术需要投入附加的生产要素，而其实施的结果又受其自身因素和外部环境的影响，技术投资收益未知。随着自然环境的改变，某种农业技术的应用条件可能会被破坏，丢失其技术优势，也有可能因为技术的不成熟或不适合而导致其采用的效果不如预期。由于农产品生产周期长，难以对农产品的市场价格进行精确预测，而技术投入是否能够获得收益也存在着不确定性。其次，技术选择可能出现失误。只有与当地气候、耕作制度及社会经济状况相适应，才能使农业技术达到增产增收的目的。但是，自耕农户未必有充分的认识来理解以上的限制，因此农业技术的选择可能出现失误。最后，存在技术使用异化风险。使用农业技术需要用户具有科学素养、创新精神和科技想象能力，但是由于农户的总体文化水平较低，一些农户可能不能很好地把握住其中的要点，或者是对技术的理解出现了偏差，或者是操作上出现了一些错误。因此，必须解决好技术运用的异化问题。

(四) 资源风险

河南省人口增长和城市化进程的加速以及工业化的快速发展不可避免地挤占了农业发展所需的重要资源，河南省的农业资源越来越紧张，具体为耕地资源、水资源、电力资源。

首先，工业化、城市化发展会使耕地资源减少。工业化、城镇化发展的空间结果表现为工业和城市占地规模的扩大，需要占用大量的农业耕地。如图8-2所示，近年来河南省耕地面积整体呈现下降趋势，这不利于现代农业的发展。其次，工业化和城市化的发展会加剧水资源紧缺。河南省虽然地跨长江、黄河、海河与淮河四大流域，有四大河流流经，但水资源分布不均，水资源开发利用难度大，缺水问题仍旧十分突出，水资源供需矛盾日趋明显。如图8-3所示，2015—2021年河南省农业用水量占全省总用水量的比例呈明显下降趋势，这说明农业发展所需的重要水资源被工业化和城镇化的发展挤占。同时，工业发展也可能破坏植被，导致水土流失，环境污染，进一步加剧水资源短缺。最后，工业化和城市化的发展会占用大量电力资源。机械化、自动化的现代农业生产设备需要依靠大量的电力资源，而大规模的工业化生产对电力资源的需求很大。从图8-4中可以看出，近年来工业生产电力消耗量一直远超农业用电量，电力资源的外流，必然导致农业投入不足，影响农业基础设施建设和生产技术设备的更新改造以及农业科学技术的推广和应用，制约河南现代农业的发展。

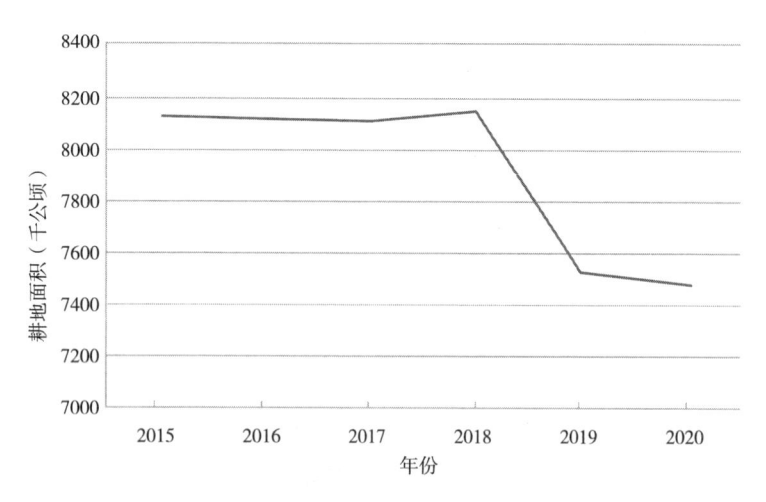

图8-2 2015—2020年河南省耕地面积的变化

数据来源：河南省统计年鉴

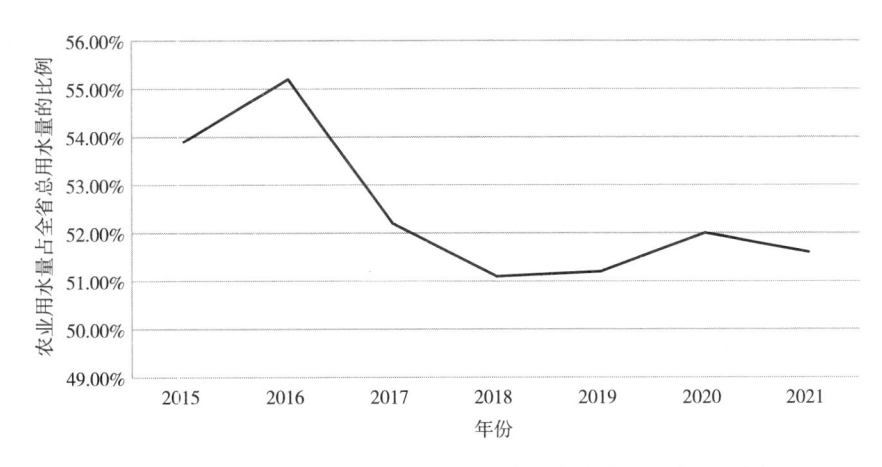

图 8-3　2015—2021 年河南省农业用水量占全省总用水量比例

数据来源：河南省水利厅官网

图 8-4　2015—2021 年河南省农业用电量和工业生产用电量的比较

数据来源：河南省统计年鉴

二、外部风险对河南种植业的影响

种植业是河南省的支柱产业之一，而蔬菜种植业是其重要组成部分之一，也是河南省十大优势特色农业之一。近年来，温室大棚农业在政府支持以及市场推动下快速发展，全省目前温室大棚设施建设主要集中在花卉、蔬菜、食用菌、水稻育秧、养殖等方面，其中大棚蔬菜面积最大。然而，在发展过程中，大棚蔬菜种植业也面临着一些由于外部风险产生的影响。本节将以大棚蔬菜为例讲解外部风险对河南种植业的影响，具体如下。

(一) 自然风险

气候变化对大棚蔬菜生产和品质产生了很大的影响。一方面，气候的变化会导致棚内温度、湿度以及光照等发生变化。大多数蔬菜均不耐热，温度、湿度、光照等如果超出蔬菜生长发育的适宜区间后，会使蔬菜生长环境变得不稳定，导致蔬菜细胞酶活性下降、细胞失水、蛋白凝固以及花粉发育不良，使植株生长瘦弱，茄果类以及豆类蔬菜落花落果、畸形果增加以提前枯败等现象。另一方面，气候变化会加剧极端天气的发生。由于气候的不稳定性，气候不断变暖，并且降水量、日照时数均呈下降趋势，降水量季节性差异大，极易引发高温干旱、洪涝、大风、寒潮等极端灾害性天气，这些极端灾害性天气均会对大棚蔬菜生产造成不良影响。蔬菜对水分要求特别高，高温干旱会导致蔬菜的光合作用下降，使其生长停滞，养分以及光合产物的运输会因为缺水而受到阻碍。洪涝灾害会导致菜园积水严重，导致设施蔬菜、设施瓜果滋生病菌。春季和冬季冷空气带来的大风天气也经常会给设施蔬菜带来严重影响，会导致设施大棚受到破坏，使蔬菜遭受冻害。寒潮降雪会造成温度的变化，特别是化雪使气温突然骤降，给设施大棚内的蔬菜生长造成极大影响，若温室大棚内达不到蔬菜瓜果生长的温度，会对蔬菜的花蕾期以及结果期造成无法挽回的损失。

(二) 市场风险

蔬菜是鲜嫩产品，市场价格瞬息万变，供求矛盾转化快，只有及时地收集、整理、发布产销价格和供求信息，才能实现对蔬菜生产的宏观指导。

一方面，河南省在市场信息收集、分析方面，蔬菜批发市场环境及信息服务发展不够完善。这会导致信息不灵、渠道不畅，市场对蔬菜生产的指导作用难以发挥，无法较好预测蔬菜市场产销趋势。另一方面，河南省蔬菜产业在产销环节的信息有效流通较差。农民与消费者之间的供求信息互动性不完善以及产品推广信息传播不到位。农民也缺乏对市场情况的基本认识，不了解消费者在需求什么，一些农作物本身也是非常受欢迎的，但由于市场信息的滞后性，无法让农户及时了解到，不能有效按照市场需求生产适销对路的优质产品。由蔬菜的生产具有周期性，供给量不能及时响应市场需求的变化，再加上市场信息不对称，农户的生产没有任何依据，从而导致蔬菜的生产有很大的不确定性。

（三）技术风险

大棚蔬菜产业是一个技术含量较高、知识面很广的行业，需要种植者有一定的文化基础知识，熟悉所种作物的生理特点，种植管理技能，以及怎样预防病虫害等。河南省大棚蔬菜种植农户主要是依靠几十年探索积累得来的栽培经验，缺乏系统性的蔬菜种植现代知识体系的培训，还面临年纪普遍较大和文化水平较低的问题，在新品种的引进、新技术的推广和新型肥料的运用等方面缺乏敢闯敢试的勇气，长期处于观望状态，特别是对蔬菜品种的改良和更新不敢尝试。智能蔬菜大棚以及蔬菜品种的推广并不是一蹴而就的，打开市场也需要时间，虽有些年轻菜农勇于大胆尝试，但总体来看，河南省大棚蔬菜种植业发展的步伐缓慢是一个不容忽视的问题。

三、外部风险对河南养殖业的影响

养殖业也是农业的重要组成部分之一，与种植业并列为农业生产的两大支柱。近年来，河南省畜禽养殖业发展保持稳中有进，畜禽出栏数量和畜产品产量稳中有增，稳产保供能力不断增强。然而，在发展过程中，畜禽行业也面临着一些由于外部风险产生的影响。本部分将以畜禽养殖业为例讲解外部风险对河南养殖业的影响。

（一）自然风险

气候变化对畜禽养殖业的发展的影响具体体现在两个方面，分别是气温的变化和极端天气的频现。

一方面，气温变化会影响畜禽的饱食度、生产周期以及患病的概率。首先，气温的升高使得畜禽的饱食度降低。在寒冷的天气下，畜禽必须多摄取能量来保持体温。通常，每升高 1℃，畜禽的饲料摄取量将会降低 3%～7%。其次，气温变化对于畜禽生长周期也有很大的影响。研究表明，在气温超过 30℃ 的环境中，家禽的生长速率会降低，并且有些鸟类停止孵化；在低于 20℃ 的环境中，畜禽的体重增长速度会减缓。最后，气温上升还会增加畜禽患病的风险。在气温超过 30℃ 的环境中，畜禽很容易受到热应激的影响，从而导致中暑和死亡。在气温升高的环境下，某些已存在的疾病的传播范围和传播速度扩大。例如，病媒昆虫温度适应性增强，从而使得它们可以扩大其传播范围，媒介生物更加活跃，虫媒性疾病的传播能力加强，对畜禽健康的危害加大，养殖成本提高。

另一方面，随着气候变化加剧，极端天气事件的频率和强度都将增加。暴雨、洪水、干旱等这些极端天气事件会对畜禽养殖业造成很大的负面影响。首先，暴雨和洪水会对畜禽养殖业带来各种问题。它们会对畜禽饮水和饲料产生污染，也会影响养殖场的安全和卫生。其次，高温也会影响畜禽的日常生产。当出现热浪时，畜禽将不能够及时得到足够的饮水和遮阴。最后，干旱则会导致畜禽的食物和饮用水供应不足，从而增加疾病传播的风险。

（二）市场风险

在国家以及地方政策倡导下，并受益于运输事业的快速发展，畜禽养殖业商品流通范围不断扩大，河南畜禽养殖业得到迅猛发展，而这也在一定程度上加剧了养殖专业户间的竞争，并加大市场风险。

畜禽养殖专业户面临着巨大的市场竞争压力。目前，消费者的需求日益多元化，畜禽养殖行业必须按照市场需求制定生产标准。肉类销售公司和肉类加工厂等一系列大型企业的产品价格、产品品质以及产品数量都是消费者选择的重要标准，其产品在市场中的需求是态度化的，并且市场呈现波动性发展趋势。一旦错失最佳的产品脱手时机，畜牧养殖户将会面临巨大的经济损失，需要畜禽养殖业在市场波动性发展中呈现出更强的抗风险能力。

（三）资源风险

随着城市化进程的加快，土地资源越来越紧张，养殖用地的供给不足以成为制约畜牧业发展的瓶颈。特别是在城市周边地区，养殖场面临着更加严峻的土地利用压力和环境约束。解决养殖用地紧缺问题，需要加强土地资源管理，合理规划养殖场位置，探索循环利用和集约化养殖方式。

（四）技术风险

随着现代化技术的不断发展，现代科学技术也被广泛应用到畜禽养殖业中，然而在运用技术的同时会产生风险。

首先是与动物疾病相关的风险。当前，畜禽养殖业动物疾病主要集中在普通疾病、寄生虫病、危害较大的传染病，养殖技术风险是受人为因素影响最大的风险种类之一，一般能够通过专业知识的学习或者养殖经验的积累，逐渐达到有效控制的结果，而对于缺乏专业技术知识的养殖户来说，如果不能掌握娴熟的疾病控制技术，不仅会造成养殖动物大量死亡，导致经济损失，还会因人畜共患病的传播，给人体健康带来危害。其次是引入外来优良品种是否能够顺利繁育的风险。在经济全球化的背景下，我国的畜禽养殖业也在不断地跟上国际步伐，引进了大量的国外优秀的品种，以提高畜禽的繁殖力和质量。但引进的畜禽产品，因产地卫生条件无法保障，致病菌不易确定，给养殖业带来安全隐患。有些优秀的品种引进我国后，可能会产生水土不服的情况，很难同国外那样培育出好的品种。最后是饲料的选择、疫苗的选用等带来的风险。对于饲料的选择，不仅要关注饲料产品本身的功能特点，也要关注饲料原料的种类与品质，根据养殖类型合理选择适合自身的饲料品种，而疫苗的选择相对来说更需要专业的眼光，要结合自身养殖的种类、养殖环境、地区气候等各因素综合选择疫苗种类。相对发达国家和其他省份来说，河南省还存在着饲料营养水平较低，产品结构不够科学的问题，个别地区还有着类似毒饲料这种严重问题。另外，由于疫苗的稳定性较差，很容易导致疫苗的免疫力降低，有些甚至会失效，给养殖户带来了很大的风险。

四、外部风险冲击下保障河南绿色食品原材料供应的应对思路

综上所述，各种外部风险导致河南农业领域存在诸多问题。保障河南省绿色食品原材料的有效供给，促进农业稳定有序地发展是一个很大的工程，涉及的主体多，关系复杂。

（一）切实转变农户理念

转变发展观念是发展农业的基础，是促进绿色农业生存和发展的必然环节，转变观念就是创新，创新观念的本质就是改变观念。若农户思想没有改变，无法促进蔬菜生产模式由粗放向集约化发展。

一方面，河南省政府要提高各级干部思想观念。加强各级干部对绿色农业发展重要性、必要性的认识，促进各级干部转变生产观念，让其了解现代农业的发展好处，努力在农村营造创新农业的浓厚氛围，从而引导农户积极尝试新技术、新品种和新型肥料，鼓励年轻人从事农业种植的士气，促进农业年轻化发展。

另一方面，政府要积极开展培训指导。一是要高度重视农户的教育和培训工作。各乡镇积极组织各种培训活动，邀请农业专家对口帮扶开展技术培训和绿色农业知识的讲解。选择专门技术人才深入农村基层，根据各乡镇农户的具体情况、各种植作物状况设定不同的培训方案，加强田间指导，手把

手解决种植难题，并抽调有种植经验的种植老户进行系统的培训，采取对口帮助、结对帮扶的形式，形成自上而下、全面覆盖的指导模式，不让任何一个农户掉队。二是组织农户外出参观学习。定期组织村级领导干部和农户到绿色农业发展发达地地区观光教学，从而真正走过去，开阔眼界、拓宽思维，学习先进的种植技术、经验和经营方式。参观学习结束后，各乡镇政府部门组织农户进行讨论，边交流，边思考，引导农户因地制宜，将学习到的知识充分发挥出来。

（二）制定科学的产量预测方法

农产品市场供需不平衡反复发生的现象是多种因素共同作用的结果。因此，保证农产品生产的有效供应，必须保证供求平衡。由于农产品是人们日常生活所需的，需求量的可调节性很小，而供给量是可以通过一些调控手段来进行调解的，使之和需求量相匹配，达到市场均衡，因此，制定科学的产量预测方法是非常有必要的。

科学地产量预测方法是保障市场供需平衡的关键。但由于农业市场信息严重不对称，仅仅预测出准确的产量是不够的，还要能将数据有效的运用到指导生产中。为了能够实现农业交易市场的均衡稳定，涉农各主体都要发挥其主观能动性。一方面，对于政府部门来说，要充分发挥政府部门统筹的职能作用。政府可以通过科学预测，确定未来一段时间所需的生产量，再通过信息平台登记反馈以及卫星地面监测系统，全面了解并掌握相关农产品品种的生产规模，然后根据需求产量预测信息初步判断未来农产品市场的供求状况，并及时进行相关干预。当某类农产品的实际生产规模过大，未来市场可能会出现供过于求时，应该及时在信息平台公布该类农产品现在的生产规模，以防止其他农业从业者盲目生产该类农产品，加重供给过剩的状况。当某类农产品的实际生产规模过小，未来交易市场可能会出现供给不足时，应该及时在信息平台公布该类农产品现有的生产规模以及未来预测所需的生产量，以此来指导农业从业者跟进生产，有效保障未来农业交易市场的有效供给，实现市场的供需平衡及稳定。另一方面，对农业生产者来说，要密切关注行业相关信息，配合政府和其他相关部门科学进行生产登记和合理生产。

（三）引进和培育绿色农业龙头企业

龙头企业是一个地区具有一定规模及带头作用的农业经营主体，除了规模效益以外，龙头企业有利于形成主导产业。首先，龙头企业会引领、主导绿色农业的发展方向。凭借着专业化的人才队伍、强大的创新能力和雄厚的资本实力等方面的优势，龙头企业更容易引起各项资源的聚集，有利于引领、主导绿色农业的发展方向。其次，龙头企业有利于发展特色农业。农业龙头企业为了农产品的品质及生产的技术规范，有效降低生产成本，会统一建设属于自己的种苗培育基地，而发展特色农业的关键就是建立基地。最后，龙头企业有利于技术人才的培养。为了提高企业自身的竞争力，生产出优质的品种，从根本上降低生产成本，龙头企业需要具备科学的育种、种植等生产技术，熟练掌握相关技术标准及运用规范。经过大量的专业培训和生产实践，其能够培养出大量具有经验丰富的农业专业技术人才，从而提高农业从业者的整体素质。

因此政府及企业自身应该采取一定的措施，形成合力，扶持和引进更多、更强的龙头企业。首先，政府要坚持"企业挣钱、地方致富"的双赢思想，以培育、引进龙头企业为重点。政府要健全社会服务体系，将各项农业服务常态化，在龙头企业发展的过程中，实行全程跟踪解决工作中的困难，确保从根本上服务。其次，减少龙头企业在发展壮大中的障碍，应尽量从土地、税收、资金等全方位扶持和便利。龙头企业发展壮大的根本是要靠技术创新和内部的管理。龙头企业想要持续稳健地发展，不仅需要良好的政策和外部环境，还需要依靠自身，不仅要主动与国家的政策战略对接，还要主动与国内外多样化策略对接，更要加大科研、推动创新，促进"产学研"三方的合作，积极推进技术和管理方面的创新，建立全产业链的发展模式，以适应河南省绿色农业的高品质要求。建立创新的管理制度，营造良好的企业文化，培育专业的业务技术骨干，争取用优厚的待遇和优良的环境吸引和留住更多的人才。最后，着力打造本土特色品牌，形成市场竞争优势；大力打造具有河南特色的品牌产品，保障供给的品质和质量，不断提升品牌在市场的影响力。

(四) 提高农业机械化，智能化，数字化的生产管理水平

当前，河南省的农业机械化水平仍然偏低，智能化、数字化的程度也不够高，农业生产与管理的机械化、智能化、数字化水平亟待提高。

第一，提高农业机械化程度。耕整的部分已基本实现机械化；部分灌溉、施肥、植物保护和环境调控已基本实现机械化，但栽植、收割和大棚内运输的机械化程度仍然很低。下一步要提高机械化程度。要提高机械化程度，具

体可从以下几个方面着手。一是对优势设施蔬菜的关键产区进行基础设施的更新改造,建立布局合理、机械化程度高的设施设备。二是要对设备进行更新升级,在温室中推广智能化物联网、水肥一体化、田园管理机等设备,使其达到更高的机械化和自动化程度,从而提高工人的劳动效率,减轻工人的劳动强度。三是要加速研究、推广小型农业机械,并将其列入农业机械补贴目录。

第二,提高农业智能化水平。一是推进农机农艺融合以及机械化信息化融合,同时也要将环境调控、电动运输和多功能操作平台等与温室建筑相结合,推动信息化和数字化与农业的充分结合,建立起一批物联网技术的示范和应用基地。二是要大力推进农业生产中的病虫害、作物养分的远程诊断、农业生产的远程监控与灾害预警的应用。三是在企业方面,将重点推进设施栽培设备的专用传感、自动作业、精确操作和智能作业管理等关键设备,并在生产过程中率先进行机械化和智能化的示范。

第三,构建完善的数字化管理系统。一是运用信息技术,构建包括农产品主要品种、产量、销售的大数据平台。二是运用大数据,对农产品生产信息和市场信息进行预测。三是通过大数据的应用,对灾害天气进行预警,对病虫害进行预警。四是运用信息技术,建立全过程的农产品质量可追溯系统。

(五) 加强土地保护

如今,河南农业面临耕地减少的压力,需要保障农产品的有效供给。

第一,政府要强化对土地的规划控制与使用控制。要统筹各种空间布局,合理划定"城镇""农业"和"生态"三大类用地,完善土地利用控制体系。要充分发挥国土空间规划的总体调控功能,严格控制建设用地尤其是高质量耕地。将新增建设用地指标与土地节约集约利用水平和补充耕地容量相结合,对规模较大、使用粗放且无法有效补充耕地的地区,适度减少建设用地规模。

第二,坚决保护永久基本农田。一旦确定永久基本农田,所有的单位或者个人都不可以对其进行侵占和变更。加强对各种建设用地的硬约束,明确不能占用永久基本农田的要求,普通的建设项目不能占用,而重大工程的选址确有困难的,在可行性研究中,要对占用的必要性、合理性以及补划方案的可行性等问题进行严密的论证,并按照规定的程序进行审批。

第三,节约集约用地,减轻建设用地对土地利用的压力。积极开发和利用已有的建设用地，推动各种存量建设用地的高效利用。大力推进对"僵尸企业"占用土地的处置进程，引导过剩产业转型，持续优化用地结构，实现土地的节约和集约利用。健全土地利用指标制度，标准化建设项目的节地评估，大力推广节地技术与模式的采用。

(六) 完善农业保险政策

近年来，自然灾害频发、价格波动等风险加剧，给河南粮食安全和社会经济全面可持续发展带来了隐忧。农业保险，作为一种重要的农业保障机制，可分散化解农业生产风险，保护农民的利益，保障主要农产品稳定供给，促进农业的持续发展。

第一，应当进一步大力推广普及农业保险，提高农业保险的知晓率和投保率。由政府、保险机构利用广播、电视以及新媒体等农户喜闻乐见的形式宣传和推广农业保险，利用基层农村农经站等基层组织与农户联系紧密的优势加以宣传报道、积极引导，帮助广大农户进一步强化风险意识和保险意识，激发农户的保险需求，提高农户参保积极性。

第二，保险公司应优化保险合约。应充分考虑农户的承受力，制定合理的保险费率，降低相对免赔比例，调整或取消分阶段赔付系数，才能真正吸引农户参与投保。同时还要改革赔付模式，将赔付条款进行细化，由区域性条款逐步转为差额式条款，加大互联网、大数据等新技术在保险领域的运用，进一步简化赔付流程，提高农业收入保险的理赔时效。

第三，政府应对农业保险提供大力支持。一是政府可以为农民提供一定比例的保费补贴，以降低保险费用，鼓励农民购买农业保险。二是政府和农民可以共同承担农业保险的风险。可以设立特殊基金来应对灾害性损失，并向农民提供补偿，以减轻其损失。三是政府可以设计并推广一些特殊的农业保险产品，以满足特定农业领域的需求，如蔬菜种植业、畜禽养殖业等。四是政府可以给予农业保险相关企业一定的税收优惠，以鼓励更多的保险公司进入全失业保险市场，并提供更多的保险产品。五是，政府可以通过向保险公司提供低息贷款等方式来支持农业保险的发展，以增加其资金流动性和支付能力。

总之，河南绿色农业面临着很多挑战，但是也有很多应对思路。政府和农民需要共同努力，采取更多的措施来保护农业资源，提高农业生产效率和质量，保障绿色食品的原材料供给，推动河南农业的可持续发展。

第二节　河南省食品生产加工环节的风险冲击及应对策略

一、绿色食品生产加工环节稳定性的理论分析

(一) 风险理论

风险指与损失相关的不确定性，具体包括风险是否发生的不确定性、风险何时发生的不确定性和风险发生后损失程度的不确定性。风险管理就是研究风险发生的规律，分析风险发生的原因，并尽力控制风险发生。风险管理主要遵循以下程序。一是风险识别，即在特定时期、空间和条件下，识别事物可能面临的潜在风险，并对分析风险发生的原因进行研判分析。二是风险评估，即风险评估的核心是利用收集到的数据来估算和预测风险发生的可能性和可能的损失。三是风险管理技术的选择，在选择风险管理技术时，我们应根据风险分析的数据来确定最佳的风险策略和措施，从而在最低的成本下获得最大程度的安全保障。四是对风险管理的成效进行评价，并对风险管理的技术成果进行深入地评价和调整，以进一步优化风险管理策略。

其中风险评估是风险管理程序的核心内容。这一方法不仅可以应用于企业的管理，而且可以应用于生产加工过程中的食品安全，对于我国的食品安全监管来说，也是一项非常有意义的工作，有利于实现早期发现和早期预防的目标。另外，风险评价还涉及食品安全问题的确定，风险特征的描述以及风险评估和风险管理的优先性。但是，目前我国尚未形成一套完善的食品生产、加工过程中的风险预警管理体系，并且其防控主要集中于事后的风险评估，而目前的监测体系尚不能有效地对其进行早期识别和预警。

(二) 计划行为理论

美国学者菲什宾（Fishbein）与艾奇森（Ajzen）于1975年以心理学为基础，提出了"理性行为"这一概念，用以研究个体的态度如何对行为产生重要的作用。理性行动论把人看作是一个理性的人，一定的现实行动是基于个人在理性思维的基础上结合外部因素而产生的。其中，行为意图是由行为的态度与主观的规范所决定的。

个人态度是指对某一行动所导致的后果的正面或负面情感的评估，是受外界因素的作用而产生的某种情感取向，其程度取决于个人对行动后果的信念；而主观规范则是一个人所处的情境中可以参照的一种基准信念，它决定着一个人的行为，即要不要去做某件事，这主要体现在采取行动时感受到的社会压力。例如，在竞争机制的大环境下，他人的劳动结果会对个体产生一种心理压力，如果个人也想要获得相同的结果，那么他们的行动意愿就会被主观准则所影响。行动意向是指一个人将自己的时间、精力与所要实施的实际行动意愿相结合的程度，它反映了实施某种行为的可能性与决心。这一理论指出，个体对于某一具体行为的意愿越高，其行为表现的预期也越精确。

一方面，行为的意愿与直接的行动是由行为控制所决定的。计划行为理论是在上位框架下，增加了新的影响变量。认知行为控制、行为态度、主观规范，行为意愿是该理论的主要构成要素。同时，计划行为理论主要从三个方面进行了探讨：分别是态度、主观规范和认知行为控制三个维度的相互作用。其中，认知行为控制指个体对机会与信息资源在执行行为时所感知到难易程度。通常，人们对激励或抑制行为的感知取决于内部和外在的因素，如个体拥有的知识、精力、时间以及成本等。

另一方面，行为意向是影响实际行为最直接的因素之一。认知行为控制不仅能够对实际行动执行产生间接作用，而且也可以产生直接影响，除此之外，其他因素都是间接对个体行为产生影响。与理性行为理论相比，计划行为理论可以更好地预测行为意向，更加直观地反映和解释消费者最终的购买行为，因此计划行为理论被广泛应用于态度和行为等研究中。

（三）HACCP全程监控体系

HACCP叫作危害分析和关键控制点，它是对食品安全危害予以甄别分析和控制的系统化方法。HACCP以"点"为主要控制目标，首先对食品安全生产全过程进行详细分析，然后挖掘出全过程中影响食品安全的几个关键控制点，最后有针对性对CCP点进行有效控制，实现保障食品安全的目的。传统的食品安全监控流程是通过"望、闻、切"的方法事后检测食品中可能存在的危害，一般包括对食品的统一观察和检测等方面。而HACCP管理体系则是将食品安全监控融入整个流通环节中，不仅包括事后检测，还包括事前、事中监测。因此，HACCP体系是一种能起到预防作用的风险管理体系，较传统方式而言，更能经济地、有效地保障食品的安全。

此外，HACCP指为了保证食品安全，评估食品采购、加工、仓储、运输以及销售整个过程中的各种可能性危害，并对各环节食品安全进行控制，它是一个全面的、系统的、连续性的食品安全预防和控制方法。HACCP 主要包含危害分析、确立 CCP 的监控程序以及纠正措施。首先，危害分析与预防控制措施是建立 HACCP 的首要计划。它是以 HACCP 原理为基础结合企业食品工艺特点和用途，对食品中存在的可能性危害进行全面评估，对安全控制方法进行深入分析。其次，企业应制定监控程序，并严格按照程序执行，在监控过程中确定生产加工过程和产成品特性是否达到关键限值。最后，当 CCP 的监控程序认为关键控制点超过关键限制范围时，应立即采取纠正措施。纠正措施一般包括两步。第一步是找出产品超过关键限制范围的原因，纠正和消除该偏离，同时对产品进行再加工控制。第二步是确定哪些产品偏离 CL 值，这些产品在哪个环节偏离 CL 值，并决定如何处理该类产品，同时记录该类产品的处理情况。

二、潜在风险对河南省绿色食品生产加工业冲击情况分析

潜在风险指需要预计且还未真正了解的一种风险，在不同的领域有着不同的潜在风险，而且采取的措施也是有所不同的。其具体可以理解为在某个条件、事物以及事件中所存在的不稳定并且影响到个人或者他人安全利益的因素，是一种潜藏着的因素。近几年，河南绿色食品加工业是未来食品产业发展的重要方向之一。通过市场规模的扩大、政策支持的加强、技术创新的推动、品牌建设的深入和消费观念的转变，河南绿色食品产业将迎来更广阔的发展空间。但是也存在一定的潜在风险。

（一）产品原材料对绿色食品加工业带来的风险

绿色食品有专门的认证标准，并且原材料达标是极其重要的一个认证条件。换句话来说就是原材料能够达到绿色食品加工原料的认证标准。但是，现阶段很多加工企业在发展绿色食品加工产品的过程中，经常会受到原材料供应、质量以及成本的牵制。

1. 原材料供应带来的风险

一方面，原材料不稳定会给食品加工业带来一定的风险。目前，现阶段有许多加工企业在发展绿色食品加工产品过程中，经常会受到上游初级农产品生产企业原料供应的牵制。例如，绿色食品证书有效期为 3 年，从通过认证获得证书当日算起，期满后生产企业必须重新提出认证申请，获得通过才

可以继续使用该标志，同时更改标志上的编号。对于河南的食品加工企业而言，需要有符合要求的种植基地或原料来源企业，至少能够为其提供3年的稳定原料供给。而在这个周期内，受经营、成本及价格等各方面因素的作用和影响，客观存在且时有发生的原料供应来源风险，即产品原料供应不够稳定，会对食品加工业带来一定的风险。

2. 原材料质量带来的风险

原材料质量存在问题也会对绿色食品加工业带来一定的风险。绿色食品的污染涉及食品从原料的种植、生长到收获、加工、贮存、运输、销售到食用前的整个过程的各个环节，在各个环节中都有可能被某些有毒有害物质进入食品导致食品的营养价值和质量降低而对人体产生不同程度的危害。对于加工环节来说，在食品加工过程中，从原料进厂到成品出厂，一般可分为原材料及辅材料处理、生产加工及产品包装等3个主要环节。这三个环节都可能对产品造成污染。首先是原料的污染。绿色食品加工的原材料包括农林制品、畜禽制品、水产品及加工用水等，在加工和储存过程中，容易携带有害物质、致病微生物或农药、重金属等有害物质，造成产品达不到绿色食品标准。其次是企业所处的地理环境及工厂对环境的影响。工厂周围有污染源，会对其生产过程产生污染。企业的车间布置、供排系统、卫生状况及管理体系是否科学、合理，都是防止污染的主要因素。再次是生产工艺设备造成的污染。在绿色食品的生产中，由于生产工艺的不连贯，或者各工序间的间隔太久，导致原料、半成品、成品长期处于大气环境中，从而对产品造成了更多的污染。生产设备的落后或不符合工艺技术需求，不能达到有效的温度和时间，或不合理的生产工艺技术，也会对产品产生污染。最后是化学合成添加剂使用不当造成的污染。食品添加剂指在食品中添加以提高其色泽、香味、风味、形状、营养等性能，并用于食品的防腐处理。在绿色食品生产过程中，添加物的安全问题成为人们关注的焦点。如果是含有"三致"（致癌、致畸、致突变）的产品，均不能满足绿色食品的标准。

（二）生产技术水平对绿色食品加工业带来的风险

随着经济不断发展、老龄化程度加深，消费者的消费行为也逐渐开始发生变化。如今，越来越多的消费者把绿色健康放在首位。据调查显示，由于我国居民对健康的关注度显著提升，再加上对增强体质和补充膳食营养的需要，所以绿色健康类产品领域消费快速增长。因此，这推动省内绿色食品加工企业的涌现。但是绿色食品要求实施"环境有监测、生产有规程、产品有检验、包装有标识"的标准化生产模式，对产品的加工技术有着严格的要求。但是，这可能忽略了绿色食品加工技术尚未完全成熟，以及对产品食用者造成的影响。因此，这可能会对绿色食品加工业的未来发展造成一定的冲击。

由于需要投入高标准的原料、辅料、添加剂等，所以企业加工产品的成本也相对增加，而各个企业的生产技术水平参差不齐，部分加工产品的技术在短期内难以实现较大幅度提升，因此不能有效保证和提高产品的质量，所以制约了绿色食品加工产品行业的快速发展。同时，绿色食品加工技术研究开发和推广力度薄弱，很多高新技术成果难以适应产品初加工和深加工，并且很难运用于生产。因此，绿色食品加工产品缺乏强劲的科技推动力。这可能会对绿色食品加工业的发展造成一定的冲击。

(三) 监管问题对绿色食品生产加工业带来的风险

一方面，由于绿色食品加工生产过程涉及许多环节，所以很难对所有环节一一覆盖。目前我国绿色食品的生产质量标准体系较为完善，所以河南作为我国的一个省份，其生产质量标准体系相对来说也较为完善，但是绿色食品加工产品的形成是由原料生产、采购、加工、包装、贮存、运输、销售等多个环节，所以很难完全做到建立起一一对应的绿色食品质量管理体系，并将所有环节一一覆盖，并且使产品达到绿色食品标准。因此，由于监管很难全面覆盖所有环节，所以最终可能会对绿色食品生产加工业造成一定的冲击。

另一方面，由于存在信息不对称问题，所以还有很多企业的绿色产品由于成功通过认证后，存在一定的侥幸心理，因此放松了对生产的管理和产品的提升，最终使质量低于标准而成为不合格产品。另外，绿色食品的监管涉及多个部门，在对加工企业生产全过程和产品质量的长期监督中存在关系不协调、管控不严等问题，直接削弱了对过期商标、假冒伪劣产品、侵权等行为的打击力度。

(四) 外部竞争对绿色食品加工业带来的风险

由于绿色食品加工产品的生产标准比普通产品要高，自身具有较好的附加值，所以销售价格也比普通产品贵，其主要面对具有消费实力的中高端人群，具有良好的市场发展前景。但纵观市场发现，河南的很多绿色食品加工产品的包装都过于简单，同类产品参差不齐，没有突出的标识，认知度不高。企业在生产销售绿色食品加工产品时，品牌意识不强，没有积极地、及时地树立起自身品牌，使产品展示不知名，企业品牌不出名，无法充分发挥出产品的品牌价值，无法形成良好的市场竞争力，失去了产品自身具备的优势。另外，河南的企业还应该维护好自身的品牌形象，真正落实好企业标准化生产，严防严控产品质量安全，规范使用绿色食品标志，不做违法违规行为，损害自身形象。

三、河南省绿色食品生产加工环节的风险应对机制分析

（一）稳定原材料供应

为保证绿色食品加工产品的稳步发展，需要优先做好原材料供应。而影响原材料供应稳定的最大问题是供给需求的不平衡。

第一，可以继续加大河南绿色食品标准化生产基地的建设。加大基地建设可以扩大建设规模，从而突破原材料短缺、供应不足的瓶颈问题。生产基地是绿色食品加工产业的源头，也是监控管理的起点，因此有必要建造一批高标准、高规模的生产基地，形成基地与企业相互促进的良性循环。

第二，建设过程中需对原材料进行系统分类。这样有利于有针对性的建设培养，从而形成多种类型的原材料供给，以满足不同地区、不同加工企业的需求问题，避免再出现原材料距离加工企业太远，造成运输线长、成本高的问题。

第三，加强生产企业的建设推广。对于某类原材料供给过量、生产加工能力不足的情况，需要加强生产企业的建设推广，消耗过量原材料，积极推进绿色食品的深加工和精加工提升其附加值，创造更好的经济效益。

（二）进行技术创新，提升绿色食品生产技术

随着绿色食品加工企业的增多，市场竞争也越来越激烈，河南省要想在未来市场占据更大的份额则需要更稳定、更优质的产品。质量是产品的生命，而技术是一切产品质量的终极决定因素，产品质量的提升离不开生产技术的创新发展。新时期的消费者要求食品更安全、更健康、更便捷、更营养，这也是绿色食品加工产品未来的发展方向，消费观念的转变促进生产方式的转变。

对加工企业而言，生产技术升级需要资金的支持、科研的支撑，为了更好地适应绿色食品加工产品的发展需求，需要增加人力、物力、财力等的投入，运用先进的工业化生产手段实现产品的精致加工，不断提高产品的生产

能力和效率，以高质量产品赢得更强的市场竞争力。

此外，河南省加工企业还可以和外省科研机构、大专院校等进行技术联合，促进科研实践和生产开发的有机结合，推动绿色食品加工产品生产技术的革新和有效应用，打破传统农业生产工艺壁垒，实现现代先进科技的融合。

（三）完善质量监管体系

绿色食品加工产品生产环节多，加工工艺繁杂，现在的质量管理体系存在许多监管盲区，而进一步完善质量管理体系是一个长远的工作目标，需要结合河南省的实际情况进行不断的摸索、改进和建立。可以尝试将绿色食品技术引入企业自有体系中，使绿色食品的监管更切合加工企业自身特点。针对加工产品设立明确的关键控制点，从点到面实现产品体系的全面推广和全程管控。

由于绿色食品的发展需要良好的监管机制来保障，因此需要加强基地、原料、企业、产品等多方面的管控，建立可追溯的监测体系，强化企业获得认证后的全程监督。源头上强调农资准入原则，生产中严格执行标准以规范绿色食品的加工，销售中加强绿色食品知识的宣传，进行品牌信用监督，实行责任制度保障市场秩序，维护河南省绿色食品的良好形象。

（四）发挥品牌效应，培育龙头企业

绿色食品品牌价值是绿色食品的核心竞争力，是河南企业产品价值区别于外省同类产品的标志体现，差异化价值的竞争优势是品牌价值的关键体现。因此，企业需要充分挖掘自身产品的优势，并与绿色食品标志有机融合，塑造河南企业自己的强势品牌，扩大销量，开拓市场，加大宣传力度、提升产品认知度和公信力，充分把握品牌发展的机会，运用各种宣传手段引导消费者认识个人品牌，发挥绿色食品品牌效应，提高企业影响力，为企业赢得更好的发展条件。

此外，一个绿色食品加工企业的建立，面临着厂房、原料、加工技术、资金、市场销售等等诸多问题，政府部门的扶持是解决企业发展基础脆弱的有力措施，也是促进企业快速健康发展的有力保障。一方面，政府应该加大资金扶持力度，在财政预算中适当增加绿色食品预算资金，用于绿色食品加工企业的资金奖励、政策补贴以及税收减免等，提高企业的积极性。另一方面，政府可以给予适度的政策倾斜和项目支持，助力于解决加工企业与基地原料、生产劳动力、工艺技术合作等各方面的矛盾，因地制宜采取多样化的形式解决困难，营造一个良好的绿色食品加工产业环境。

而龙头企业连接市场和基地，竞争实力强，能起到良好的领头带动作用，突破产业化制约瓶颈。因此，需要重点扶持一些规模大、产品开发技术水平高、具有品牌优势、市场潜力大的加工销售企业，培育出绿色食品行业的龙头企业，带领更多的绿色食品企业向前发展。另外，可以通过多种入股形式，打破界限发展联合模式，组建河南省绿色食品加工集团企业，带动区域地方经济，促进当地产品类型的多样化。

第三节　河南省食品流通领域的风险冲击与风险控制

一、食品流通领域风险的风险来源分析

食品安全问题又一次引起了广大人民群众的高度关注，确保国内市场的食品安全对于维护人民身体健康，维护社会稳定具有十分重要的意义。绝大部分的食物都是经过流通环节的，流通环节就是食物由生产者流向消费者的整个过程。在这一过程中，许多问题都可能在此环节中暴露并且在追溯时十分困难，这极大地增加了食品安全监管的难度。流通领域是国家食品安全监管的一个重要组成部分，开展流通过程中的风险评估，对于提升我国的整体食品安全水平具有十分重要的意义。河南省在食品流通领域主要有以下风险来源。

（一）源头风险

在流通环节中，原材料的控制非常重要。有些经营者以利润为第一追求目的，千方百计地放松了产品出厂前的检测，或未经法定程序进入流通环节，导致不合格的食品流入市场，从而危害到消费者的身体健康。在流通过程中，由于野生动物自身所携带的有害微生物所引起的食品安全问题，因此被归类为"源头危险"。由于野生动物的生物特征与生存环境复杂，在脱离生存环境后进入加工、收购、销售、出口、交易等各类流通环节，所以治理难度更大，涉及面更广。当前，河南境内出现了大量的非法猎捕、倒卖、食用野生动物等违法行为，一些农贸市场、花鸟鱼虫市场、宠物店等地方，是野生动物非法流入流通领域的关键节点，也是野生动物"地下交易"的温床。不法分子故意绕开合法的程序，使猎捕、收购许可证的野生动物，如蝙蝠、果子狸、

穿山甲等进入流通领域，消费者食用这些可能携带未知病毒的野生动物势必将产生严重后果，公众的生命、健康安全，以及相关经济和社会安全将受到巨大威胁。

此外，河南一些小作坊生产的"三无"食品，其外表看起来和正常的产品并没有什么区别，但是却缺少生产日期、质量合格证（或生产许可证）和生产厂家的名字，所以很难实现对食品的可追溯，无法对危险的源头进行有效的控制，也无法为消费者提供风险预警，这给食品安全监督带来了很大的难度。在食品流通环节中，食品经营许可证是第一道防线，也是食品市场准入审批的第一道防线，如果工作不到位，也会极大地提高食品流通许可的风险。

（二）包装风险

在食物加工过程中，与食物直接接触的材料、产品都可能产生食品安全问题，而消费者往往忽略了这一点。在包装设计中，存在着三个方面的风险。

第一，包装材料的风险。在流通的全过程中，包装容器都是和食物紧密接触的。如果包装材料不合格，不仅无法对食物进行有效地保护，而且还会释放出一些有毒、有害的物质，这些物质会向食物中转移，从而导致食物表面发生污损，给人们带来更大的健康风险。

第二，储存容器的风险。由于操作人员难以定期和及时地对贮藏柜进行全面地清洗，因此在一定程度上也会对食物造成污染。

第三，磨损带来的风险。在物流运输过程中，食品包装不可避免地存在着一定的损耗，如果包装不合格，就会发生食品直接暴露在外部环境中的情况，此时外包装已经不能起到对食品的保护作用，而且会使食品受到更大的化学污染，造成食品的腐败和变质。

（三）运输储存风险

在食品行业中，食品出厂后的运输、储藏、物流等环节均属于流通领域。在这些环节中，若因装卸操作不当、装载方式不合理储藏环境不达标等因素造成的食品安全问题均属于流通领域的食品安全风险。在食品仓储运输过程中，每种食品都有其特定的保存方式，如常温保存、低温保存、冷冻保存等，若在流通阶段受到物流公司资金问题、技术问题等的影响，没有按照其要求的条件保存使食品中的致病菌大量繁殖，易导致食品在运输储存过程中出现污损或腐败变质现象。

第一，生物污染。主要包括食品腐败变质。米面制品、淀粉及其制品是老百姓日常生活中的主食。高温高湿的天气环境，较容易使新鲜制作的米面制品、淀粉及其制品产生蜡样芽孢杆菌等致病菌，引发食物中毒。

第二，化学污染物污染。主要包括甲醛污染。甲醛作为一种具有生物毒性的物质，能够与细胞亲核物质发生化学反应，引起 DNA 损伤，从而影响人体的嗅觉、肺功能、肝功能和免疫功能。《中华人民共和国食品安全法》明确禁止在食物中使用甲醛及其衍生物。由于甲醛能破坏蛋白质，起到防腐、杀菌的作用，所以有些商家向水产品中加入一定浓度的甲醛，或使用甲醛溶液对食品加工设备进行消毒，以延长其储存时间，这对人们健康造成了极大的危害。

（四）销售风险

过期或已变质的食品在流通过程中较为普遍。对于经营者而言，要确保所有的商品都不会过期，要求经营者对其进行常态化的规范化管理。保质期问题在不同的营业地点出现的可能性是不一样的。一般而言，为了将食物保质期问题带来的经济损失降到最低，大型超市、连锁店、批发市场等食品流通数量相当巨大的销售场所都会有专门的工作人员对产品的保质期进行科学的管理，按照"先进先出"的原则来接收和出售货物，并对每一种食物的保质期进行定期检查，一旦发现过期食品，便立即从货架上撤下并上报有关负责部门。这种规范化的制度管理从一定程度上可以降低出现过期食品的风险。但是对一些个体零售店以及流动商摊来说，由于经营者缺乏食品安全相关的科学知识和系统性的培训，所以法律意识、道德意识较为淡薄，因此很容易出现在进货时不认真履行法定进货查验义务，不重视商品的商标、厂名厂址、生产日期及合格证等内容，或者不注意食品的科学摆放等现象，从而大大增加了食品安全风险。

二、食品流通领域风险评估模型的构建

基于风险分析与风险管理的基础上，科学评估食品安全风险有助于加强食品流通过程中的安全监督。目前，对食品安全风险的评估已有很多种方式，主要有成分分析，主观评价法，矩阵分析法等。在确定风险评估模式时，应以实施的难度为重点，并综合考虑其适用性和可行性。然而，食品流通过程中存在着诸多风险因素，并且具有风险源多、动态性强、可溯源性差等特点，给风险评估带来了许多困难。而风险矩阵可以把数学统计和专家的经验判断

有机地结合在一起，从而实现了风险的可视化，有利于对风险进行综合性评估。风险矩阵的执行流程为：通过构建风险指标体系，对风险的严重程度、风险发生的概率范围进行评价，并将这两个参数分配给风险矩阵，使不同的风险因素落入对应的区域，再由专家的经验判断来确定风险水平，并将对应的风险程度用不同的颜色来表达，从而达到对食品安全风险的评价。食品流通风险分析模型构建流程如图 8-5 所示。

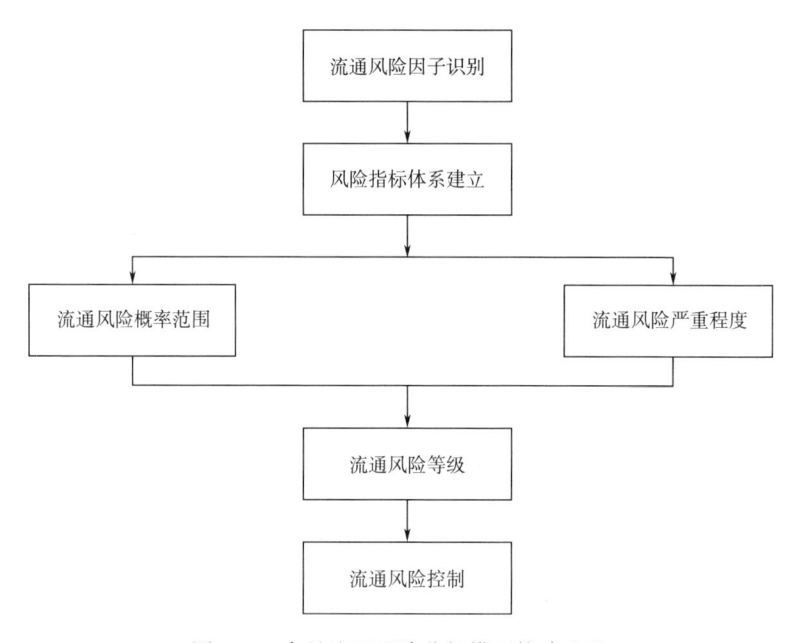

图 8-5 食品流通风险分析模型构建流程

第一，风险指标体系的建立。风险矩阵法模型的建立是在风险定义的基础上，建立一个横轴为风险严重程度，纵轴为风险发生概率的二维矩阵模型来确定风险值，其表达式为：

$$Z_i = F(X_i, Y_i) = X_i \times Y_i$$

式中：Z_i 为第 i 项指标的风险值；X_i 为第 i 项危害指标发生后对应的严重性；Y_i 为第 i 项危害指标发生的可能性。

第二，对风险影响的严重程度、风险发生的概率范围进行评定。该模型主要针对食品流通领域的风险进行监测，但由于食品流通风险具有动态性，在运输销售过程中的风险因素多，并且风险来源渠道多，所以较难识别。根据食品安全问题发生的概率范围判定，可参考不同源头的信息，其中政府监管中采集的数据是较为可靠的。在确定风险严重程度时，需要遵循的前提是食品经出厂时的检验是否是合格的,即排除了食品生产环节的风险,只考虑食品经物流、销售到达消费者的过程,具体标准见表8-1。

表8-1 风险严重程度

风险严重程度	具体表现
可忽略	不会产生影响和危害
微小	致人不适,经自行处理可恢复
一般	致人患病,经医院治疗短期可恢复患病
严重	致人严重急性中毒或致畸、致癌等严重慢性伤害
关键	致人死亡,致群体急性中毒事件

第三,对食品安全风险的评估。根据以上判定,组成专家小组,并且将食品安全风险评估所需的相关信息提供给各位专家,运用德尔菲法对食品流通风险项目发生的概率范围与严重程度进行至少三轮的研判,并求出各位专家研判结果的平均值,以确定风险等级,如表8-2所示。在流通环节,将所建立的模型应用于各类食品的风险等级划分,并按风险等级高低依次进行监测,对高风险的食品实行严格的监控审查、专项监测、拉网式排查,对中风险的食品实施常规监测,对低风险的食品可以降低监测频次,甚至在一段时期内不进行监测。在此基础上,建立既有针对性又有弹性的监督机制,这样既能避免对中低风险食品的过度监控,又能对高风险食品进行有力监控,有效减少了监督成本,提升了监督效率。

表8-2 风险评估

风险概率范围	风险严重程度				
	可忽略	微小	一般	严重	关键
0%~10%	低	低	低	中	中
11%~40%	低	低	中	中	高
41%~60%	低	中	中	中	高
61%~90%	中	中	中	中	高
91%~100%	中	高	高	高	高

三、河南省食品流通领域的风险控制策略

在分析各类食品的流通风险时,必须先确定其风险源。根据危害的种类

来看,风险源可以划分为物理、生物和化学三大类。就其所涉及的各个环节而言,可分为原料、包装、运输、储存、销售等方面的风险。在此基础上,结合河南的具体情况,制定出既有针对性又有弹性的监管对策,使其发挥出最准确、最有效的监管效果。针对食品流通中常见的流通风险,可以采用如下的风险控制方法,来减少风险的发生概率,从而使食品流通过程中的安全得到更好的保障。

(一) 加强流通领域安全监管降低源头风险和包装风险

食品流通领域涉及风险点多面广,单凭生产者经营自律难以达到很好的控制效果。对于流通企业应采取更为严格食品安全监督检查,严格实行不合格食品的退市、召回、销毁、公布制度。食品流通中所涉及风险面广,仅靠生产经营者的自律很难取得良好的治理效果。对流通企业来说,要加大对食品安全的监管力度,对不符合要求的产品,要严格执行退市、召回、销毁和公告制度。

一是建立以生产经营主体自律、政府监管、行业自律有机结合的流通环节食品质量安全防控体系。二是构建食品安全风险防控责任链,防范区域性和系统性的食品安全风险,对食品流通许可证进行严格控制,对食品生产企业进行日常监督,全面控制。三各地要结合实际,对风险点进行科学、准确地分类,监管机构要结合风险分级,做好关键地区、关键企业、关键环节、关键产品等的风险防控、隐患排查和专项整治工作。河南省工商行政管理局、林业局等相关部门要加强对超市、串店、饭店、土特产店等重要场所的野生动物买卖和销售工作进行全面排查,并敦促经营单位按照法律法规开展经营活动,把食品流通中的风险降到最低。

(二) 确保物流信息化,重视冷链运输以保障运输储存食品安全

在食品流通过程中,由于其复杂多变、动态多变的特点,所以保证物流的信息化、全过程的可追溯性,可以有效地减少监督的难度,实现食品加工与流通系统的标准化。并且借助信息科技,将互联网与物联网相结合,通过GPS追踪控制系统等可视化的监测管理方式,对食物进行实时的定位、温度等数据,从而达到对食物进行全过程的可追溯。同时,还可以利用物联网平台,对存在质量安全问题的食物进行及时的处置,避免对其他食物的污染。在制定食品的运输和保管制度时,应对物流从业人员进行上岗前的培训,以防止货物在运输过程中发生损坏,造成的安全隐患。

随着生鲜宅配等新零售模式的逐步成熟，国内的冷链物流还需要进一步提升。应用现代农业物联网技术，通过集成多种无线传感器和食品流通管理系统，实现对食品质量的实时监测，及时发现食品的腐败和污损，从而保证冷链食品的安全性。通过冷链物流的储藏保鲜手段，实时监控生鲜果蔬，乳制品等食品的温度、湿度等，让它处在一个最优的时期，不会发生腐败，也不会受到病原菌的侵袭。在流通过程中，对新鲜食物的代谢过程进行实时监测，并依据设定的数据对其进行保鲜。

（三）加强食品供应链体系建设，提升流通效率

在食品加工业中，供应链管理是确保产品质量与安全、提升效率与竞争力的关键因素之一。建立可靠地供应链对于食品加工企业来说至关重要。通过建立供应商评估体系、建立供应链信息共享平台、建立风险管理机制以及加强供应链可持续发展，企业可以提高供应链的可靠性与效率，从而迎接市场需求与挑战。同时，建立可靠地供应链可以帮助企业降低成本、提高生产效率，同时也能够满足消费者对食品安全与可持续性的需求。为了帮助食品加工业建立可靠的供应链，主要有以下四种方法。

第一，建立供应商评估体系。建立供应商评估体系是确保供应链可靠性的第一步。企业可以制定一套供应商评估标准，对潜在的供应商进行全面的考察与评估。评估内容可以包括供应商的资质与证书、质量管理体系生产能力与设备状况等。同时，企业还可以考虑供应商的社会责任与可持续发展情况，如环境保护措施和劳工权益保护。

第二，建立供应链信息共享平台。供应链的高效运作需要各个环节之间的信息流畅共享。建立供应链信息共享平台可以帮助企业与供应商、物流公司等各方及时、准确地共享信息，从而提高供应链的可靠性与效率。这样的平台可以包括供应商订单管理、库存管理、产品追溯等功能，同时还能够提供实时监控与分析的能力，帮助企业及时发现问题与风险。

第三，建立风险管理机制。在食品行业中，供应链面临着许多潜在的风险与不确定性，如原材料供应中断、产品质量问题等。为了应对这些风险，企业需要建立一套有效的供应链风险管理机制。这包括对供应链各环节的风险进行评估与分析，制定相应的防范措施与应急预案。同时，企业还可以与供应商建立稳定的合作关系，共同应对风险与挑战。

第四，加强供应链可持续发展。在食品加工业中，可持续性已经成为企业发展的重要议题。建立可靠地供应链需要考虑环境保护、劳工权益、社区

责任等因素。企业可以选择与符合可持续标准的供应商合作，推动整个供应链的可持续发展。此外，企业还可以提供培训与支持，帮助供应商提升环保与社会责任管理水平。

（四）加强企业安全信用保障体系建设

食品企业要保持良好的企业形象，需要建立正规的安全信用体系，包括快速监测技术系统、监管宣传和举报网络系统等，从组织管理模式和制度规范的建设入手，提升消费者对品牌的信任度，这样才能对食品企业的长远发展有利。

一方面，企业要时刻提醒自己注意安全管理，在防止食品安全事件发生概率的同时，加强品牌建设体系建设。对食品的供货商、中间商、销售者都要建立诚信档案，做好食品的进出记录，对进入诚信体系黑名单的食品的运输和销售，要采取严厉的惩处措施。

另一方面，加强对企业的信用管理，提高企业面向市场的资信水平。信用管理的内部约束机制激励机制市场机制加以强化，在法律框架内，按照规范、有序、不搞重复建设的原则，有步骤地培育以企业为主体、服务全社会的社会化信用体系，充分发挥银行系统信用评价登记制度、企业信用担保制度、工商登记年检、企业信用标准制度、企业信用状况评价制度、企业信用风险防范制度、企业信用信息披露制度的作用，不断转变政府职能，制定和完善相应的法律法规，为提升企业整体信用水平创造有利条件。

第四节 河南省食品安全监管风险应对策略

一、食品安全监管体系的历史沿革

（一）食品安全监管体系的历史沿革

2018年3月，根据第十三届全国人民代表大会第一次会议批准的国务院机构改革方案，方案提出，将国家工商行政管理总局的职责，国家质量监督检验检疫总局的职责，国家食品药品监督管理总局的职责，国家发展和改革委员会的价格监督检查与反垄断执法职责，商务部的经营者集中反垄断执法以及国务院反垄断委员会办公室等职责整合，组建国家市场监督管理总局，作为国务院直属机构。

（二）河南省食品安全监管机制

2018年11月29日，河南省市场监督管理局也正式成立，过去的监管模式下各个监管环节脱节的情况得以改善，构建了统一、有序的市场监管体系。

近年来，河南省牢固树立以人民为中心的发展思想，高度重视食品安全工作，不断健全工作机制，创新监管方式，加大工作力度，针对评估中存在的问题，尽快出台整改计划，切实贯彻落实各项工作措施，确保广大群众的食品安全。2022年，河南省各级、各部门认真落实"四个最严"要求，全面实施食品安全战略，开展系列治理行动，严防严管严控风险隐患，全年未发生较大以上重大食品安全事故，食品安全评价性抽检合格率达到99%，食品安全群众满意度提高到82.1%，保持了全省食品安全稳中向好的态势。国务院食品安全委员会对2022年食品安全工作评议考核结果进行通报，河南省以A级等次通过考核，已多年位居全国前列。由河南省市场监督管理局官网可知，河南省具体食品安全监管机制如下。

1. 食品安全抽检监测管理方法

每年依据河南省全省食品安全现状及社会关注热点，结合国家年度抽检监测计划，坚持问题导向原则，制订科学合理、切实可行的河南省年度抽检监测计划。抽样工作可委托食品药品监管部门或具有法定检验资质的食品检验机构承担。抽样单位应建立食品抽样管理制度，明确岗位职责、抽样流程和工作纪律，按计划负责抽样工作。抽样人员发现食品生产经营者存在违法行为、生产经营的食品及原料没有合法来源或者无正当理由拒绝接受抽样的，应当报告当地食品安全监督管理部门进行处理。检验任务一般应由系统内获得食品法定资质的检验机构承担。承检机构应实施盲样检验检测，检验检测需严格按照国家总局有关规定和检验规程执行，严格按照指定的检验项目、检验方法、判定标准和技术规范等实施检测和结果判定，不得随意更换方法，确保工作质量和进度，按时完成检验任务。如果检测出可能对身体健康和生命安全造成严重危害的和存在非法添加的不合格食品、问题食品，分别由食品生产、流通、餐饮监管处按职责分工指导、督促具体监管部门依法开展核查处置工作。河南省监督管理局也建立了抽检监测信息化平台和数据库，实现省、市、县数据对接、信息共享。

2. 校园食品安全监管机制

市场监管部门加强对校园周边食品安全的监督管理。一是要加强对学校食堂、学校食堂和学校周围的小吃店等的监管。主要对食品经营者的食品生产许可证、从业人员的健康证、销售、储存、使用的"三无食品"、过期食品、腐败变质的食品、学校和幼儿园不能供应的食物种类等进行检查。二是要严肃查处校内和校外的一些违反规定的食品安全问题,对没有取得营业执照的学校周围开展的食品生产和经营活动进行严厉的查处。三是在收到可疑食品污染的举报后,按照法律规定及时进行调查和处理。四是加强刑事和行政执法的衔接,将涉嫌违法的食品安全案件及时移交给公安部门。

教育行政主管部门要指导和监督学校落实校长负责制。一是指导和督促学校建立和完善学校的食品安全管理体系。二是督促学校加强日常的食品安全工作,实行集中用餐陪餐制度,实行集中用餐信息公示制度,推行"明厨亮灶"。三是要引导、督促学校加强对食品安全的预防与控制,增强学生的预防意识与能力;对食品安全问题进行经常性的检查和整改,及时排除各类安全隐患。四是要求学校一旦发现可疑食品污染事故,要第一时间向当地市场监督管理和卫生健康部门汇报,并与有关部门进行合作。五是在校园内出现食品安全事件,对有关人员予以警告或记过的;情节严重的,降职、免职甚至予以辞退;涉嫌犯罪的,移交司法部门。

3. 网络订餐食品安全监管机制

县级以上食药监管局负责对入网餐饮企业的经营许可、订餐行为、第三方平台和第三方物流企业的配送行为进行监管。在第三方平台上发生的订餐违法行为,如果第三方平台与入网餐饮企业所在地区不同,第一个得到违法信息的,应当立即通知有管辖权的县级以上食品药品监督管理部门予以查处。食药监管局、电信部门要建立起一种长效的联系机制。对于属于互联网订餐平台的经营者,如果违反法律法规规定,需要撤销经营许可的,应立即将该行为转至电信主管部门。对于入网餐饮服务食品经营者或者第三方平台存在涉嫌变造、伪造许可证及其他涉嫌犯罪行为的,刑事司法衔接食品药品监督管理部门应当根据《食品药品行政执法与刑事司法衔接工作办法》规定,及时移送公安机关,并抄送同级人民检察院。食品药品监督管理部门应当将网络订餐经营列入每年的抽检计划,并根据《河南省监督抽检管理办法》对其进行检查。

4. 农村集体聚餐食品安全监管机制

省政府食品安全办、省食品药品监督管理局负责制定全省农村集体聚餐食品安全管理工作指导意见,明确农村集体聚餐食品安全管理工作的相关内容及要求,积极推动和规范农村集体聚餐食品安全管理工作。

省辖市、省直管县（市）政府食品安全办、食品药品监督管理局制定本辖区农村集体聚餐食品安全管理办法或实施方案，进一步明确农村集体聚餐活动的厨师管理、环境与设施、食品采购和贮存、加工过程控制、清洗消毒等基本要求。

县（市、区）政府食品安全办、食品药品监督管理局落实农村集体聚餐食品安全管理工作的具体措施，负责农村集体聚餐食品安全宣传教育，农村食品安全协管员、信息员和农村聚餐厨师食品安全知识培训。

乡镇政府（街道办事处）食品安全管理机构负责本辖区农村集体聚餐信息收集、报告、备案工作，农村集体聚餐食品安全宣传教育工作，农村食品安全协管员、信息员以及农村聚餐厨师的建档与管理，按要求进行现场指导以及协助处置集体聚餐食品安全突发事件。

5. 食用农产品集中交易市场食品安全监管机制

食用农产品集中交易市场开办者应当建立完善的食品安全监管体系：入场审查制度，保证销售者资质符合相关法律规定，记录入场经营者信息；市场准入制度，加强审核查验，保证进入市场的食用农产品符合准入条件要求；日常检查制度，检查销售者的销售环境、条件、行为是否符合法律法规要求；检验检测制度，开展检验检测工作，及时公布检测信息；报告制度，发现食用农产品质量安全问题及时向当地食品药品监督管理部门报告；问题食用农产品处置制度，对市场上出售的未达到食品安全标准或有证据表明对人类健康构成威胁的食品进行处理。

市场应设置食品安全管理机构，配备食品安全员。食品安全员应履行职责，负责市场日常巡查和管理工作；组织开展食用农产品质量安全管理相关知识培训、宣传；应急处置食用农产品安全突发事件；统计市场交易情况；配合食品药品监督管理部门，开展食用农产品安全管理工作。

二、产业升级背景下河南省食品安全监管的新问题与挑战

现如今，食品安全不仅单纯强调安全，而是要兼顾安全与高质量发展。河南省食品产业正在快速发展，虽然安全性标准治理体系已逐渐完善，检验检测技术能力不断提升，整个过程治理体系基本形成，重要食物安全经营风险得以合理控制，广大社会群众食品安全性得以合理保证，食物安全形势不断好转。但是，在监管目标从单纯强调安全到安全与高质量发展并重的过程中，仍然面对着许多挑战和难题。

（一）茶饮行业食品安全问题频发

目前，现制现售奶茶、果蔬汁等饮品深受广大消费者喜爱，"网红奶茶店""网红果汁店"等饮品店不断涌现，新式茶饮行业发展迅速，但也随之暴露出许多食品安全问题。

一方面，近年来，奶茶中喝出异物、饮品制作环境脏乱差、食品操作流程不规范等问题频发。例如，2021年5月，监管机构对蜜雪冰城在河南地区的1791家分店进行了一次检查，其中35家被责令限期改正，3家被勒令停业，9家被下达了行政处罚的决定。2021年下半年，奈雪的茶三次因食品安全问题被监管部门处罚，涉及生产操作违规、菌落总数超标、产品标注虚假生产日期、保质期或超过保质期等问题，合计被罚15.5万元。2022年5月，郑州的益禾堂中牟白沙店、新郑苑陵中学店、长葛文化路店被曝均存在更换食品标签、使用过期原料问题。部分新茶饮品牌频频出现食品安全问题，将会对该行业的发展产生不利影响。

另一方面，部门茶饮加盟店为了进一步降低成本，追求更高的利益，食品经营条件不符合食品安全要求，然而许多茶饮品牌加盟店众多，分布在不同地区，所以对加盟店的监督和管理也存在较大的难度。食品安全问题对新茶饮行业高质量发展至关重要，这就需要不断加大对茶饮行业的监管力度。

（二）电商平台食品安全监管不足

近年来，随着"互联网+"经济的快速发展，越来越多的消费者选择在电商平台上购买食品，其安全问题却一直备受关注。目前，电商平台上销售的食品品种繁多、数量庞大，河南省食品药品监督管理局对网上销售的食品进行了持续的整顿行动。各地监管部门不断摸排网上餐饮第三方平台及网上餐饮经营者的情况，并对其进行资质审查，加大监管力度。然而在电商平台上食品安全监管依然存在诸多问题。

一方面，一些商家在销售环节存在不合规的行为。无照经营、虚假宣传等问题严重影响了消费者的权益。例如，2023年6月27日，河南省封丘县市场监管局接群众举报，称封丘县城关乡春河社区有生产、销售俄罗斯老式奶粉。其行为违反了《中华人民共和国产品质量法》第十三条的规定，涉嫌从事无证、无照生产销售俄罗斯奶粉。后经查明，假奶粉通过"拼多多"平台进行网络销售，通过快递流向全国，涉及河北、安徽、广东、重庆、广西、内蒙古等22余省区市，初步估算涉案金额达500余万元。

另一方面，在生产和流通环节也会存在监管问题。电商平台上销售的食品大多来自不同的品牌，其生产和流通环节的信息不透明，使电商平台所能掌握的信息有限，无法及时了解食品的质量和安全问题，导致食品安全监管难度加大。电商平台在销售食品后，需要借助第三方物流企业进行配送，其中存在许多安全隐患。如何保证第三方物流企业在食品配送过程中不受污染，对电商平台提出了新的挑战。

（三）食品添加剂监督制度不够完善

近年来，河南省食品行业加快创新升级，绿色食品产业也在不断发展，消费者更加注重食品的健康和营养问题，尤其是食品添加剂问题。不可否认，食品添加剂的使用对食品行业的发展起到了推动作用，但是现实生活中却不乏超范围、超限量使用食品添加剂甚至非法添加物的事件，让人们对食品添加剂产生了不信任，也给消费者的健康造成了严重威胁。

首先，食品添加剂使用不规范。《食品安全国家标准 食品添加剂使用标准》（GB 2760—2014），主要对食品添加剂的使用范围、使用品种和使用方法进行标准化，适用于各类食品生产加工过程中需要的食品添加剂。但是，随着近些年来人们对于食品安全问题的高度重视，以及新型食品添加剂的出现，该标准已经略显滞后。部分企业钻政策空子，不按要求进行生产和加工，存在超范围、超剂量添加现象，从而导致食品安全问题的发生。例如，2023年，河南省原阳县市场监督管理局查处河南龙辉食品有限公司生产经营龙王庙小粉皮超限量使用食品添加剂。

其次，食品检测工作落后。食品检测工作应该贯穿在产品从生产到流通的每个环节，从而全方位确保食品安全，防止不安全食品流入市场。但现实情况是，目前一些食品企业及商超、批发市场等并不重视食品检测工作，即使配备了简单的监测仪器，由于年久失修，机器的灵敏度大大降低，无法得到精准的检测结果，自然也无法检测出食品添加剂过量等问题。

最后，具体执法监管过程存在问题。经过不断地发展完善，河南省目前食品添加剂的监管由多个主体共同监管，但部门之间工作内容不完善，相互之间的作用了解不够。在具体的执法监管过程中，即使发现了企业有违规问题存在，由于自身职权无法处理，不能进一步追查问题根源，也不能采取整体监督的办法，造成问题无法及时发现和解决。另外，基层监管部门的工作水平有待提升，影响了执法监督的有效性，使食品添加剂问题没有得到及时遏制。

（四）农药残留监管难度较大

在河南省食品产业不断转型升级的背景下，人们对食物安全的要求越来越高，有机蔬菜受到了消费者的广泛青睐，有机蔬菜无化学残留，口感佳，而且已被证明比普通蔬菜更具营养。2023年，河南省强化农业行政综合执法，为农产品质量安全保驾护航，聚焦违法违规使用禁限用药物、非法添加有毒有害物质、常规药物残留超标等问题，主动出击、严查严处，涉嫌犯罪的坚决移送司法机关处理。如河南省市场监督管理局发布2023年第35期通告，检出不合格食品16批次，其中4批次食品检出农药残留问题，食品中的农药残留不仅会损害公民的生命健康，还会污染生态环境体系。因此，对于食品农药残留问题的监管仍然存在诸多挑战。

第一，对农药生产企业的监督管理存在一定的困难。农药生产制造是保证农药产品质量的首要环节。但有些企业为了增强其药效，随意在农药中增添禁用的原料，还有一些企业在外包装上不加任何标识以规避监管，这都会给农产品的质量和安全带来巨大的风险。但由于基层农业部门缺乏对农药生产制造商的有效监管，加上大部分企业都在外地，导致了监管工作的被动局面。

第二，对农药销售商和农户用药行为的规范难度较大。不法农药商贩为牟取私利，擅自扩大使用范围，诱使农户增加用药剂量，导致某些禁用、限用的农药仍在使用。目前，中间商的盲目销售以及农民滥用、盲目使用农药等问题，监管起来难度较大。

第三，农药残留监管管理制度不够科学。当前，我国对农产品质量安全监督工作的重点是农产品市场，但由于农药生产商随意添加违禁成分，经销商为牟取暴利，对农药使用范围进行了夸大，农民盲目使用农药，这就要求对农药残留需要进行严格的溯源管理。另外，在流通过程中对农产品的监督也有很大的缺陷，检验员在抽样的过程中，农产品商贩还可以继续销售，从样品送到实验室再到出结果需要一定的时间。

三、完善河南省食品安全监管的对策思路

食品安全的监督管理不仅仅是政府监管部门在唱"独角戏"，而更需要市场主体、消费者、第三方机构各自履行相关职责，发挥各自专长，利用各自优势，形成"人人关心食品安全、人人重视食品安全"的多元化共治大格局。

(一) 加强茶饮行业食品安全监管

1. 市场监管部门加大监管力度

一方面，市场监管部门要督促茶饮企业严格落实主体责任。对于茶饮企业，特别是连锁品牌总部，监管部门应督促企业严格落实食品安全主体责任，按照有关要求加强门店食品安全管理，规范饮品制作与销售行为。另一方面，政府应充分利用各种方法，加大监管、惩戒力度。要通过监督检查、抽检监测、投诉举报和传媒监督等方式，将食品安全的潜在危险加以预防。持续加大监督和惩罚力度，对屡触底线的商家要严惩不贷，同时也会增加曝光度，增加违法成本，以防止食物安全问题的发生，使现制茶饮产业的管理更加规范。将现制茶饮纳入年度风险监测计划，对卫生指示菌数值高者予以警示、提示风险，并增加抽检频率，加强现场检查，对可能存在安全隐患的饮品和原辅料进行监督抽检。承检单位要加大数据分析与应用力度，及时发现并报告风险，尽早发现并控制问题。

2. 企业应加强对加盟店的监督和管理

不同地区加盟店的食品安全问题会直接影响整个茶饮品牌的市场竞争力，所以加强对加盟店的监督和管理至关重要。

首先，茶饮企业可以投资更多资源来建立强大的管理团队。招聘经验丰富的区域经理和店面监督员，建立有效的管理体系，并制定严格的操作手册和标准程序，提供系统性的培训，确保员工了解并遵循这些标准，确保各门店遵循相同的标准和程序，按照相同的方式运营。其次，利用大数据技术来支持管理工作。使用POS系统和数据分析工具来监测销售、库存和员工表现，这些数据可以帮助管理团队更好地了解每个门店的运营情况，及时发现问题并采取措施。再次，合理扩张和筛选加盟商。考虑减缓扩张速度，确保每个新加盟店都有足够的支持和资源。同时，对潜在的加盟商进行更严格地筛选，确保他们具备经营餐饮业务的能力和意愿，以降低问题门店的风险。与加盟商建立密切的沟通渠道，定期举办培训和会议，分享最佳实践和品牌价值观，以确保他们与品牌保持一致。最后，企业应对加盟店进行定期检查和审核。建立定期检查和审核程序，以确保门店的合规性和品质。这些审核应包括食品安全、卫生、员工培训等方面的检查。建立消费者投诉处理机制，设立快速响应消费者投诉的机制，确保消费者的问题得到及时解决，从而维护品牌声誉。

3. 技术部门加大研发力度，严格管控微生物指标

现制茶饮属于即食食品，比其他类型食物更容易被微生物污染，但河南省目前缺少即食食品微生物限量标准。但是，目前茶饮行业准入门槛不高，且加工过程中易产生生熟交叉污染，亟须建立现制茶饮行业的即食食品微生物限量标准。

为了更好地评估与控制食品安全的风险大小，检验机构等科技部门应该加强对现制茶饮的标准的研究，尽快对现制茶饮食品微生物限量国家标准进行研究。在研究标准的进程中，借鉴英国、澳大利亚、新西兰等先进国家关于速食类微生物限量的规范，建立适用于国内加工茶饮业的速食类产品的微生物限量标准，其标准应包含微生物菌落总数、大肠菌群等食品卫生指示菌限量指标及沙门氏菌等食源性致病菌的限量指标，从而更加规范和严格地控制现茶饮料的卫生安全。

（二）加强电商平台食品安全监管

1. 督促入网生产经营者全面落实食品安全主体责任

一方面，市场监管总局应严格指导地方市场监管部门加强电商平台管理。对于入网食品生产经营者的食品生产许可证和入网食品添加剂生产企业的生产许可证，要求各电商平台严格审核相关材料。对于入网食用农产品生产经营者营业执照、入网食品添加剂经营者营业执照以及入网交易食用农产品的个人的身份证号码、住址、联系方式等信息要进行登记，并及时更新。

另一方面，电子商务平台应该建立一个专业的网上食品安全管理部门，或在网上设立一个专业的食品安全管理人员。管理部门或人员要定期对网络上的食品经营活动和相关信息进行检查，一旦发现有食品安全违法行为，要立即阻止，并监督入网食品生产经营者依法履行自身的食品安全义务，提升食品安全管理能力。

2. 加强对食品供应链的管理

电商平台应加强对食品供应链的管理，确保从生产到配送的每一个环节都符合食品安全标准。首先，平台应对合作的食品供应商进行约束性规定。食品供应商应具备相关资质和认证，才能与电商平台进行合作，确保供应商的食品生产过程符合相关法律法规要求。其次，平台应建立完善的食品追溯体系。对每一批次的食品进行追踪，以便在发生食品安全问题时能够及时采取措施。最后，平台应定期对供应商进行食品安全培训和评估，增强供应商的食品安全意识和管理水平，并定期开展线上食品安全监督抽检，及时公布监督抽检不合格产品信息。

3. 创新监管模式，拓宽监管主体范围

一方面，对于政府部门来说，不断创新监管方式，对电商平台的食品安

全进行监督是非常有必要的。一是应该重视引入互联网监控体系，利用大数据技术，全面地分析互联网平台上可能出现的食品安全问题，同时，将政府部门的监管体系与电商平台的数据进行有效的对接，以此来对商户的具体经营资质、实际经营情况、用户反馈等情况进行了解与掌握，剔除那些综合素质较差的经营者，同时也可以适当地解决以前监管方式中政府监管缺位的问题。二是政府部门还可以成立一个专门的网络管理部门，专门负责电商平台的食品安全监管，将有关的职能进行清晰地划分，避免出现由于监督范围不清而造成的互相推诿责任的情况。

另一方面，由于互联网市场的复杂性和多变性，仅仅依靠政府作为一个监督主体来监督已经不能满足需求，这就需要政府部门在加强自己的监督责任的同时，也要积极地扩大监督主体的范围。一是要积极发动消费者和新闻媒体等各方面的力量，共同参与网上食品安全监督。一般来说，消费者与新闻媒介对电商平台食品销售方面的安全监督都是有时间效力的，特别是新闻媒介对电商平台的食品安全进行监督，这可能会对经营者产生一定的威慑作用。二是应该鼓励电商平台上的食品销售企业成立行业协会，实行统一的监督管理，使行业自律能更好地发挥出来。在一定程度上，行业协会可以更好地掌握整个产业的动态，从而弥补政府在网上食品安全监督管理中的空白。同时，通过行业协会的学习，也可以提高政府部门实施新规定的有效性，从而使得政府机构对电商平台的食品安全进行监督，起到事半功倍的作用。

（三）加强对食品添加剂的监管

1. 不断完善食品添加剂安全标准体系

目前，我国已制定食品添加剂相关食品安全国家标准近700项，包括食品添加剂的使用、质量规格、标签标识、生产过程控制及检验方法等标准，保证了标准的科学性、实用性。但目前食品添加剂产品的数量不能完全满足企业生产、使用的需求，而且有的缺乏使用原则，这就需要相关部门不断完善细化食品添加剂使用标准体系，结合小作坊、餐饮单位实际，出台相应法规、规范性文件，规范食品添加剂的使用备案和管理，提高食品安全性。

2. 加强对食品添加剂全过程的监管

监管部门要严格遵守相关的法律法规，按照国家有关规定，切实做好食品添加剂生产、销售、使用的全过程监管工作。一是要严把食品添加剂生产许可关，对申请食品添加剂生产许可的单位进行严格审查，严禁未取得食品添加剂生产许可证明的单位生产食品添加剂。二是要规范食品添加剂生产，取得生产许可的单位要全面确保食品添加剂的质量，必须符合国家标准、行业标准的规定。三是要强化对食品添加剂经营活动监督管理，定期对企业进行检测。检测产品是否符合安全标准，若有不符立即作出处置。四是要严格按照国家规定，规范食品添加剂经营主体的准入行为，加大对非法经营的查处力度，避免不合格食品添加剂混入市场，对人民身体健康造成严重危害。

3. 提高监测技术和手段

目前，对食品添加剂的检测主要采用化学分析法，这种方法的检测准确度不高，仍然存在一定的检测误差。为了更好地保障食品安全，一方面，应该加大食品添加剂监测技术的研究力度。采取"引进来、走出去"的方式，组织相关技术骨干学习国际先进技术和经验，加强技术交流，加大投资和培训力度，引进国外的先进技术和设备，加强与高等科研院所对接，大力研发食品添加剂检验技术，寻求高新检测技术以适应食品添加剂的监测发展要求，优化检验检测资源融合、检测设备更新，提升技术支撑能力水平，进一步完善食品添加剂检测标准和制度，全面保障食品安全。另一方面，对于新技术要及时更新监管法规，并为监管机构提供足够的资源，包括设备、人员和财政支持，以适应快速发展的技术环境，确保监管体系与快检技术发展同步。

（四）加强对农药残留的监管

1. 加强溯源监管

建立食品安全追溯体系，对食品从生产到流通的各个环节进行追踪和溯源，确保食品质量和安全可追溯，是加强对农药残留的监管的重要一环。通过快检技术追踪食品源头，可以实现从产地到消费者的全程可追溯，提高监管的精确性。一方面，为保证系统数据处理的实效性，相关机构与政府要建立数据库，收集包括生产、加工、运输等各个环节的信息，并为每个食品产品分配唯一的标识符，如二维码、条形码等。另一方面，在运输过程中，要建立信息共享平台，允许各个监管部门、企业和消费者实时访问追溯信息，识别风险因素，优化监管措施，以此增强监管的真实性与可靠性。

2. 加强食用农产品农药残留含量超标问题监管执法力度

一方面，政府强化源头治理。一是积极开展对农药生产经营秩序的集中整治。二是加强对生产经营者科学合理使用农药的管理和指导。三是抓好对种植养殖环节农药残留的检测工作。四是加大对种植养殖环节违法行为的处罚力度。

另一方面，市场监管部门加大销售环节的监管执法力度。市场监管部门要加强对市场销售食用农产品农药残留的抽样检验,发现农残留含量超标的,要及时监督生产经营者采取下架、召回、销毁等措施控制风险,并追查源头和流向,依法追究法律责任。

3. 提高检测技术和方法

常规的农药残留分析方法检测成本较高、时间较长,这就给食品安全监管部门对农产品产前、产中、产后的监督工作带来了许多不便,因此应优化检测流程,提升检测成效。

一方面,引入自动化设备和智能化技术。这是提高检测流程效率的重要手段,这些技术可以减少人为操作的误差,提高检测的一致性和可重复性。一是引入自动化样品制备和处理设备,例如自动样品进样器、液体处理工作站等,可以减少人工操作,提高样品处理的效率和准确性。二是采用人工智能和机器学习技术,可以处理和分析检测数据,快速识别异常结果,并提供更准确的分析结果。三是通过建立远程监控系统,可以实时监测检测设备的运行状态,及时发现和解决问题,确保设备的正常运行。

另一方面,广泛应用快速检测方法。使用快速检测方法,监管机构可以快速地检测食品样品,及时发现不合格产品,并采取必要的措施,从而有效地保障公众的食品安全。光谱技术如红外光谱、紫外可见光谱等技术可以快速分析食品中的成分和污染物;生物传感器利用生物分子与目标分子的特异性相互作用,可在短时间内检测特定分子,适用于快速检测食品中的微量成分和有害物质;纳米材料和纳米结构具有高灵敏度和高表面积,可用于快速检测微量物质,如纳米传感器、纳米粒子标记等。

参考文献

[1] 吕明元.产业政策、制度创新与具有国际竞争力的产业成长［J］.经济社会体制比较,2007（1）：134-137.

[2] 宋德军,刘阳.中国绿色食品产业结构优化研究［J］.北京农学院学报,2008,23（4）：53-56.

[3] 王依萍.食品产业结构优化的现状及问题研究［J］.知识经济,2019（1）：23,25.

[4] 陈芳.绿色食品产业结构优化研究——评《中国绿色食品产业发展与绿色营销》［J］.食品工业,2020,41（9）：353.

[5] 宋国宇.基于灰色关联与方差分析的中国绿色食品产品结构调整研究［J］.农业经济与管理,2011（2）：83-88.

[6] 宋国宇.中国绿色食品产业结构优化的实证研究——基于灰色关联分析的方法［J］.北华大学学报（社会科学版）,2011,12（3）：36-41.

[7] 王德章,贾俊杰.科技创新与黑龙江省绿色食品产业结构优化研究［J］.大庆师范学院学报,2011,31（4）：54-60.

[8] 杨玉雪.基于互联网的贵州绿色食品产业结构优化的研究——以白酒茅台为例［J］.商,2015（17）：266.

[9] 丛晓娜,穆建华.我国绿色食品生产资料品牌发展现状及问题分析［J］.农产品质量与安全,2018（5）：29-32.

[10] 修文彦,王多玉.绿色食品有效供给问题和对策研究［J］.中国食物与营养,2019,25（8）：16-19.

[11] 章海源.关于供给侧改革背景下绿色食品产业转型升级的思考［J］.食品安全导刊,2020（3）：155-156.

[12] 孙桂菊.我国保健食品产业发展历程及管理政策概述［J］.食品科学技术学报,2018,36（2）：12-20.

[13] 王一,陈喜生.大健康产业背景下我国保健食品发展现状思考［J］.商业经济,2022（10）：51-52,76.

[14] 胡颖廉.从产业安全到营养安全：食品安全管理体制改革的逻辑——以保健食品为例［J］.学术研究,2023（1）：55-62.

[15] 马艳.休闲食品产业六大科技问题待解［N］.中国工业报,2021-07-27（004）.

[16] 毕金峰,易建勇,陈芹芹,等.国内外休闲食品产业与科技现状及发展趋势［J］.中国食品学报,2020,20（12）：320-328.

[17] 邓丽萍,刘剑.湖南省岳阳市食品产业转型升级对策研究［J］.粮食科技与经济,2023,48（2）：50-53.

[18] 王勇,李彦军,苗志娟.陕西魔芋休闲食品产业发展现状及建议［J］.农业工程,

2022，12（2）：149-152.

[19] 陈晓华．我国质量兴农工作的总体形势及工作重点［J］．农产品质量与安全，2017（2）：3-7.

[20] 吴敏，魏殿林，陈楚楚．服务乡村振兴的农特食品产业新型职业农民培训对策研究［J］．中国食品工业，2023（5）：110-113.

[21] 孙丽辉．吉林省生态食品产业集群与区域品牌协同发展战略模式探析［J］．市场营销导刊，2006（3）：28-31.

[22] 赵莉，孟令育．黑龙江省绿色食品产业升级的理论逻辑与路径研究——基于"双循环"视角［J］．经济师，2023（3）：111-113.

[23] 李玉强．山东省泰安市宠物食品产业发展调查报告［J］．山东畜牧兽医，2023，44（9）：54-55，58.

[24] 吴国峰．新形势下老字号食品品牌发展策略分析——以浙江老字号为例［J］．商业经济研究，2015（9）：70-71.

[25] 张润昊．森林食品产业区域发展推进策略研究［D］．长沙：中南林业科技大学，2012.

[26] 刘林奇，蔡颖颖，王欣月．湖南省绿色食品产业结构与产业集聚的空间耦合强度及其影响因子［J］．粮食科技与经济，2023，48（5）：54-61，80.

[27] 刘际平，牛春巧．云南旅游食品产业链优化策略［J］．食品研究与开发，2021，42（16）：227-228.

[28] 王德章，赵大伟，社会永．中国绿色食品产业结构优化与政策创新［J］．中国工业经济，2009（9）：67-76.

[29] 张辉，王文月，段玉清，等．我国功能食品创新发展趋势、重点及政策建议［J］．食品工业科技，2015，36（8）：361-364.

[30] 朱美乔，连荷．政策先行激发保健食品产业内生动力［N］．中国食品报，2023-11-22（006）.

[31] 魏珣，朱华平，孙康泰，等．科技创新驱动我国食品产业发展对策研究［J］．中国农业科技导报，2013，15（1）：91-95.

[32] 黄晓琴．以科技创新驱动我国食品产业的发展［J］．食品工程，2016（1）：6-8.

[33] 王文月，臧明伍，张辉，等．我国食品科技创新力量布局现状与发展建议［J］．食品科学，2022，43（13）：336-341.

[34] 姜明．促进食品加工转型升级，引导全产业链高质量发展［J］．中国食品工业，2023（7）：24-25.

[35] 黄娜．食品产业链中食品安全管理问题研究［J］．现代食品，2019（3）：124-126.

[36] 戚建永．河南省肉类食品产业链优化研究［D］．郑州：河南工业大学，2011.

[37] 丁旭，李黎．大数据背景下淮安市绿色食品产业链发展研究［J］．食品安全导刊，2022（19）：161-165.

［38］石贵，王娅，杨国靖，等．基于竞争态模型的甘肃省草食畜牧业发展格局演化与提升路径研究［J/OL］．草业学报：1-18［2023-12-11］．

［39］张乐．双汇发展：加速领跑助力打造河南预制菜知名品牌［J］．人大建设，2023（8）：60-61．

［40］杨慧．跨境电商背景下茶叶贸易发展现状与建议［J］．福建茶叶，2023，45（11）：56-58．

［41］曾斌．我国保健食品市场营销策略研究［D］．长沙：湖南农业大学，2011．

［42］王帅，周丰婕．新消费时代一线城市预制食品消费的影响因素分析［J］．粮食科技与经济，2023，48（4）：53-57，89．

［43］田刘凌，顾成博．基于消费者心理视角探究转基因食品发展策略［J］．中国酿造，2021，40（12）：221-227．

［44］王校丽．基于消费者行为研究模型的绿色食品消费研究［D］．武汉：湖北工业大学，2011．

［45］任绍敏．满足Z世代消费需求食品行业创新求变［N］．第一财经日报，2023-11-10（T01）．

［46］齐宇佳，张颖南．健康理念下产品认知与心理健康对大学生食品消费行为的影响性研究［J］．经济帅，2019（10）：212-213．

［47］Stagls. Local organic food markets：potentials and limitations for contributing to sustainable development［J］．Empirica，2002，29（2）：145-162．

［48］Giannakask. Information Asymmetries and consumption decisions in organic food product markets［J］．Canadian Journal of Agricultural Economics，2005，50（1）：35-50．

［49］Yussefi M，Willer H. The world of organic agriculture：Statistics and future prospects 2003［M］．International Federation of Organic Agriculture Movements Oekozentrum Imsbach，2003．

［50］Lohr L，Park T A. Improving extension effectiveness for organic clients：Current status and future directions［J］．Journal of Agricultural and Resource Economics，2003：634-650．

［51］Carriquiry M，Babcock B A. Reputations，market structure，and the choice of quality assurance systems in the food industry［J］．American Journal of Agricultural Economics，2007，89（1）：12-23．

［52］Dimitri C，Oberholtzer L. EU and U. S. Organic Markets Face Strong Demand Under Different Policies［J］．Amber Waves，2006（2）：12-19．

［53］Jones G，Mowatt S. National image as a competitive disadvantage：the case of the New Zealandorganic food industry［J］．Business History，2016，58（8）：1262-1288．

［54］Hsu S Y，Chang C C，Lin T T. An analysis of purchase intentions toward organic food on health consciousness and food safety with/under structural equation modeling［J］．British Food Journal，2016，118（1）：200-216．

［55］O'Mahony B，Lobo A. The organic industry in Australia：current and future trends［J］．

Land Use Policy, 2017, 66 (7): 331-339.

[56] Soni P, Jatana R. Global competitiveness of organic food product with special reference to Indian organic food industry [J]. Essence Journal of Management Science & Research, 2014.

[57] 王新喜, 邓勇. 日本保健功能食品市场综合治理考察与经验借鉴 [J]. 食品科学, 2020 (41): 331-336.

[58] 迈克尔·波特. 国家竞争优势 [M]. 李明轩, 邱如美, 译. 北京: 华夏出版社, 2002.

[59] Yuxiang Z, Xilai Z, Chun L, et al. The development strategy for industrial clusters in Qingdao [J]. Energy Procedia, 2011 (5): 1355-1359.

[60] Alexander B, Tatiana K, Svetlana U. Formation of industrial clusters using method of virtual enterprises [J]. Procedia Economics and Finance, 2013 (5): 68-72.

[61] Chan Z C Y, Lai W F. Revisiting the melamine contamination event in China: implications for ethics in food technology [J]. Trends in food science & technology, 2009, 20 (8): 366-373.

[62] Roth A V, Tsay A A, Pullman M E, et al. Unraveling the food supply chain: strategic insights from China and the 2007 Recalls * [J]. Journal of Supply Chain Management, 2008, 44 (1): 22-39.

[63] Warriner K, Namvar A. What is the hysteria with Listeria [J]. Trends in Food Science &Technology, 2009, 20 (6): 245-254.

[64] Antony Potter, Jason Murray, Benn Lawson, et al. Trends in product recalls with in the agri-food industry: Empirical evidence from the USA, UK and the Republic of Ireland [J]. Trends in Food Science & Technology, 2012, 28 (2): 77-86.

[65] Klontz K C, De Beck H J, Le Blanc P, et al. The role of adverse event Reporting in the FDA response to a multistate outbreak of liver disease associated with a dietary supplement [J]. Publ Health Rep, 2015 (130): 526.

[66] 孙晨. 基于贸易渠道的美国直接投资对中国农业产业安全影响研究 [D]. 广州: 暨南大学, 2015.

[67] Papadopoulos A l, Seferl is P. Automation for a sustainable food industry: computer aided analysis and control engineering methods [J]. Robotics and Automation in the Food Industry, 2013, 236: 441-485.

[68] Arie H Havelaar, Stanley Brul, Aarieke de Jong, et al. Zwietering. Benno H. ter Kuile. Future challenges to microbial food safety Original [J]. International Journal of Food Microbiology, 2010, 139 (5): 79-94.

[69] 吴澎编. 食品安全典型案例解析 [M]. 北京: 化学工业出版社, 2023.

[70] 庞国芳, 孙宝国, 陈君石, 等. 中国食品安全现状、问题及对策战略研究第2辑 [M]. 北京: 科学出版社, 2020.

[71] 杨敏著．鲜活农产品流通协同创新策略［M］．杭州：浙江大学出版社，2013．

[72] 杨公朴，夏大慰．上海工业发展报告工业产业结构调整、优化、升级［M］．上海：上海财经大学出版社，2003．

[73] 大卫·朱利安·麦克伦茨．未来食品：现代科学如何改变我们的饮食方式［M］．北京：中国轻工业出版社，2020．

[74] 汪普庆，杨赛迪．基于食品安全视角的社会化电子商务研究［M］．武汉：武汉大学出版社，2020．

[75] 王秀山．中国食品大典开篇卷民以食为天［M］．北京：中国城市出版社，2002．

[76] 河北省食品研究所，中国食品出版社辞书编辑部．中华食品工业大辞典［M］．北京：中国食品出版社，1989．

[77] 穆斯塔法·巴伊拉姆，卡格拉·戈基尔马克利．未来食品前瞻［M］．江凌，杨新泉，译．北京：中国轻工业出版社，2023．

[78] 农业部市场与经济信息司，农业部市场预警专家委员会．中国农产品市场前沿2013［M］．苏州：苏州大学出版社，2014．

[79] 倪凌华．食品安全领域典型案例解析［M］．北京：知识产权出版社，2020．

[80] 张慜，李春丽．现代食品工业指南［M］．南京：东南大学出版社，2002．

[81] 李朝霞．保健食品研发原理与应用［M］．2版．北京：科学出版社，2022．

[82] 郭伟亚．食品供应链可追溯系统综合评价研究［M］．北京：中国农业科学技术出版社，2022．

[83] 旭日干，庞国芳．中国食品安全现状、问题及对策战略研究［M］．北京：科学出版社，2015．

[84] 包先雨，蔡伊娜．智能化食品风险追溯关键技术与应用［M］．合肥：中国科学技术大学出版社，2022．

[85] 夏英．农业4.0改变中国与世界的农业革命［M］．北京：中国农业出版社，2019．

[86] 谢丽尔·J.鲍尔温．食品产业的可持续发展［M］．于亢亢，马亿珂，赵华，译．北京：中国环境出版集团，2022．

[87] 李培林，陈光金，王春光，等．社会蓝皮书：2022年中国社会形势分析与预测［M］．北京：社会科学文献出版社，2022．

[88] 曹玉泉，成孟秋．中国保健食品协会会刊［M］．中国保健食品杂志社，1988．

[89] 张华荣．绿色食品工作指南［M］．北京：中国农业出版社，2020．

[90] 敬璞，吴金鸿．食品加工过程中品质调控模型与可视化平台应用［M］．北京：化学工业出版社，2021．

[91] 温迪·维登霍夫特·墨菲．消费文化与社会［M］．张进，周刘冰，译．北京：知识产权出版社，2021．

[92] 迟玉杰．食品添加剂［M］．2版．北京：中国轻工业出版社，2022．

[93] 孙宝国．中国传统酿造食品行业技术与装备发展战略研究［M］．北京：科学出版

社，2019.
- [94] 交通运输部公路科学研究院. 中国冷链物流发展典型案例 [M]. 北京：人民交通出版社，2020.
- [95] 张俭波，张霁月，王华丽. 国内外食品添加剂法规标准比对分析 [M]. 北京：中国标准出版社，2019.
- [96] 蒲云峰，张锐利，叶林. 食品加工新技术与应用 [M]. 北京：中国原子能出版社，2019.
- [97] 张令玉. 超有机食品拯救人类生命的食品革命 [M]. 北京：中国经济出版社，2010.
- [98] 何静. 食品供应链管理 [M]. 北京：中国轻工业出版社，2016.